军都法学

第七辑

主 编

刘大炜　杨婷婷

编委会

刘大炜　杨婷婷　孔维璐　寇　栋　高　鑫　田淼鑫　刘碧君

朱泽硕　陈境峰　訾姝瑶　刘文昊　夏　曦　廖　倩　马怡蓉

吴传辉　陈艺方　王子豪　张可欣　蔡逸雯

中国政法大学出版社

2023 · 北京

图书在版编目（ＣＩＰ）数据

军都法学. 第七辑 / 刘大炜，杨婷婷主编. —北京：中国政法大学出版社，2023.10
ISBN 978-7-5764-0642-9

Ⅰ.①军… Ⅱ.①刘… ②杨… Ⅲ.①法学－文集 Ⅳ.①D90-53

中国版本图书馆CIP数据核字(2022)第155565号

出 版 者　中国政法大学出版社

责任编辑　刘晶晶

地　　址　北京市海淀区西土城路 25 号

邮　　箱　fadapress@163.com

网　　址　http://www.cuplpress.com (网络实名：中国政法大学出版社)

电　　话　010-58908524(第六编辑部) 58908334(邮购部)

承　　印　固安华明印业有限公司

开　　本　720mm×960mm　1/16

印　　张　18

字　　数　285 千字

版　　次　2023 年 10 月第 1 版

印　　次　2023 年 10 月第 1 次印刷

印　　数　1~1500 册

定　　价　85.00 元

目　录

抵押权与租赁权的冲突及解决

——以《民法典》第 405 条为中心

吴天坛

　　[1]**摘　要**：抵押权与租赁权之间的冲突始终是民法上的一大热点。《民法典》第405条在《物权法》第190条等法律的基础上做出了修订，但是仍然存在一些不完善之处。对于冲突的解决，首先应当比较二者确立的时点，以此适用于不同的规则。其次，对于承租权人不当租用的救济，可以寻求物权和债权上的双重保护。最后，尽管《民法典》删减了对于"先抵后租"的规定，但是现实中，针对租赁权的除去时点、除去方式以及除去的损害赔偿仍然存在诸多问题。以下将针对上述问题，结合《民法典》的改进加以分析。

　　关键词：抵押权；租赁权；抵押不破租赁；民法典

一、问题的提出

　　所谓抵押权，是指债务人或者第三人不转移占有而向债权人提供一定财产以担保债务的履行[2]，是把握物之交换价值的一种担保物权。租赁权则是指承租人依租赁合同的效力所取得的权利，是一种债权，直接表现为承租人对租赁物加以用益的权利[3]。因此在一般情况下，掌握交换价值的抵押权和

---

　　[1]　为了行文方便，本书中提及的我国法律规范文件均省略"中华人民共和国"字样，如《中华人民共和国民法典》简称为《民法典》。

　　[2]　刘家安：《物权法论》，中国政法大学出版社2015年版，第161页。

　　[3]　刘家安：《物权法论》，中国政法大学出版社2015年版，第174页。

掌握使用价值的租赁权大可相安无事，不存在静态上的权利冲突。然而一旦当债务人届时无法履行债务，抵押权人需要行使抵押权而将抵押物折价，或以拍卖、变卖抵押物所得价款优先受偿时，动态上权利之间的冲突迎面而来[1]。此时，仍存在于物上的租赁权难免会对抵押权人利益的实现产生影响，譬如，导致无人竞价拍卖价值过低或是发生流拍等现象，即使抵押物成功变价，新所有人与承租人之间的权利冲突也依旧难以逃避。[2]

在实践中，针对后一冲突，我们采取了"买卖不破租赁"规则——在租赁期间，租赁物所有权的变动不导致租赁关系的解除[3]，使得承租人得以"租赁权"为抗辩，拒绝买受人的原物返还请求权。但前述抵押权与承租权的冲突却不能当然地由"买卖不破租赁"规则全盘包揽，否则如何取舍尚未行使的抵押权与租赁权的问题仍然模棱两可。因此，我们根据租赁权与抵押权设立的先后顺序，制定了不同的规则以解决冲突。

二、冲突的解决机制及我国立法选择

（一）冲突的解决机制

无论是买卖与租赁之冲突，还是抵押与租赁之冲突，其基础均在于租赁权的债权物权化，否则讨论债权与物权之冲突本就没有意义。然而这只是我国现行立法采纳的规则，并非当然的选择，这种债权物权化的现象及相应的制度设计未被所有学者所接受，其观点也各有不同，主要分为以下几种：

1. 物权优于债权，无论设立先后，租赁权均不具有对抗抵押权之效力

这种观点的持有者以朱庆育老师为代表[4]。他首先抨击了租赁权物权化在理论上的解释，认为如果将"效力"作为判断权利分类的标准，租赁权虽为债权但仍可以以"物"为客体，但此时"对物"权利具有对世性，但租赁

---

〔1〕参见《二分的动静态权利冲突理论》，载张平华：《私法视野里的权利冲突导论》，科学出版社 2008 年版，第 9 页。

〔2〕程啸：《担保物权研究》，中国人民大学出版社 2019 年版，第 471 页。

〔3〕王利明：《论"买卖不破租赁"》，载《中州学刊》2013 年第 9 期。

〔4〕朱庆育：《"买卖不破租赁"的正当性》，载王洪亮等主编：《中德私法研究》（第一卷），北京大学出版社 2006 年版，第 44~49 页。

权却仅具有相对效力，是一种制度设计的矛盾；而如果以"客体"作为权利分类之标准，则租赁权作为债权又绝不会以物作为客体，仅是一种对人权。那么根据康德的理性主义观点，"对于作为财产的一个物件的全部权利超过所有的对人权"，[1]依据债之特性就必然推导出"买卖破除租赁"或"抵押破除租赁"的自然结果。随后他又反对了立法目的论，认为制度的设立不应当成为服务于政策的工具，"承租人保护"不应当成为租赁权物权化的理由。依据哈耶克的观点，民法具有"目的独立"性质，即没有立法者可以设计出满足所有人目的的秩序，因此私法所要做的应该是提供一个自由的秩序，允许各种个人目的存在，并为之提供条件，而非直接设立一个具有特定目的的法律。[2]法律规范的设计一旦偏离了这种方向，就会允许立法者操控法律，导致自由秩序的破坏。因此在他的论证视角下，在先的承租人不能依靠租赁权对抗抵押权人或买受人，但是可以通过违约损害赔偿请求权向出租人寻求债法层面上的救济。

2. 在"物债二分"体系下，承认租赁权的物权性作为补救措施

从事实层面上来看，租赁法律关系不同于其他债权性法律关系，它兼具了债权和物权的内容，既需要出租人与承租人签订租赁合同，亦需要出租人移转租赁物占有使用收益。以房屋出租为例，出租人甲将房屋出租给承租人乙，一并转移了对房屋占有使用收益的权利。然而当甲将房屋抵押给抵押权人丙时，丙虽然没有破坏乙掌握的"他物权"，但是一旦丙行使抵押权，出卖房屋，则相当于"无权处分"乙对房屋占有收益之权利，但是我们的立法并不处分这种"无权处分"的行为。因为在大陆法系物债二分的体系下，租赁权只被归于债权一类，我们不去考虑租赁权之中包含的准物权。但是这种二分却使得承租权人乙占有房屋的法律事实缺少法律依据，处于立法真空，难以获得应有的保护。因此为了弥补这种二分体系带来的权利保护缺陷，我们引入"租赁权物权化"及其衍生出来的相关制度。[3]

---

〔1〕［德］康德：《法的形而上学原理——权利的科学》，沈叔平译，商务印书馆1991年版，第114页。

〔2〕［英］弗里德利希·冯·哈耶克：《法律、立法与自由》（第一卷），邓正来、张守东、李静冰译，中国大百科全书出版社2000年版，第176~177页。

〔3〕黄凤龙：《"买卖不破租赁"与承租人保护 以对〈合同法〉第229条的理解为中心》，载《中外法学》2013年第3期。

3. 政策性立法视角下的租赁权物权化

该观点也是现阶段最为流行的观点，其核心在于"保护承租人利益"的立法目的，制度目的决定制度设计，于是我们将租赁权人为地赋予物权性，以此起到对抗其他物权的保护作用。关于承租人利益保护之必要性，则又分为以下两种观点。一种观点以王泽鉴老师为代表，主张承租人多为经济上之弱者，应当给予特殊关怀[1]。另一种观点则以张双根老师[2]、苏永钦老师[3]为代表，认为不动产关乎个人生存利益，在民法价值序列中高于交换利益，为了承租权人的生存利益保障，应当予以优先保护。

针对以上观点，我国立法承认了租赁权物权化的理念，在"时间在先，效力在先"的原则下，赋予了在先租赁权对抗抵押权的效力，并制定了相关法律规定，通说也认可了承租权人保护的立法目的。在这种立法背景下，我们认为相较于替代品良多的动产租赁，只有不动产租赁配得上基本生存保障之地位[4]，该制度的适用范围也应当局限在不动产租赁的范围内。

（二）我国的相关法律变迁

针对"先租后抵"的情况，我国具体的法律规定首先出现于 1995 年的《担保法》第 48 条[5]，该条规定了出租人抵押租赁物的告知义务和原租赁合同的效力。随后，2000 年《最高人民法院关于适用〈中华人民共和国担保法〉若干问题的解释》（以下简称《担保法解释》）在第 65 条[6]中对此做出了更为严谨的说明。2007 年出台的《物权法》则继承了前述条文的立法意旨，在第 190 条第 1 句规定了"订立抵押合同前抵押财产已出租的，原租赁关系不受该抵押权的影响。"而 2020 年 5 月 28 日公布的《民法典》大体上继承了上述

〔1〕 王泽鉴：《民法物权》，中国政法大学出版社 2001 年版，第 177 页。

〔2〕 张双根：《谈"买卖不破租赁"规则的客体适用范围问题》，载王洪亮等主编：《中德私法研究》（第一卷），北京大学出版社 2006 年版，第 14～16 页。

〔3〕 苏永钦：《走入新世纪的私法自治》，中国政法大学出版社 2002 年版，第 338～339 页。

〔4〕 孙宪忠：《中国物权法总论》，法律出版社 2014 年版，第 101 页。

〔5〕 《担保法》第 48 条规定："抵押人将已出租的财产抵押的，应当书面告知承租人，原租赁合同继续有效。"

〔6〕 《担保法解释》第 65 条规定："抵押人将已出租的财产抵押的，抵押权实现后，租赁合同在有效期内对抵押物的受让人继续有效。"

法条的立法意旨，在第 405 条[1]作出了新的规定。

而针对"先抵后租"的情形，它出现在了《担保法解释》第 66 条[2]和《物权法》第 190 条第 2 句"抵押权设立后抵押财产出租的，该租赁关系不得对抗已登记的抵押权"，相应条款则在民法典中完全消失。

除此之外，《民法典》第 405 条的重大改变还在于用"抵押权设立前"取代了先前"订立抵押合同前"的表述，使得对于抵押的判断时点更为清晰；以及规定了"出租在先+转移占有"的双重法律适用条件。然而以上改变能否解决现有法律所带来的问题，仍需进一步地检验与实践。

三、抵押权与租赁权顺位的判断基准

（一）抵押权成立之时点

针对"先租后抵"与"先抵后租"两种情形，首先需要比较其设立时点，以确定顺位，再适用不同的规范。对于抵押而言，原有立法始终存在矛盾，仅就《物权法》本身，在第 190 条的前后两句中，就采用了"订立抵押合同"与"抵押权设立"的两种表述，人为造成了抵押权合同订立后、抵押权设立前存在的立法空白。[3]而《民法典》的出台则将时间点统一为了"抵押权设立"，可谓是一大进步。

首先，考虑二者区别，抵押合同订立应为抵押权设立之条件，然抵押权作为一项重要物权，应同时具备抵押登记等公示要件。参照《民法典》第 402 条规定，我国不动产抵押权的设立采取登记要件主义，须登记方可设立。因此《民法典》第 405 条中的规定即是将抵押权的公示容纳进了标准的判断范围内，使得承租人通过查阅不动产登记簿即可准确地知晓抵押权设立的时

---

〔1〕《民法典》第 405 条规定："抵押权设立前，抵押财产已经出租并转移占有的，原租赁关系不受该抵押权的影响。"

〔2〕《担保法解释》第 66 条规定："抵押人将已抵押的财产出租的，抵押权实现后，租赁合同对受让人不具有约束力。抵押人将已抵押的财产出租时，如果抵押人未书面告知承租人该财产已抵押的，抵押人对出租抵押物造成承租人的损失承担赔偿责任；如果抵押人已书面告知承租人该财产已抵押的，抵押权实现造成承租人的损失，由承租人自己承担。"

〔3〕 程啸：《论抵押财产出租时抵押权与租赁权的关系——对〈物权法〉第 190 条第 2 句的理解》，载《法学家》2014 年第 2 期。

机，消除了抵押合同隐蔽性带来的法条适用的局限性，减轻了交易上的风险，弥补了先前的法律漏洞，使得立法更为严谨。

而对于动产而言，参照《民法典》第403~第404条的规定，动产的抵押权设立，则不需要登记作为公示，抵押合同生效则设立，此时随后的出租就应当失去对抗抵押权的效力。然而根据《民法典》第403条未经登记的动产抵押权人不得对抗善意第三人的制度，以及《最高人民法院关于适用〈中华人民共和国民法典〉担保部分的解释》（征求意见稿）第53条第1款规定"动产抵押合同签订后未办理抵押登记，抵押人将抵押财产转让、出租给他人并转移占有，抵押权人主张对该动产优先受偿的，人民法院不予支持，但是抵押权人能够举证证明受让人或者承租人恶意的除外。"在这种情况下，只要具有承租人善意，即使是抵押权设立后产生的租赁关系，则仍然比抵押权更有对抗效力，这一结论会违背第405条的反面解释，使得该条文的存在失去意义。因而在体系解释的视角下，只有坚持"抵押不破租赁"规则适用范围仅限于不动产领域，才能使得该矛盾得以解决。而如果将法条适用范围延伸至动产领域，则规定"抵押权设立且登记"更为妥帖。

（二）租赁权成立时点之"出租在先，转移占有"的双重条件规制

对比《物权法》，《民法典》第405条的另一处关键性的创新就是增添了"转移占有"的条件，我们可将其视为确定租赁权设立的公示条件。租赁一般体现为对物之用益，故一般以占有为前提，立法者企图通过这种事实状态，公示租赁权的存在，使得抵押权人可以实地查看抵押物的状态，避免承租人和抵押人（出租人）恶意串通，倒签租赁合同以阻碍抵押权人权利的实现。[1]

然而，这种占有的条件作为公示手段，对于权利的推定是十分有限的。首先抵押权的设立和抵押权的行使往往存在一定的间隔时间，而占有对于时间效力的证明力不高，仅能佐证租赁关系存在，但无法确切租赁关系设立的

---

〔1〕《最高人民法院关于人民法院办理执行异议和复议案件若干问题的规定》第31条第2款规定："承租人与被执行人恶意串通，以明显不合理的低价承租被执行的不动产或者伪造交付租金证据的，对其提出的阻止移交占有的请求，人民法院不予支持。"由此可见，这种现象在实务中存在且较为常见。

时间[1]。当抵押权一经行使，进入司法拍卖程序时，如何证明当初抵押权设立时的占有事实无疑困难重重。其次，占有实则也是一种微弱的公示方式，不仅抵押权人的查看占有很难操作，而且租赁权人难免会存在出差、外出等情况，使占有的状态无从知晓。[2]再者，如果承租人因个人原因并未及时在租赁合同签订后占有不动产，而是进行了登记，那么参照第 405 条规定，他的租赁权仍难以对抗抵押权的存在。而这一结论显然是十分不公平的，承租人为了保障自己权利的稳定，采取了更为有效的登记方式，反而招致更为不利的后果，实在令人难以接受。

对此，常鹏翱老师提出了三分法的时点标准[3]：针对航空器、光船等特殊动产，因其本就有租赁登记的行业交易规范，结合登记对抗的规则，则以登记为唯一时点；针对机动车等一般动产，则以占有为唯一时点；针对房屋即不动产的租赁，则以占有时点为首要标准，如果承租人未占有，则以租赁时点为准。以上分类规则综合了立法和实际的情形，能够满足现实的需要，但是实在是过于复杂，不具有可预期性，其中占有作为公示要件带来的弊端也依然存在。综上所述，考虑动产租赁登记的不切实际、难以操作，以及不动产租赁占有的弊端，将该法的适用范围限制到不动产，并规定租赁登记对抗主义，可能是最为有效且合理的规则。

但是现阶段，尽管我国《城市房地产管理法》第 54 条[4]，《商品房屋租赁管理办法》第 14 条第 1 款[5]也都规定了房屋租赁登记备案制度，《民法典》第 706 条也对此制度有所提及，但是现阶段房屋租赁登记备案还仅仅是一种行政管理的手段，立法上并未将租赁登记作为单独登记类型，关于租赁

---

〔1〕 房绍坤、纪力玮：《论抵押权与租赁权冲突之解决——兼评"民法典物权编（草案）"第 196 条》，载《山东社会科学》2020 年第 2 期。

〔2〕 孙鹏、王勤劳：《抵押权与租赁权的冲突与协调》，载《法律适用》2009 年第 2 期。

〔3〕 常鹏翱：《先抵押后租赁的法律规制——以〈物权法〉第 190 条第 2 句为基点的分析》，载《清华法学》2015 年第 2 期。

〔4〕《城市房地产管理法》第 54 条规定："房屋租赁，出租人和承租人应当签订书面租赁合同，约定租赁期限、租赁用途、租赁价格、修缮责任等条款，以及双方的其他权利和义务，并向房产管理部门登记备案。"

〔5〕《商品房屋租赁管理办法》第 14 条规定："房屋租赁合同订立后 30 日内，房屋租赁当事人应当到租赁房屋所在地直辖市、市、县人民政府建设（房地产）主管部门办理房屋租赁登记备案。房屋租赁当事人可以书面委托他人办理租赁登记备案。"

权作为预告登记的类型之一也未见苗头，〔1〕抵押权人查看租赁登记备案也并不方便。后续的司法实践中如果想采纳登记的对抗时点，仍需进一步的立法配合与保障。

其中一种可以有效解决问题的思路是适用房屋租赁合同网签备案制度，并逐渐实现租赁合同网签与登记备案一体化。类比已经较为成熟的商品房买卖网签交易机制发挥着网络化债权公示登记的效果〔2〕，租赁权也可以依此得到公示，若是房屋权属与租赁信息系统互相配合，就更能够快速查阅到买卖、租赁、抵押等实时状态，以达到在现有立法背景下减少交易风险的效果。

（三）关于"占有"制度的其他理解

针对《民法典》此条文中对占有的新规定，也有学者将其视为租赁权具有支配权特性的源泉，认为占有使得租赁权获得一定程度的对世性，从而承租人的权利达到"物权化"的效果〔3〕，但笔者并不赞同这一观点。占有是对标的物事实上的管领力，虽然得依其意志对物实施支配与控制，但是仅仅是一种事实上的支配，不包含法律评价。即使是占有保护制度，保护的也仅是占有的事实状态。除此之外，占有又分为无权占有和有权占有，只有有权占有具有其他权能。这些其他权能又都来源于本权，大抵可分为物权和债权两类。唯有基于物权之占有才能在物权受到侵害时，主张物权请求权，其中包括物权设定人之外的第三人在取得所有权或者其他物权后，占有人基于物权的对世性予以抗辩的权利。〔4〕

然而，承租人的占有只是来自出租人与承租人之间的租赁合同，是基于债权之占有，本不具有对抗第三人（譬如抵押权人、新所有人）之效力，至多对占有人地位保护起到辅助强化作用。是因为"买卖不破租赁"、"抵押不破租赁"等制度的规定，才使得在物权化的租赁权之上设立占有，拥有了对

---

〔1〕 袁野：《"抵押不破租赁"之利益衡量与规则完善》，载《商业研究》2019 年第 12 期。

〔2〕 常鹏翱：《存量房买卖网签的法律效力》，载《当代法学》2017 年第 1 期。

〔3〕 房绍坤、纪力玮：《论抵押权与租赁权冲突之解决——兼评〈民法典物权编（草案）〉第 196 条》，载《山东社会科学》2020 年第 2 期。

〔4〕 张双根：《谈"买卖不破租赁"规则的客体适用范围问题》，载王洪亮等主编：《中德私法研究》（第一卷），北京大学出版社 2006 年版，第 10 页。

抗新所有权人的效力。因此，恰当的逻辑并非通过占有使得承租权具有物权化之效果，而是承租权物权化之效果赋予了占有人在租赁期间内基于占有权向所有权人抗辩的能力。

因此本法中规定之"占有"不应作为租赁权对抗抵押权的缘由，而仅应该视为一种租赁权的公示手段。

四、承租人不当租用之抵押权人救济

虽然根据《民法典》第405条的规定，在先的租赁关系不受抵押权的影响，但是在抵押权设立到抵押权行使之间，如果承租人做出了诸如毁损抵押物、分离抵押物等行为，仍然会减损抵押物的价值，破坏抵押权人的对抵押权的预期，因此我们需要有相应的制度予以抵押权人一定的救济。

（一）物权请求权之救济

《民法典》第408条[1]规定了针对抵押人行为导致抵押财产价值减少时，抵押权人可以采取的救济手段，以此赋予了抵押权人维持抵押物价值的请求权，用以规避抵押人损毁抵押物的行为。然而本条文的规定仅限于抵押人的行为，且需要抵押人有过错[2]，并不能直接适用于承租人毁损抵押物的情况，但是从另一个角度来看，此条文肯定了抵押权人享有的物权请求权。因此，我们可以适用物权编通则部分针对物权保护的条款，即第236条，基于抵押权直接向承租权人请求排除妨害，消除危险，恢复原状。

（二）债权请求权之救济

如果承租人没有及时提供物权上的救济，抵押权人亦可以主张债权请求权，要求相应的损害赔偿。首先，探视债之来源，一些学者认为该种债之关系来自

---

　　〔1〕《民法典》第408条规定："抵押人的行为足以使抵押财产价值减少的，抵押权人有权请求抵押人停止其行为；抵押财产价值减少的，抵押权人有权请求恢复抵押财产的价值，或者提供与减少的价值相应的担保。抵押人不恢复抵押财产的价值，也不提供担保的，抵押权人有权请求债务人提前清偿债务。"

　　〔2〕　最高人民法院民法典贯彻实施工作领导小组主编：《中华人民共和国民法典物权编理解与适用》（下），人民法院出版社2020年版，第515页。

合同义务[1]。抵押人依据抵押合同，对抵押权人负有维持抵押物价值之义务，此时如果抵押人使得抵押物价值减损，则应当承担违约损害赔偿责任。但是在这种情况下，因为承租人与抵押权人之间不存在直接的合同关系，因此抵押权人不能直接向其请求救济，只能由抵押人根据《民法典》第714条[2]请求损害赔偿救济，是否行使完全取决于抵押人的选择，这样抵押权人的地位就十分被动。

因此，我们认为抵押权人损害赔偿请求权来源于承租人的侵权行为。而侵权损害请求权的主张又分为两种学说，一种意见认为抵押权人可以直接向承租人在抵押权未能受偿的范围内要求损害赔偿，抵押人也可以就抵押财产价值除去抵押权人主张份额后的余额向承租人主张侵权损害赔偿。但是在这种情况下，抵押权人的损害赔偿需要抵押权行使时才能知晓，抵押人的损害赔偿亦是如此，因此对于抵押权人和抵押人的权利保护都十分不利。[3]而另一种意见则根据物上代位单一性原则，规定只有抵押人才能主张侵权损害赔偿，而抵押权人则在此基础上成立物上代位权。所谓物上代位性，是抵押权在内的担保物权的一种重要属性，即只要交换价值仍然存在，无论承载交换价值的标的物的样态和性质如何，担保物权的效力依然可以及之，[4]而"物上代位单一性"就是指物上代位权抑制担保物权人固有的损害赔偿请求权，只保留一种请求权，这样可以避免侵权承租人双重给付带来的复杂后果，也可以免除抵押权人的举证责任，更为合理。《民法典》第390条[5]规定了物上代位权，但并未规定物上代位权的实现程序，依据程啸老师的观点，应当采取法定债权质权说，抵押权可以继续存在于剩余的抵押物之上，而被侵害的抵押权则转化为权利质权，即抵押权人的损害赔偿请求权。[6]

---

[1] [日]近江幸治：《担保物权法》，祝娅、王卫军、房兆融译，法律出版社2000年版，第143~145页。

[2]《民法典》第714条规定："承租人应当妥善保管租赁物，因保管不善造成租赁物毁损、灭失的，应当承担赔偿责任。"

[3] 孙鹏、王勤劳：《担保物权的侵害及其救济——以担保物侵害为中心》，载《北方法学》2009年第2期。

[4] 刘得宽：《民法诸问题与新展望》，中国政法大学出版社2002年版，第405页。

[5]《民法典》第390条规定："担保期间，担保财产毁损、灭失或者被征收等，担保物权人可以就获得的保险金、赔偿金或者补偿金等优先受偿。被担保债权的履行期限未届满的，也可以提存该保险金、赔偿金或者补偿金等。"

[6] 程啸：《担保物权人物上代位权实现程序的建构》，载《比较法研究》2015年第2期。

五、"先抵后租"的立法省略与实践程序

(一)"先抵后租"的立法省略

除了先设立抵押权后设立租赁权的情况,出租已经办理抵押登记的财产也是实践中极为常见的一类情况。然而《民法典》第405条相较于《物权法》第190条的一个重大改变就是直接删去了有关"先抵后租"的立法规定,针对此举措的原因,一般认为具有以下原因:

首先,关于"先租后抵"规定之"抵押不破租赁"本就是突破物债二分体系之例外规定,是权衡承租人利益保护等目的做出了无奈之举。而对于"先抵后租"的情形,即使坚持租赁权物权化之理念,结合"物权在先,效力在先"原则,在后的租赁权也难以和先设立的抵押权对抗。对于已经办理抵押登记的财产,承租人都可以且应当通过查询不动产登记簿得知标的物上是否成立抵押权,随后承租人即可以根据自己的意愿选择是否订立合同。而针对未登记的抵押,则可以直接适用《民法典》第405条的规定,相当于抵押未设立,不能对抗租赁关系。这是显而易见的,因此无须立法的特别说明。

(二)"先抵后租"的实践程序

尽管立法上删去了关于"先抵后租"程序的规定,但是实践中这种情况仍旧存在诸多问题,本文将依据抵押权实现的顺序一一作以探讨。

首先,在抵押权尚未行使之时,租赁关系仍可继续存在。因为所谓顺位先后实则是权利实现大小的概率,租赁权与抵押权分属物的使用价值与交换价值,在保障抵押权人利益的基础上,承租人和抵押人的利益也可以兼顾,无须直接限制抵押物上的用益关系。况且抵押权并非当然地实施,租赁权也并非当然地对抵押权实施造成影响。如果轻易禁止租赁权的存在,不仅违背了物尽其用的原则,而且会对抵押人、承租人的利益造成不当影响。[1]

紧接着,视角转移到抵押权实现时租赁权的效力,则可适用"租赁关系不得对抗已登记的抵押权"的规定。所谓不得对抗,一些学者认为抵押权实

---

〔1〕 孙鹏等:《担保物权法原理》,中国人民大学出版社2009年版,第210页。

现时租赁关系当然地终止，无须考虑后续租赁关系的处理。[1]一些学者认为只有当租赁关系的存在导致抵押权难以实现，如流拍或者出价很低不足以清偿债务的情形下，抵押权人才有权主张租赁关系的终止。[2]针对以上两种立场，本文倾向于后者。依据程啸老师的观点[3]，在利益衡量上应当按照抵押权人优先，承租人次之，抵押财产买受人最后的顺序。适用于"买卖不破租赁"的规则，只要抵押权人和承租人之间没有利益冲突，就无须除去租赁权，买受人在购买抵押物后继承抵押人的法律地位。这种立场在保护承租人利益的情况下，也不会损害抵押权人的利益，至于买受人的利益保护，买受人在购买抵押物时本该知道其上所附着的租赁权，购买是意思自治的结果，因此也谈不上对其的损害。此外，2004年公布的《最高人民法院关于人民法院民事执行中拍卖、变卖财产的规定》第31条第2款[4]也对此有相关规定。因此这种观点是能够平衡各方利益，兼顾立法规则的最优解。

但是一旦租赁关系对抵押权实现产生不利影响，诸如抵押物价值减少，发生无人应买或者出价很低不足以清偿债务的情形时[5]，就不得不除去租赁权。针对《民法典》第410条[6]规定的两种抵押权行使的方法，又可以将租赁权除去的方法分为两类：

---

〔1〕 王利明：《物权法研究》，中国人民大学出版社2013年版，第1242页；最高人民法院民法典贯彻实施工作领导小组主编：《中华人民共和国民法典物权编理解与适用》（下），人民法院出版社2020年版，第1087页。

〔2〕 崔建远：《物权法》，中国人民大学出版社2009年版，第500页；高圣平：《担保法论》，法律出版社2009年版，第357页。

〔3〕 程啸：《论抵押财产出租时抵押权与租赁权的关系——对〈物权法〉第190条第2句的理解》，载《法学家》2014年第2期。

〔4〕《最高人民法院关于人民法院民事执行中拍卖、变卖财产的规定》第31条第2款规定："拍卖财产上原有的租赁权及其他用益物权，不因拍卖而消灭，但该权利继续存在于拍卖财产上，对在先的担保物权或者其他优先受偿权的实现有影响的，人民法院应当依法将其除去后进行拍卖。"

〔5〕 谢在全：《民法物权论》（中册），中国政法大学出版社2011年版，第700页。

〔6〕《民法典》第410条规定："债务人不履行到期债务或者发生当事人约定的实现抵押权的情形，抵押权人可以与抵押人协议以抵押财产折价或者以拍卖、变卖该抵押财产所得的价款优先受偿。协议损害其他债权人利益的，其他债权人可以请求人民法院撤销该协议。抵押权人与抵押人未就抵押权实现方式达成协议的，抵押权人可以请求人民法院拍卖、变卖抵押财产。抵押财产折价或者变卖的，应当参照市场价格。"

1. 抵押权约定实现时租赁权的除去

当发生第一次流拍之后，抵押权就可以在第二次拍卖、变卖或者折价之前除去租赁权。在这种情况下，应当由抵押权人要求抵押人与承租人撤销或解除租赁合同，还是抵押权人直接撤销或解除租赁合同，或是租赁合同在实现租赁权后自动终止仍有分歧。[1]然而依据《民法典》第 147 条~第 151 条、第 563 条的规定，租赁合同并未违反任何可撤销或解除的法定事由，因此前两种情况均不妥当；第三种情况中所述法律关系未经意思表示就戛然而止也难以立足。较为合理的做法应当是相对无效论[2]——为保护特定第三人利益，合同只对相对第三人无效。在抵押财产发生第一次流拍后，抵押权人向承租人发出终止租赁合同，即主张租赁合同无效的意思表示，如承租人对此表示异议，抵押权人就可以提起确认之诉，请求法院判决租赁合同之效力。

2. 抵押权法定实现时租赁权的除去

首先抵押权人可以根据《民事诉讼法》第 196 条、第 197 条向人民法院提出申请。如果法院裁定可以强制执行，或是裁定驳回后提起诉讼获得了胜诉的判决，抵押权人就有权依此请求法院采取强制执行措施。这时拍卖权转移到了法院的手中，租赁关系的"除去权"也随之发生了移转。如果法院认为该权利继续存在于拍卖财产上，对在先的担保物权或者其他优先受偿权的实现有影响的，可在强制拍卖抵押财产之前，通过裁定的方式向承租人做出终止租赁合同关系的意思表示，即确认租赁合同的相对无效。承租人可以根据《民事诉讼法》第 225 条向执行法院提出异议，法院再做进一步审查，决定撤销裁定或是予以驳回。

关于在租赁关系除去后，承租人是否可以主张损害赔偿的问题，本文做出否定的答案。承租人在订立租赁合同之前，完全可以通过查阅不动产登记簿知悉租赁权的存在。如果承租人发现了租赁物上已经存在了抵押权，他既可以为了交易安全，放弃合同的订立，也可以选择继续订立合同，甚至提出

---

〔1〕 高圣平：《担保法论》，法律出版社 2009 年版，第 357 页；李国光等：《最高人民法院〈关于适用中华人民共和国担保法若干问题的解释〉理解与适用》，吉林人民出版社 2000 年版，第 254~255 页；苏号朋主编：《担保法及其司法解释的应用与例解》，中国民主法制出版社 2001 年版，第 209 页。

〔2〕 程啸：《担保物权研究》，中国人民大学出版社 2019 年版，第 490 页。

减少租金等条件，皆取决于当事人自己的选择[1]，因此也应该自己承担该种风险，无须进一步要求损害赔偿责任。只有当承租人一次性支付全部租金的情况下，可以依据不当得利返还请求权，要求出租人返还剩余租金。此外，关于承租人优先购买权的问题，为了体系的一致性应当予以禁止，因为此时租赁权已经除去，承租人不再具有先前的法律地位，先前的权利也不应该存续。

六、结论

抵押权与租赁权之间的冲突牵扯各方的利益，尽管如今的这种立法模式并不完全符合民法的规范设计，但是正如霍姆斯所言："法律的生命在于经验而非逻辑"，如今的立法选择实则是一种价值衡量的体现，尤其是在尚未找到合理的说明或解释手段前，立法的政策导向无疑是现阶段最好的选择。

在这种选择之下，价值仍需通过精湛的立法技术得以体现，《民法典》在原有立法的基础上对租赁权、抵押权的确立始点、"先抵后租"的情况都做出了调整和完善，总体上看是一大进步，但是其中仍有诸如公示效力不足、法条规定不全面的弊端，需要通过法律解释、其他法律的类推适用以及判例和学说的引导加以解决。因此，结合以上法律和学说，针对抵押权和租赁权之间存在的冲突，本文得出以下结论：

（1）对于抵押权和租赁权的先后顺序确认，要对比二者的确立时点。就抵押权确立而言，应当以抵押权设立为标志，即不动产登记；就租赁权确立而言，虽然《民法典》暂时规定了"出租+占有"的双重条件，但是考虑到占有的弱公示效力，租赁登记制度可能更为合理。针对目前租赁登记仅具有行政效力的现实，应当配合租赁合同网签备案登记制度的建设。

（2）对于承租人不当租用产生的损害的救济问题，可以从物权和债权两个方面得以解决。首先，《民法典》第408条确认了抵押权人的物权请求权，因此他可以向承租人主张排除妨害，消除危险，恢复原状。其次，根据物上代位单一性原则，被侵害的抵押权则抵押权转化为权利质权，抵押权人也可

---

〔1〕 程啸：《论抵押财产出租时抵押权与租赁权的关系——对物权法第190条第2句的理解》，载《法学家》2014年第2期。

以就损害赔偿请求权寻求债法上的救济。

（3）尽管《民法典》删除了对于"先抵后租"的规定，但是在实践中针对类似的现象仍然有不确定性。首先在抵押权尚未行使之时，无须除去租赁权，二者可以并存。在抵押权行使时，如果抵押权人和承租人之间没有利益冲突，就无须除去租赁权，买受人在购买抵押物后继承抵押人的法律地位。一旦租赁权影响到了抵押权的实现，抵押权人可以向承租人发出终止租赁合同，主张租赁合同无效的意思表示，或是由法院通过裁定的方式向承租人做出终止租赁合同关系的意思表示。在租赁关系除去后，因承租人事先应当知道抵押权的存在，因此无须给予损害赔偿，只能根据不当得利请求权获得剩余租金的返还。

个人信用评分制度的合宪性探究

何深睿　朱　铮

摘　要　社会信用体系的建设是国家层面的任务，近年来在国家层面建立了征信系统，各地亦出台大量的政策和规范性文件支持公共信用信息制度的建设。而在大数据技术广泛用于城市管理、行政决策领域后，社会信用体系亦尝试与大数据技术相融合，其成果之一便是在一些城市建立的信用评分系统。但随着社会信用制度的作用范围扩大以及人们对隐私权的重视程度不断提高，对于此种政府主导的评分系统的质疑声音也不断增加。本文希望通过对信用评分制度与隐私权关系的分析以及对其限制隐私权的合宪性进行探究，指出其构成对公民的隐私权的不当限制。在此基础上，提出以信用概念及"场景正义"为核心的合宪性控制方法。

关键词：公共信用；比例原则；隐私权；合宪性控制

引　言

在信用体系建设的初期，国家发展和改革委员会（以下简称：发改委）便提出要加快探索以信用积分为基础的信用产品，鼓励信用机构运用云计算、大数据等技术满足各种方面的需求[1]，其可以看作是对信用评分制度的最初

---

[1]　参见连维良：《加快推进信用建设　积极构建信用中国》，载《宏观经济管理》2015年第 11 期。

规划。此后个别城市也建立了本地的信用评分系统，例如"茉莉分"[1]、"钱江分"[2]、"白鹭分"[3]等，而发改委亦鼓励更多的城市建立类似的制度，提出"每个社会主体都拥有自己的评价分数"。[4]但在学界对于公共信用制度的探讨中，曾有学者对信用评分制度提出反对意见，认为诚信不能被精确测量，此种机制涉嫌侵犯人格尊严，超越了信用评价的限度和分寸[5]，但对于侵犯了人格尊严中的何种价值以及信用评价的尺度为何，并没有进一步的讨论。信用评分再度引发社会热议，源于苏州在 2020 年 9 月发布的"苏城文明码"，其计划通过交通违法、志愿活动等信息对市民的信用状态评分，并根据评分给予优待或惩戒措施。[6]该功能一经推出就引起了大量的反对和批评，其中包括质疑文明功利化、忽视弱势群体等。[7]同时，这一事件也使之前已经建立的信用评分系统重新进入人们的视野。

　　信用评分制度作为一种大数据信息组合和运算技术的应用，不可避免地会引起民众对自身隐私权和人格尊严的担忧，如海伦·尼森鲍姆所指出的，信息组合系统颠覆了公民隐私权所保护的价值，包括对信息的自我决定和自我控制、生活的自治、人际关系，从而导致公民的愤懑。[8]具体而言，信用评分制度存在侵犯隐私、过度干涉私人生活以及不当影响公民的人际关系等问题，而针对这些指控是否真实存在以及如何解决，本文希望通过对其合宪

---

〔1〕 阮冠达：《"茉莉分"较高　办不动产业务更顺利》，载《福州日报》2018 年 8 月 3 日，第 003 版。

〔2〕 张鹏、丁泓宇：《"钱江分"来了，查查你有几分》，载《青年时报》2018 年 11 月 17 日，第 A02 版。

〔3〕 廖丽萍、陈晓丹：《厦门市民个人信用"白鹭分"发布》，载《福建日报》2018 年 7 月 6 日，第 02 版。

〔4〕 连维良：《创造性地做好新形势下的社会信用建设工作》，载《中国信用》2018 年第 10 期。

〔5〕 参见沈毅龙：《论失信的行政联合惩戒及其法律控制》，载《法学家》2019 年第 4 期。

〔6〕 王德俭：《"苏城文明码"推出 快来看看你的文明积分有多高?》，载荔枝网，http:// news. jstv. com/a/20200903/78b1d31b426b481680bad02273981a1e. shtml，最后访问日期：2020 年 11 月 20 日。

〔7〕 段伟文：《文明码：表面"大数据"，实则"伪科学"》，载新京报网，https://www. bjnews. com. cn/detail/159953012215054. html，最后访问日期：2020 年 11 月 20 日。

〔8〕 参见［美］海伦·尼森鲍姆：《信息时代的公共场所隐私权》，凌玲译，载张民安主编：《公共场所隐私研究》，中山大学出版社 2016 年版，第 57~88 页。

性进行探究，得出初步的结论并提出合宪性控制的框架与方法。

一、信用评分制度简介

近年来，各地都计划建立城市的个人信用评分系统，但在对公开新闻报道的统合和整理过程中，笔者发现当下已经投入使用或已经具备完整规划的信用评分制度，主要是杭州的"钱江分"、厦门的"白鹭分"、福州的"茉莉分"、镇江信用评分以及苏州的"苏城文明码"，而它们在评分信息范围、评分机制、评分标准以及分数的应用上，既有共同点，但也存在不小的区别，笔者对其进行了简要的归纳（见附录表 A1），根据此整合出一个信用评分的共同模式以方便后续的讨论。

第一，信用评分系统作为公共信用系统的一部分，各地均将公共信用系统的信息纳入评分，除此之外亦进行了一定程度的扩张，总结而言，其一般包括：①基本信息，包括个人的身份信息、职业信息、婚姻状况等；②守信信息，包括各个领域的履约记录，使用信用产品的记录等；③正面信息，除了守信信息外，还包括志愿记录、献血记录、受到的表彰信息等；④违法信息，包括行政处罚、行政强制信息、交通违法信息、拒不执行判决等；⑤失信信息，除了违法信息外，还包括违约信息、拖欠公共缴费信息等。

第二，对于信用分的评定和计算，现行存在两种方式，即在基础分数上按照给定的标准进行加减分和大数据建模计算。笔者认为，大数据技术在社会管理中的应用是未来发展的趋势，且后者实质上是前者模式的改进，其实质上是相近的，因此下文将以大数据技术应用下的信用评分制度作为讨论的基本模型。

而就应用场景而言，信用评分的应用领域主要包括：①减免押金，如公共自行车、图书馆借书、公租房领域的押金减免；②信用支付，如公共交通先乘后付、医疗先治疗后付费等；③公共领域的优惠和优先，包括办理政府业务优先叫号、停车预约和优惠、公共交通优惠等。同时，笔者注意到，各地的信用评分机制都致力于实现更大领域的应用，包括在电商、租房、二手房交易等方面的应用，使其具有类似"芝麻信用分"的功能。

二、信用评分制度与隐私权的限制

对基本权利限制的合宪性审查之前提是明确审查对象限制了何种基本权利，如果其并不构成基本权利的限制，后续的审查便无立足之处；且明确被限制的基本权利类型，也对审查模式和尺度的选择有重要意义[1]。基于上文对信用评分制度基本模式的总结，笔者认为，作为一种对个人信息进行收集和使用的机制，信用评分机制构成对公民隐私权的限制，笔者将在下文中从隐私权的目的和价值两个方面阐述理由。

（一）隐私权的规范基础

在德国联邦法院的判决中，基于"人性尊严"这一基本条款导出了个人的"信息自决权"，其中便包含隐私权[2]，而在中国宪法学界有学者主张隐私权可由《宪法》第38条"人格尊严"条款中推导出来[3]，亦有学者主张隐私权作为一种新兴的、未被宪法所列举的基本权利，可被《宪法》第33条中的"人权"概念所包含。[4]笔者认为，隐私权这一概念的建立，是为了保护私人的事务不被公开议论、个人的肖像不被公开发布等人格性的权利，所防范的是他人的议论和侮辱[5]，因此其具有人格尊严权的属性；但随着时代

---

[1] 例如，美国最高法院所采取的三重审查标准，采用"严格审查标准"的基本权利要求对其限制必须具备"重大迫切利益"的目的，如采"中度审查标准"则须具备低于"重大急迫"程度的"重要利益"，而采合理审查标准只需具有"正当利益"；德国联邦宪法法院亦发展出"审查密度理论"，根据所限制的基本权利之所处位阶及限制强度不同，选择采取明显性审查（Evidenzkontrolle）、可支持性审查（Vertretbarkeitskontrolle）和强烈内容审查（Intensive Inhaltskontrolle），参见黄昭元：《宪法权利限制的司法审查标准：美国类型化多元标准模式的比较分析》，载《台大法学论丛》2004年第3期；陈征：《论比例原则对立法权的约束及其界限》，载《中国法学》2020年第3期。

[2] 参见赵宏：《信息自决权在我国的保护现状及其立法趋势前瞻》，载《中国法律评论》2017年第1期。

[3] 参见林来梵：《人的尊严与人格尊严——兼论中国宪法第38条的解释方案》，载《浙江社会科学》2008年第3期。

[4] 参见张薇薇：《"人权条款"：宪法未列举权利的"安身之所"》，载《法学评论》2011年第1期。

[5] 参见［美］路易斯·D. 布兰代斯等：《隐私权》，宦盛奎译，北京大学出版社2014年版，第16~28页。

的发展，隐私权上的价值逐渐扩张，包括对抗公权力侵入个人和家庭、保障个人的自主决定[1]等人格尊严权未必能涵盖的价值，而人权作为一个开放性的基本权利概念，其对这些新兴价值的包容性更强；因此，现代的隐私权可以结合《宪法》第33条第3款及第38条推导出来。

但无论采取何种观点，隐私权在中国宪法中都具有规范基础，因此对隐私权的限制可以落入合宪性审查的规制范围。

（二）对隐私权的目的之限制

隐私权的目的，主要包括对人的自由之保障以及对人格尊严的保障两个方面。[2]最初的隐私权概念，其目的是防止肖像被公开以及新闻报刊对私人事务的议论[3]，是一种对抗他人知情权的权利。在隐私权的发展过程中，隐私权的目的不断扩张，最初的目的被具体地界定为公民决定是否与他人分享以及何时、何种程度与他人分享自己的信息[4]，此被称为个人的自决权。同时，隐私权还包含防御公权力侵入个人和家庭的目的，例如，政府不能未经授权监听公民的电话，以保障公民对隐私的合理期待[5]，并以此协调政府权力与公民个人权利的关系，反对政府对公民生活的监控和压迫。[6]

信用评分制度之本质，是对公民信息的收集和运算。虽然其所收集的信息，大多产生于公共场所，但通过信息的整合和大数据技术的运算，足以推

---

[1] 参见［美］海伦·尼森鲍姆：《信息时代的公共场所隐私权》，凌玲译，载张民安主编：《公共场所隐私权研究》，中山大学出版社2016年版，第65页。

[2] 王泽鉴：《人格权的具体化及其保护范围·隐私权篇（上）》，载《比较法研究》2008年第6期。

[3] 参见［美］路易斯·D.布兰代斯等：《隐私权》，宦盛奎译，北京大学出版社2014年版，第26页。

[4] James Rachels, "Why Privacy is Important", *Philosophy & Public Affairs*, 1975, 4 (4), p. 238. 转引自路易斯·D.布兰代斯等：《隐私权》，宦盛奎译，北京大学出版社2014年版，第77页。

[5] ［美］欧文·凯莫林斯基：《重新发现布兰代斯的隐私权》，载路易斯·D.布兰代斯等：《隐私权》，宦盛奎译，北京大学出版社2014年版，第26页。

[6] 参见［美］海伦·尼森鲍姆：《信息时代的公共场所隐私权》，凌玲译，载张民安主编：《公共场所隐私权研究》，中山大学出版社2016年版，第65页。

断出未被收集的个人私密信息，从而构成对公民私人生活的监控。近年来对公共场所的隐私权研究亦认为，对公民的公共监控和公开个人信息的收集，有可能对公民的隐私权产生侵犯。[1]

如前文所述，信用评分制度的基础是对个人信息的收集和整理，虽然大部分的信息产生于公共场所，但其往往具有割裂、分散和复杂的特性，因此公民通常认为其不会为他人所完全掌握。但通过公共信息系统对此的整合，个人的信息将完整地被呈现在信息使用者的面前，这意味着其在与信用相关的领域不再有选择性展示自己人格的权利，无法根据自己对不同人际关系的亲疏程度的判断而选择自己的言行和分享信息的程度。[2]虽然信用评分不会将个人的信息都详细地展现于外，但由于其应用领域较一般的征信制度或公共信用制度更为宽泛，在与陌生人交往的场景中，其可能成为他人判断个人信用状况的主要依据，因此个人对其外部人格的控制权仍会受到限制。且对于有信用瑕疵的个人而言，其不良的信用评分将使其遭受他人或社会的指责，例如，近年广泛推行的"失信联合惩戒"、各地倡导的"根据个人的信用状况进行风险定价"的政策以及人们可能对信用分低的人进行议论，作出不良的评价等。以上亦构成对公民人格权之限制。

（三）对隐私权的价值之限制

不同的学者对于隐私权的价值有不同的解读，在海伦·尼森鲍姆看来，隐私权的价值包括：①个人的自治权、自由权、个性和价值；②公民之间的亲密关系、健康、创造力和个人成长；③社会的民主与自由[3]。在 Alan Westin 所看来，隐私权的价值包括人的尊严和自主决定、情感释放、自我评

---

〔1〕 例如，海伦·尼森鲍姆所提出的场景理论，其否定了传统隐私权理论对于公共场所和隐私场所的绝对二分，认为公共监控和对公民公开信息的收集和整合是有可能侵犯公民隐私权的，参见［美］海伦·尼森鲍姆：《信息时代的公共场所隐私权》，凌玲译，载张民安主编：《公共场所隐私权研究》，中山大学出版社 2016 年版，第 65 页。

〔2〕 James Rachels 认为，这也是公民隐私权的一部分，通过此种方式，人们可以定义人与人之间的亲密程度，参见［美］海伦·尼森鲍姆：《信息时代的公共场所隐私权》，凌玲译，载张民安主编：《公共场所隐私权研究》，中山大学出版社 2016 年版，第 65 页。

〔3〕 参见［美］海伦·尼森鲍姆：《信息时代的公共场所隐私权》，凌玲译，载张民安主编：《公共场所隐私权研究》，中山大学出版社 2016 年版，第 86 页。

估以及有限度和受保护的沟通。[1]以此为基础，本文总结出隐私权所蕴含的四种价值，包括人格尊严、自由、人际关系及社会民主。

1. 人格尊严。保障人格尊严是隐私权诞生之目的。人格尊严，一方面是个人在他人和社会中维持人格的完整，得到尊重和不受侮辱、诽谤和诬告之权利；另一方面，其意味着公民是具有独立意志的主体，而非服从于他人意志的客体[2]，国家要对公民在理性下的自主决定给予尊重[3]，因此个人对其自身的未来发展具有自主决定的权利，不受他人和社会的操纵和支配。

在信息技术大规模运用之前，限制人格尊严的手段指向的主要是前者，即对公民的名誉产生一定的负面影响，或因人格尊严与他人的权利，如获取信息的自由权、言论自由发生冲突时，人格尊严作出一定的退让。但随着信息时代的到来，尤其是公共监控和大数据技术的大规模运用，通过对公开信息的整理和运算，使个人拥有了独特的数字身份和信息化形象，包括个人的偏好、性格、经历等人格信息乃至对未来行为的预测，这使信息的使用者可以对个人的行为进行操控，从而使个人在某些方面丧失个人的意志。由于个人并非信息的组合者，因此对自己的信息形象没有控制权；而个人的信息形象究竟为何，更多取决于收集的信息、使用的算法以及标准，因此有学者强调，在现代化信息技术下，只有个人的信息形象不被他人操纵，保障信息化人格和自身的一致性不被扭曲，才能够保障个人作为目的而非手段之存在，才能拥有自尊以及受到他人尊重。[4]

上文已然论证了信用评分制度对人格的完整构成了限制，尤其是对于具有信用瑕疵的个人。另外，信用评分系统会以其评分的项目和标准，构成对公民生活的实际影响，例如，大部分城市都将参加志愿活动作为加分项，其

---

[1] Alan F. Westin, "Privacy and Freedom", *Washington and Lee Law Review*, Vol. 25, No. 1, 1967, p. 166. 转引自王泽鉴：《人格权的具体化及其保护范围·隐私权篇》（上），载《比较法研究》2008 年第 6 期。

[2] 谢立斌：《中德比较宪法视野下的人格尊严——兼与林来梵教授商榷》，载《政法论坛》2010 年第 4 期。

[3] 赵宏：《从信息公开到信息保护：公法上信息权保护研究的风向流转与核心问题》，载《比较法研究》2017 年第 2 期。

[4] 张新宝：《从隐私到个人信息：利益再衡量的理论与制度安排》，载《中国法学》2015 年第 3 期。

形式上意味着政府认同志愿活动对人的信用状态有正面作用，实质上则使公民投入更多的时间于社会公益活动中；同时，信用评分系统可以通过大数据的分析，为公民有针对性地提供评分提升的建议[1]。除此之外，由于评分系统为政府主导，其可能为公共管理、城市建设等目的，将行政管理的措施转化成上述的标准和建议[2]，可能加重了个人在日常生活当中的社会负担，且其导致人成为行政管理手段而非目的。因此，信用评分制度构成对人的独立意志的影响和操纵，构成对人格尊严自主决定的价值。

2. 自由。宪法的主要目的是规制国家行为，而基本权利则是使公民拥有对抗公权力滥用的正当化依据，隐私权亦不例外。隐私权所保障的自由，包括人的行动自由和人格的自主决定，后者可以为上文的人格尊严权所吸收，而前者意味着公民可以在未被法律禁止的范围内随心所欲地进行活动而无须担心受到国家的监视以及遭受此种监视所可能带来的伤害；否则，对公民活动的大规模监控，公民一切背离社会规则的行为都将受到惩罚，或导致其长期处于恐惧状态或产生"观察者效应"[3]，从而拘谨自己的行为，导致公民行动自由的范围受到限缩。

而公共信用制度收集信息的范围十分宽泛，其原则大多是与个人信用相关的信息均可包含进来，这导致许多私人领域的信息，例如民事主体之间的裁判信息、违约信息等，均被包含其中。笔者认为，其构成对公民生活的广泛监控，尤其在民事领域，其是公权力对私法自治领域的干预和控制之加强；比如房东愿意支付违约金并要求租客提前腾退房间的行为，本是一种自主决定并承担违约责任的行为，但在信用评分制度中，则可能被归为失信信息，从而产生消极影响。公民为防止此种监控对自己产生不利的后果，会与法律

---

〔1〕 在商业领域，蚂蚁金服旗下的"芝麻信用分"便是此种机制，其向用户推送提高信用分数的建议，包括完善个人信息、多使用共享借还服务（共享单车、充电宝等）、参加"余额宝"理财产品等。

〔2〕 在厦门"白鹭分"的新闻报道中，就明确提出其将垃圾不分类纳入了信用评分的项目当中，参见林露虹：《厦门市民个人信用"白鹭分"发布》，载《厦门日报》2018年7月6日，第A12版。

〔3〕 观察者效应，又被称为 choking under pressure，指人迫切想要成功或者证明自己所造成的压力反过来影响了正常发挥，表现为人在知悉自己被观察时会改变自己的行为，参见南瓜落落：《心理中的"观察者效应"——压力状态下我们会表现更好还是更糟？》，载微信公众号"脑人言"，https://mp.weixin.qq.com/s/_geIf9tfk8TgJdkTn3HSIQ，最后访问日期：2020年11月29日。

所订立的界限保持一定的距离[1]，这意味着其行动自由受到限制。

3. 人际关系。在生活中，对于特定的私密信息，公民往往只会分享给其认为可以信赖和可靠之人，并且这种信赖是以信息的领域的改变而变化的，例如，在挚友面前倾诉感情纠纷，向律师透露自己的真实意图和想法等，同时也可能希望对父母、配偶隐瞒一些负面信息。如上文所述，隐私权的目的之一是公民能够选择分享信息的程度，以定义与不同人的亲疏关系，此种与不同人维持不同的关系，采取不同的态度和相处方式，即公民的自治权，[2]此亦是人际交往的通常模式。但信用评分系统的信息统合功能，在打破信息不对称的同时，也打破了不同种类人际关系的界限，对于亲近的人，信用评分可能成为影响彼此关系的因素，但扁平化的信用评分标准决定了其行为动机、意图等主观心态不被包含在内[3]。而对于陌生人而言，信用评分可能成为其对个人影响的基础，这导致个人不再能通过更换到新环境中而重新开始自己的生活，例如，在新的地方、公司、行业，其可能仍然要受到此前信用分的影响。

信用评分将个人的信用状况不论亲疏地展现给人际关系中的相对人，还可能导致个人为维护自己的信用评分，尽力隐藏自己的真实想法和信息，在交往中与他人时刻保持防备之心。[4]这摧毁了人际交往中的信任基础，可能使社会中的人际关系更为冷漠。以上种种均是对隐私权当中所包含的良好人际关系价值之限制及限制的结果。

4. 社会民主。如上文所述，信息的组合和大数据的应用，为操控个人的行为和生活提供了良好的条件。而民主要求公民依照自己的想法决定其政治倾向，因此宪法上的言论自由保障公民自由地发表政治观点，秘密投票原则

---

[1] 例如，在各大赊购平台（花呗、京东白条等）宣布要接入征信时，许多人惧怕其对未来的房贷、车贷等业务产生影响，因此纷纷考虑关闭这些功能，即便其没有违约的意愿和相关记录，实际上可能并不会对其信贷业务产生负面的影响。

[2] 转引自［美］海伦·尼森鲍姆：《信息时代的公共场所隐私权》，凌玲译，载张民安主编：《公共场所隐私权研究》，中山大学出版社2016年版，第77~78页。

[3] 有学者亦认为，公共信用系统的信用信息应当放弃对动机的考量，参见罗培新：《善治须用良法：社会信用立法论略》，载《法学》2016年第12期。

[4] 参见［美］海伦·尼森鲍姆：《信息时代的公共场所隐私权》，凌玲译，载张民安主编：《公共场所隐私权研究》，中山大学出版社2016年版，第85页。

则保障公民可以自主作出决定，但随着大数据对人的精准预测能力不断提高，运用技术手段影响公民的政治倾向并非虚无的忧虑，例如，剑桥分析公司通过大数据技术精准向选民投放广告，以影响其政治倾向，干预多国的选举。[1]另外，民主意味着公民可以通过投票、发言等方式参与到法律的制定当中，制定对自己具有约束力的社会规则，但由于立法具有滞后性以及现代行政对效率的要求，行政机关也可以制定约束公民的规范性文件，这使得社会规则中公民的意志体现被限制和削弱。

信用评分制度建立之目的并非作为一种政治手段，亦有学者认为其亦不是一种道德评价的手段[2]，但评分的标准仍是一种上位者意志的体现。在程序方面，信用评分制度涵盖了法律、行政法规、规章以及地方性法规等规范性文件对公民的各种要求，但并非一切的规范性文件均是民主程序的结果，虽然各地均要求制定公共信用信息目录时征求公众意见，但公众对此亦只具有建议权而非决定权，其民主程度较低。在实体方面，评分标准中并不缺乏政治考虑，例如，公民"违规上访"可能招致行政处罚，"资助政治活动""未经批准接入国际互联网"等行为亦可能纳入失信信息。[3]

三、隐私权限制之合宪性审查

对基本权利限制的审查包括形式层面的审查和实质层面的审查。形式层面的审查是法律保留原则，其要求对基本权利的限制只能由立法机关以制定法律的方式作出或授权，以保障人民的利益得到充分的考量以及政策具有民主正当性。实质层面的审查包括明确性原则和比例原则审查，前者要求限制基本权利的法律尽可能详细，不适用过于模棱两可的语词，防止执行者的恣意滥用，侵害公民的基本权利；后者要求限制基本权利应当兼顾公共利益和

---

〔1〕 参见科工力量、柳叶刀：《剑桥分析是如何以"工业规模"操纵各国选民的》，载观察者网，https://www.guancha.cn/kegongliliang/2020_01_14_531489.shtml，最后访问日期：2020年11月29日。

〔2〕 参见罗培新：《善治须用良法：社会信用立法论略》，载《法学》2016年第12期。

〔3〕 上海市信用数据清单中规定，从事或者资助政治活动，非法从事或者资助宗教活动的，且尚不构成犯罪的处罚以及使用的计算机或者计算机信息网络未通过接入网络进行国际联网的处罚纳入失信信息，且应当被公开。

个人的权益，在手段选择和目的实现之间保持均衡。[1]

（一）法律保留

法律保留原则，可分为形式层面的法律保留和实质层面的法律保留，前者更注重规范意义上是否制定了法律或者具有法律的授权，只要满足其中一项，便符合该原则；而后者则主要通过由德国联邦宪法法院发展而来的"重要性理论"，其将基本权利进行阶层划分，对于重要的事项，立法者有制定规范的义务，不能委托或转让权力[2]，在《立法法》（2015 修正）第 9 条也规定了不得授权立法的事项。

就形式层面的法律保留而言，在公法领域，2021 年第十三届全国人民代表大会常务委员会第三十次会议通过的《个人信息保护法》中，允许通过法律、行政法规授权公共机构处理个人信息[3]；而在私法领域，《民法典》对个人信息也作出了类似的规定，同时明确规定对隐私权的限制只能由法律作出[4]。现行征信系统及各地公共信用系统的建立依据，多是国务院所发布的《征信业管理条例》和《政府信息公开条例》两部行政法规；但前者并没有明确授权各地可以开展对个人的信用评分业务，但在形式上仍能作为公共信用制度的法规依据，而后者所规制的客体应当是公权力而非个人，因此行政法规对此的授权明确性存疑，而通过《政府信息公开条例》建立信用评分制度，则有错误理解法规之嫌。因此，在建立征信系统的法律依据问题上，有学者建议在《征信业管理条例》的实践基础上，分别构建个人和企业征信制度的行政法规；在《个人信息保护法》[5]立法后，根据其基本原则出台《个人征信管理法》[6]。

---

〔1〕 焦洪昌主编：《宪法学》，北京大学出版社 2013 年版，第 372~373 页。

〔2〕 参见张慰：《"重要性理论"之梳理与批判——基于德国公法学理论的检视》，载《行政法学研究》2011 年第 2 期。

〔3〕《个人信息保护法》第 13 条第 1 款规定："符合下列情形之一的，个人信息处理者方可处理个人信息：……（7）法律、行政法规规定的其他情形。"

〔4〕 参见《民法典》第 1033 条、第 1035 条。

〔5〕 笔者注：原文所采用的语词是"个人隐私权法"，但就现今的立法规划而言，其所匹配的应当是"个人信息保护法"。

〔6〕 国务院发展研究中心课题组、张军扩、赵怀勇：《中国信息化国研报告（二）建立社会信用体系所需要的法律框架及立法建议（2）》，载《中国信息界》2005 年第 15 期。

而在实质层面的法律保留上，有学者认为，在"重要性理论"的分析下，公共信用系统对多项基本权利构成限制，属于重大事项，应当由全国人民代表大会及其常务委员会立法规定或授权国务院制定行政法规。[1]笔者认为，随着信用评分制度应用于更多的场景，其对公民基本权利限制的影响范围也将不断扩大，可能触及更多的"重要性权利"，其法律保留的要求亦更为严格，但由于本文着重讨论信用评分制度对隐私权限制之正当性，因此本文对此不详细展开。

因此，在法律保留层面上，在《个人信息保护法》通过并生效后，各地的公共信用系统可以满足其最基本的要求。但就信用制度的长远发展而言，仍有必要制定全国性有关个人信用制度的法律，使其具有更强的正当性。

（二）明确性原则

明确性原则包含多个方面，包括限制的情形、法律程序、主要手段等。在隐私权的限制方面，其主要要求信息的收集需要经过正当程序，要进行明确的告知以及有明确的使用用途；比如，2021 年修订的《行政处罚法》中新增第 41 条关于电子监控设备的规定，要求必须设置明显的提示并向社会公布设置地点[2]；《个人信息保护法》也对公共视频监控的设置作出了类似的规定，并要求所收集的信息只能用于公共安全的目的[3]。

因此，对于信用评分制度，笔者认为，明确性原则主要作用于信用评分制度的信息收集范围、评分标准和评分用途上，尤其是具有强制性的信息收集和分数使用。

在信息收集范围上，各地关于公共信用制度的地方性法规或政府规章都规定了纳入公共信用信息实行目录管理，即纳入公共信用系统的信息需要制定清单，并向社会公布；但在对何种信息应被纳入目录的问题上，各地的规

---

[1] 沈毅龙：《公共信用立法的合宪性考察与调整》，载《行政法学研究》2019 年第 1 期。

[2]《行政处罚法》第 41 条第 1 款规定："行政机关依照法律、行政法规规定利用电子技术监控设备收集、固定违法事实的，应当经过法制和技术审核，确保电子技术监控设备符合标准、设置合理、标志明显，设置地点应当向社会公布。"

[3]《个人信息保护法》第 26 条规定："在公共场所安装图像采集、个人身份识别设备，应当为维护公共安全所必需，遵守国家有关规定，并设置显著的提示标识。所收集的个人图像、身份识别信息只能用于维护公共安全的目的，不得用于其他目的；取得个人单独同意的除外。"

范性文件标准不一，且往往制定概括性授权或兜底性条款[1]，这使行政机关可以恣意地将其收集到的信息归入信用系统中，而忽略对公民隐私权的保障。并且，在各地政府每年公布的公共信用信息目录中，往往规模庞大且繁杂，并没有分类或系统化地汇编，法人与自然人的信息项目混合在一起，以部门的方式进行索引，使得公民难以阅读和了解哪些信息与自己的行为相关[2]。

在评分标准方面，福州的"茉莉分"和苏州的"苏城文明码"相较杭州的"钱江分"和厦门的"白鹭分"而言更具明确性，因为前两者的评分模式是通过对照评分项目和数值进行加减分数，而后两者由于应用大数据技术，在数据的训练和模型的建构过程中，算法自身将演变成为一个"黑箱"，复杂性将远超纸面上的"评价维度"等标准，且其将以机器语言而不是自然语言的形式存在，这导致了即便是算法规则的制定者也很难将之在社会中公示。[3]这将导致公民无法预测其个人信息在系统中将被如何利用，导致公民对隐私限制的预期是不确定的。

而在评分的用途上，各种规范性文件当中都对扩大公共信用制度及评分制度的范围持鼓励态度，包括在行政领域判断相对人的信用状况进行分类管理，对信用状况好的相对人在同等条件下优先考虑，以及支持银行、保险等行业根据信用状况进行风险定价等。对于信用评分高的个人而言，其是一种优惠和便利；但对于信用评分低的个人而言，这可能对其权益产生减损或负外部性，因此信用评分的应用场景影响到这一制度对公民生活的指导和影响程度，因此仍有必要保障信用评分的应用场景的相对确定，确保信用评分用途的扩张不会滑向行政机关对其的恣意滥用，导致对公民自我决定的权利之过度限制。在这一方面，各地的规范性文件仍然是缺失的。

由上述分析中发现，信用评分制度对公民隐私权的限制缺乏充分的明确性，在评分的用途方面体现得尤为明显，这使公民的基本权利陷于被恣意限

---

[1] 参见《广州市公共信用信息管理规定》第 12 条第 1 款第 5 项："行政机关、法律法规授权的具有管理公共事务职能的组织评定的不良信用信息"。

[2] 例如《浙江省信用目录》有 373 页，以部门为索引而非个人/法人信用信息或守信/失信信息的方式进行分类；《厦门市湖里区 2020 年版信用信息资源目录》中包含的"负面信息"就有 1555 项，分散于目录的各个部分。

[3] 此种担忧被称为"不可解释隐忧"，参见贾开：《人工智能与算法治理研究》，载《中国行政管理》2019 年第 1 期。

制的危险。

(三) 比例原则审查

传统的比例原则审查包括三个阶层，即适当性、必要性和狭义比例原则审查，但在近年对比例原则的研究中，部分学者认为在三者之前还要加上一层"目的正当性"审查[1]；考虑到大量行政管理事项成为信用评分制度的项目，使信用制度有成为政府对公民施加负担，提高行政管理效果的手段之危险，因此本文亦采用四级审查模式，对信用评分制度的目的进行审查和评价。

1. 目的正当性审查

（1）信用评分制度的目的。对目的正当性的判断，首先需要查明其真实目的，即建立信用评分制度所欲追求的目的，而不仅限于其所宣称的目的；通过参考与信用体系建设相关的规范性文件、新闻报道，总结出信用评分制度所蕴含的四个目的：其一，在社会层面，信用评分制度作为社会信用体系建设的一部分，其当然具有规范市场秩序、改善市场信用环境、降低交易成本、防范经济风险的目的。[2] 其二，在个人层面，信用评分制度通过对守信者给予优惠和便利，对失信者给予限制和惩戒的方式，促进个人守法守约，最终成为一个有信用的人。其三，在交易层面，信用评分有助于打破交易双方的信息不对称，使交易相对人了解信用主体的信用状况，以保障交易安全和降低交易成本。其四，在行政管理层面，信用评分制度可以成为解决执法难、执法效率低以及执法成本高等问题的有效手段[3]，一方面通过评分对个人进行分类管理，另一方面通过将违反城市管理秩序的行政违法事项纳入评分标准，从而增加其违法成本，推动公民主动遵守行政规定。

（2）对目的之评价。政府是公共利益的代言人，其任何行为都必须出于

---

[1] 参见姜昕：《比例原则释义学结构构建及反思》，载《法律科学（西北政法大学学报）》2008年第5期。

[2] 《国务院关于印发社会信用体系建设规划纲要（2014—2020年）的通知》（国发〔2014〕21号）。

[3] 参见尤顺玲、国强：《青岛市城市管理领域失信联合惩戒制度研究与实践》，载《城市管理与科技》2018年第4期。

正当的目的。[1]在对联合信用惩戒的研究中，有学者就反对将信用制度作为行政机关解决工作繁重、监管困难的手段，理由在于其可能使政府对信用制度产生依赖，以推行其希望引导的价值和解决须完成的行政任务，导致合法性和合理性的偏废。[2]通过信用评分的手段促进行政管理，是将政府的义务转变成个人的负担，实际上是行政权的滥用和行政机关的"懒政"，所促进的是行政机关的自身利益，而非目的正当性原则所要求的公共利益。因此，本文在接下来的各个阶层中，不会考虑与信用无关的行政管理目的及其背后的法益。

2. 适当性审查

适当性审查之目的，是确保对基本权利限制的手段，能够或至少有助于实现公共利益的目的[3]，因此只要对上文所提及的目的之实现有正向的促进作用，便可认为信用评分制度在该阶层具有正当性。

（1）由于信用评分是根据个人信用信息对其信用状态进行综合评价，因此其并不必然有助于交易的相对方了解个人的信用状态，比如在租车这一交易场景中，相对人只希望了解信用主体的履约记录，以及是否具有驾驶资格以及交通违法情况，对其闯红灯、不文明旅游或在食品安全方面的行政处罚记录并无兴趣，对维护交易安全亦无帮助。在行政领域上更是如此，行政裁量权受到"禁止不当联结"原则的拘束，其意味着行政机关在作出裁量时，只能考虑相关的因素，排除无关因素的影响[4]，比如不能因为公民交通违法记录多而增大对个人开的餐厅进行检查；因此对于行政行为的作出，此种综合性的信用评分并无用武之地。综上，对于打破信息不对称，使交易相对人了解个人的信用状况以维护交易安全这一目的，信用评分系统是否能够促进其实现，存在疑问。

（2）相较于传统征信报告不便于个人查询，信用评分可以使个人更加快捷、方便地了解到自己的信用状况，从而有针对性地修复自己的信用瑕疵，使之向"诚信"的标准靠拢。对于社会而言，对守信者的激励和对失信者的

---

〔1〕 参见姜昕：《比例原则释义学结构构建及反思》，载《法律科学（西北政法大学学报）》2008年第5期。

〔2〕 参见王瑞雪：《政府规制中的信用工具研究》，载《中国法学》2017年第4期。

〔3〕 参见焦洪昌主编：《宪法学》，北京大学出版社2013年版，第373页。

〔4〕 胡建淼：《论公法原则》，浙江大学出版社2005年版，第469~470页。

惩戒可以更具针对性和精准性；且由于信用评分相较于传统的信用报告具有方便、快捷、低成本的优势，使其可以应用在要求快速判断个人信用状态以决定是否提供便利的消费场景，如公交的先乘后付、公共自行车免押金等，这意味着个人的信用信息将在更多的领域发挥作用，令守信者得到更多的利益，反之则受到更多的限制，从而通过激励个人主动守信以促进信用社会的建设。由此，笔者认为，对于促进个人守信以及信用社会建设的目的，信用评分系统具有促进作用。

3. 必要性审查

必要性审查要求对基本权利限制所欲促进的公共利益真实客观地存在，且其具有紧迫性以及在多个可选的手段中，立法者或行政机关选择了对基本权利限制程度最小的手段。[1]在信用制度建立前，社会中恶意拖欠和逃废银行债务、逃骗偷税、商业欺诈、制假售假、非法集资等情况屡禁不止[2]，失信者能够通过违法、违约获取高额利润，这使得社会对"诚信"这一中华民族的核心价值观逐渐产生了质疑，这对于长远经济的发展和维护交易安全十分不利，因此促进诚信社会的建设是必要的，也是急迫的。本文着重探讨信用评分制度是否是达到相同效果的手段中对基本权利侵害最小的手段。

（1）可采的手段

其一，根据信用信息的用途及需要对相对人信用状态的场景进行分领域的评分，例如在免押金的领域，应仅对个人的履约记录和能力进行评估，而不考虑其违法信息以及志愿活动等无关信息；在行政领域亦是如此，通过行政相对人在该领域的违法记录或历史的检查、表彰记录等信息进行评估，从而得出其违法的可能性，作为决定行政检查频率的参考，亦不必将无关的因素考虑进来。下文将此方案称之为"分领域评分方案"。其二，采取传统的信用评级模式而不是精细化的评分模式，例如将个人的信用等级分为A、B、C或守信、一般失信及极端失信三类。在其应用当中，只要是守信的个人，都能够享受到同等的便利，而不论其是否得到表彰、是否参加志愿活动；且信用的评价不会因为轻微的违法而下降，以防止其过多地干扰个人

---

〔1〕 焦洪昌主编：《宪法学》，北京大学出版社2013年版，第373页。

〔2〕 《国务院办公厅关于社会信用体系建设的若干意见》（国办发〔2007〕17号）。

的生活。

（2）手段之比较

其一，对于"分领域评分方案"，在基本权利的限制程度上，由于每个信息的使用者只能在其领域了解个人的信用状况，其可以降低其了解个人的信用信息的范围和程度，防止公民遭受不合理的评价，也更加符合"场景正义"所要求的语境完整性；且分领域的评分可以使依据个人信用状况给予利益或限制行为的政策更加合理，比如不会因为其交通违章而影响免押金使用公共自行车，同时也可以令具有信用瑕疵的个人更有针对性地提升自己的信用状况，尤其在上文所提及的评分标准明确性不足的情况下。在对法益的促进程度上，其对于具体的应用场景而言更具针对性，可以更好地保障交易的安全，在民事领域的"芝麻信用分"便是一种很好的实践。在行政领域，其应用也更符合"不当联结禁止"的原则性要求，从而扩张可应用的领域及提高其正当性，例如根据个人食品安全方面的违法记录决定对其餐厅的检查频次。其二，对于"信用评级方案"，其通过将对个人的信用评分转向后台，降低信息的外显性，从而使公民的隐私预期得到更多的保障。同时，由于人与人在外部的信用评级上是趋同的，不会因人与人之间或人与群体之间的比较而落入偏见或不当评价的危机当中，因而对个人隐私权的人格尊严价值限制程度更低。在一些信用状况达到标准便可以享受优惠的场景中，信用评分与信用评级的作用是相同的；但在涉及对个人信用状况排名的场景，例如积分入户，优先办理业务，则信用评分更具有效性。

因此，就必要性而言，信用评分并不一定是对基本权利限制程度最低的手段，相较于综合性评分的方式，"分领域评分方案"更为符合"场景正义"的要求，而信用评级的方式也可以减少对公民信息的暴露程度。

4. 狭义比例原则

在确认所采之手段为促进公共利益所必要的基础上，衡量手段所促进的法益与对公民基本权利限制的程度是否明显地不成比例。[1]

（1）所促进的法益

所谓"信用"之法益，应当是限于法定化的国家、社会和他人的权益，

---

〔1〕 参见胡建淼：《论公法原则》，浙江大学出版社2005年版，第539页。

主要体现在司法、行政和民事领域。其一，树立司法权威，增强司法的执行力，例如将拒不执行裁判文书的信息列入失信信息，使其不能搭乘高铁、飞机及进行高消费，从而使人们尊重裁判文书的效力，提高司法的权威性。如果法院的判决得不到有效的执行，民众将不再信任法律手段解决问题的能力，从而转向私力救济或避免与他人发生交易，最终可能使法治秩序混乱。其二，近些年为简化行政审批程序，优化政府服务，在行政许可和证明领域广泛推行告知承诺制度，其将行政许可的中心从事前审批转变为事后监管，更多地要求相对人信守承诺，保证其所提交的材料真实及符合相关要求；如果不能保障相对人守信，由于行政许可的事项往往涉及公共利益或高危事项，可能导致严重危害后果的发生，导致社会和经济秩序的混乱，且如果此种失信行为得不到惩戒，那么此种现象将屡禁不止。其三，将个人的履约信息，例如金融贷款、信用卡的履约记录以及信用借还记录等纳入信用系统，从而影响其信用评分，对守信者给予更多的优惠和便利，对失信者给予惩戒，有利于促进其遵守约定，履行义务。同时，潜在的交易相对人也可以通过信用评分排除失信者，从而控制违约所带来的风险。

除此之外，由于信用评分制度使交易相对人不必耗费财力和精力对个人进行背景调查，只需要查询信用分数便可初步判断其信用状况，降低了交易协商的沉没成本，因此更多的人可以参与到需要交易双方具备一定程度信用的交易中来，例如拍卖、投标等，同时也可以满足允许个人提供信用担保以代替财产担保的消费场景对个人的信用状况进行快速判断的需求，例如共享单车、充电宝等借还服务以及先乘后付等赊购服务。同时，随着互联网技术对传统面对面交易模式的重构，大量的交易转变为线上、非接触及陌生人之间的交易，由于信用评分制度可以提高人们对于交易安全的信心，因此可以促成更多的交易或降低个人提供担保的负担。

（2）对隐私权的限制程度

其一，如上文所述，信用评分制度将个人的信用信息以分数的形式呈现于外，为他人和公共机构所知，打破了公民对自身信用状况等信息的自决权。在程度上，虽然实践中要求他人查询个人的信用分数需要得到其授权，但信用评分使信用信息的应用范围更为广泛，因而信用分数存在为"不特定多数人"所知晓的可能性。在信用评分制度实施前，一个人的信用评价或道德评价，往往只为有限范围内的人所知悉，而在现代生活当中，由于生活节奏的加快，此种信息的传播范围进一步限缩，即便是早晚相见的邻居亦可能不知道个人的情况，因此公民可以更多地决定分享信息的限度和范围。据此，笔者认为，其对公民隐私权所包含的自决权之限制是重大的。其二，由于潜在的交易相对人和公共机构都可能知悉自己的信用分，并根据此建立对个人的信用形象乃至人格评价，这打破了此前上述印象由个人自我表现和身边人评价的模式，对于信用有瑕疵的人而言，个人会因此受到利益的减损，例如因为信用分未达到标准，其在许多场景中都需要缴纳押金、相较其他人延迟办理业务、在一些风险定价领域受到更高的定价乃至在交易、求职过程中遭到不利对待等。随着信用评分的使用场景扩大，因此而受到的不利对待会进一步影响个人的形象，例如在和他人同去办理一项业务时，根据排队的顺序就可以知道其信用评分不高，这可能导致他人对其的偏见。并且，对于传统的传闻性评价或主观性评价不同，将个人的信用状态直接通过分数进行评估，相当于以系统的标准代替原本社会多样的评价标准，同时还具有公权力的背书；在生活节奏加快的当下，个人对于评分及其信用瑕疵可能丧失了辩解的机会，即便能够解释，在他人眼中的可信度也不高，尤其在大数据技术的应用中，个人并不能确定自己因什么事项而被扣分。除此之外，存在于行为之上的主观因素，例如动机、意图、心理状态、所处环境，在转变的过程中被排除；在传统信用制度中，个人可以通过标注、异议的方式使相对人了解这些信息，但无法被信用评分所考虑。因此，信用评分制度对个人的隐私权中的人格尊严价值限制将随其使用范围的扩张而不断增大。其三，大规模的公共监控系统和信息组合系统，使公民认为其任何行为都处于公权力的监控当中，因此其随时存在介入公民私人生活的可能性，从而产生对权力笼罩下的恐惧，从而拘谨自己的行为，尤其信用系统所收集的信息极其宽泛，且仍有不断扩展的趋势，未来许多公民日常生活的信息都可能进入其中，例如邻里纠纷、购物记录等，这可能使公民在私人生活中的活动亦更为谨慎。其四，信用评分系统中，人的行为被转化为了一个个评分点，例如献血、捐款可以加分，交通违法需要扣分等，但评分项目是由上位者制定的，其制定的范围可能限制在其自身的认知或社会大众的认知，因此其可能忽略社会上为大众所不知的事项〔1〕，导致其得不到信用制度的认可；且上位者的意志不可避免地介入到评分项目和标准的制定当中，导致信用评分兼具评价公民是否符合政府所希望推行的价值或帮助政府完成其行政任务的功能，如果政府陷入"监管俘获"〔2〕或追求经济发展的效果，其可能还体现当地利益集团的意志，〔3〕当信用评分在人们的生活中重要性不断增强时，上述的因素也将更多地主导公民的生活。其五，此种政府意志对信用评分的主导，存在政府"懒政"而公民从政府获得的服务变少，负担加重，从而使社会责任与个人权利失衡的风险；例如为了落实"限制天价彩礼"的政策，政府可以将"索要、收取天价彩礼"纳入失信信息，从而减少对家庭的劝导、宣传的工作负担，或为了建设文明城市，通过将讲脏话、践踏草坪等不文明行为纳入失信信息或将参加志愿活动，举报不文明行为作为加分项等。长此以往，由于其比传统的劝导、宣传等手段更为高效，且政府的工作负担明显减少，从而政府可能对这一手段产生依赖。但是，政府的功能是服务人民，从而使公民负担减少，扩展其自主支配空间；而通过信用评分制度将政府的社会管理任务摊派于每个公民，则限制了公民的私人空间。

综合上述五点，随着信用评分制度的应用和推广，其对公民隐私权上的人格尊严及自由的价值构成了重大的限制，尤其是对于人格尊严中关于独立意志的保障。

与此同时，信用评分制度对大数据、人工智能、机器学习等信息技术的应用，亦进一步带来了限制公民隐私权的风险。一方面，如前文所述，在充

---

〔1〕 有学者亦指出，导致这种情况的原因在于信用制度的预防功能是基于经验主义和大数定律的，因此其具有功利主义的特点，是以"大多数的成功预测"牺牲"小部分的误伤"，参见沈毅龙：《论失信的行政联合惩戒及其法律控制》，载《法学家》2019年第4期。

〔2〕 监管俘获，又称"监管俘虏"，指由于立法者和管制机构也追求利益最大化，因此某些特殊利益集团能够通过"俘虏"立法者和管制者而使政府提供有利于他们的管制，从而将社会其他成员的福祉转移到自己的手中，参见李建琴：《政府俘虏理论与管制改革思路》，载《经济学动态》2002年第7期。

〔3〕 例如2019年浙江人社厅副厅长在与企业的座谈会上就提出，要将个人的跳槽记录与其就业信用相关联，频繁辞职和就业将被认为信用存在问题，其所体现的便是企业对政府的一种"俘获"，是公权力为企业利益背书的体现，参见《浙江省人社厅：个人频繁跳槽信用将成问题》，载腾讯视频网，https://v.qq.com/x/page/n08573hvyj7.html，最后访问日期：2020年11月29日。

足的数据基础下，即便不收集个人的隐私信息，大数据等信息技术使个人的私密信息乃至敏感信息无处可藏〔1〕。另一方面，在信用评分模型的建构和训练过程中，可能在不同的信息之间制造联结，以提高模型的评估精确度，但这种联结可能进一步巩固大多数人信息中蕴含的"主流价值观"在信用评分标准中的"统治地位"，比如统计调查显示，中国居民的个人信用状况存在城乡、群体和阶级差异〔2〕，例如未婚者比已婚者的个人信用更低〔3〕，低教育水平者的社会信用较高水平教育者更高，而个人信用则更低，不同的阶层认同也会影响信用状况〔4〕等，还可能包括拥有稳定职业者信用水平高于工作不稳定者等。最终，个人为了维持或提高自身的信用评分，只能向此类"主流价值观"靠拢。且如上文所述，大数据技术使评分标准不明确且不可读，因此人们只能通过主动、全方位地向"大多数人的价值观"靠拢，以探索此种信息间的关联。除此之外，大数据技术亦可能在标准当中带来偏见的因素，因为数据本身只是对社会的记录，其也会包含社会上存在的歧视和偏见，而大数据的本质是预测机制，只能够根据数据的特征归纳出模型，当一个评估对象也存在此种特征时，便预测其与该模型相类似〔5〕，从而导致"偏见进，则偏见出"〔6〕的现象。且由于少数群体与多数群体在数据的规模上差距悬殊，出于成本和效率的考虑，少数群体的特性将被当作数据的"噪声"而被排除在标准的建构以外，由此进一步强化大数据对其的偏见。〔7〕因此，大数据的应用进一步地加强了上述对隐私权各方面价值的限制程度。

---

〔1〕 张玉宏、秦志光、肖乐：《大数据算法的歧视本质》，载《自然辩证法研究》2017年第5期。

〔2〕 翟学伟主编：《中国社会信用：理论、实证与对策研究》，中国社会科学出版社2017年版，第244页。

〔3〕 翟学伟主编：《中国社会信用：理论、实证与对策研究》，中国社会科学出版社2017年版，第245页。

〔4〕 翟学伟主编：《中国社会信用：理论、实证与对策研究》，中国社会科学出版社2017年版，第266~267页。

〔5〕 张玉宏、秦志光、肖乐：《大数据算法的歧视本质》，载《自然辩证法研究》2017年第5期。

〔6〕 Editorial, "More accountability for big-data algorithms", *Nature*, p.449. 转引自张玉宏、秦志光、肖乐：《大数据算法的歧视本质》，载《自然辩证法研究》2017年第5期。

〔7〕 翟学伟主编：《中国社会信用：理论、实证与对策研究》，中国社会科学出版社2017年版，第266~267页。

（3）法益与限制程度的比较

无论是促进的法益还是基本权利被限制的程度，其描述都是抽象的，难以被量化的，因此直言两者谁高谁低，并不具备可行性；且单纯的利益衡量容易导致结论的恣意性。因此引入一种学理上的模型和标准，能够使两者的衡量结果更为客观和具有说服力。

在大规模公共监控和信息组合的现代社会，由于传统的隐私权理论对于隐私场所和公共场所的二分法已然不适用，其导致公民在公共场所完全无隐私，且对于通过公共信息窥探私人生活的行为毫无防御力。因此，海伦·尼森鲍姆提出"场景理论"，其核心理念是"信息的收集和使用要符合及维护语境的完整性"，具体而言，人们对于自己的信息公开的时点、范围及程度，以及其是否被记录，有自己的判断，即所称的"语境"；在不同的活动中有不同的语境，如果信息的收集和组合破坏了此种语境，将会导致人民的愤懑。且对语境的破坏将会导致个人的状态为他人牢记，使不注重隐藏信息的个人受到操控，也使其他人在人际交往中时刻保持防备。[1] 该理论已经成为美国隐私保护的主流理论，成为多部法律的理论参考。[2]

信用评分便是一种对个人产生于公共场所的信息进行收集和组合运算的系统，其核心是解决个人信用状况不为相对人所知的问题，从而涉及个人的隐私权与他人获取信息的自由权之间的衡量，其中政府、企业和个人都具有获取信息的需求，因此其被聚合成为一种公共利益。因此本文希望通过"场景理论"模型，在信用信息和信用评分两个角度探究其是否符合"场景正义"，从而对其法益和基本权利限制程度之间进行衡量，以判断两者之间是否成比例。首先，从信用信息生成的角度观察，一般人可以意识到自己的某些信息将被纳入信用系统，例如资信信息（信用卡、金融贷款履约记录）、拒不履行生效裁判文书的信息等，因此将这些信息作为评估个人信用状况的素材，并没有破坏民众所理解的语境；但一些违法信息，例如交通违法信息，在人们认为其应只存储在交警系统中，亦只会导致其受到财产上或交通积分上的处罚，并不会意识到会用于评估自己的信用状态。类似地，对于普通的裁判

---

〔1〕 参见［美］海伦·尼森鲍姆：《信息时代的公共场所隐私权》，凌玲译，载张民安主编：《公共场所隐私权研究》，中山大学出版社 2016 年版，第 71~85 页。

〔2〕 邢会强：《人脸识别的法律规制》，载《比较法研究》2020 年第 5 期。

信息，在普通人的观念当中，并非为所有的潜在交易对手都知晓，一般仅在司法机构、诉讼相关人及关注此事的人才会了解，但其包含在信用信息当中，亦有可能影响到自己的信用评分，这相当于间接地将自己的裁判信息向不特定的多数人展示。除此之外，大量与个人信用完全无关的信息，也被纳入信用系统当中，例如养老补助、独生子女情况等，虽然对其共享加以限制，但仍是将信息放到了"语境"以外。此种信息的流通，都可能构成对"语境完整性"的破坏。其次，从信用评分这一角度观察，普通人的观念会认为信用评分与个人的诚信相关，例如民众大多认为征信会影响到自己的房贷、车贷的审批以及近年由阿里巴巴建立的"芝麻信用分"等。但在现行的信用评分中，不仅评估个人的资信状况，还对个人遵守法律法规、公益心等一并进行评估，例如献血、参加志愿活动、慈善捐赠成为加分项，而不文明养犬、恶意诉讼则成为扣分项，因此其构成了对"信用"这一语境的破坏。如果信用评分进一步作为政府推广其价值或完成行政任务的手段时，此种语境的破坏将更为明显，因为其更大程度地突破了民众对于"信用"的理解，例如普通人不会认为未按规定进行垃圾分类、违规养犬的行为与其信用相关。同时，将信用评分过多地作为行政管理的手段，也违背了普通人对于信用制度的理解，此种行政功利主义导致公民只是出于对行为导致信用评分降低的恐惧而非对"诚信"这一价值的尊重而守信守约[1]，因此其亦造成对"语境"的破坏。

综合上述的分析，信用评分制度构成对信息上"语境"的破坏，并不符合"场景正义"的要求，构成对公民隐私权的不当限制。

四、合宪性控制之初探

（一）明确性

在信用社会建设如火如荼的当下，行政机关更多地强调将更多的信息收集到信用系统当中，因信用制度的用途扩张而使公民享受的便利、优惠以及社会管理秩序的改善，却少有对何种信息被归入信用系统及其将会被用于何

---

〔1〕 参见门中敬：《失信联合惩戒之污名及其法律控制》，载《法学论坛》2019 年第 6 期。

种场景等信息进行汇编，以部门为索引的信息目录更像是为针对行政机关的规定而非提供给公民的参考。而且，在大数据技术的应用下，信息之间的联结增加，算法变得复杂且不可读，此时本应由政府承担算法解释和审查的责任，但其却更愿意保持此种模糊性和不可知性[1]，以使公民处处警惕，从而方便行政管理。

在信息的收集方面，政府作为公共信用信息的主要来源，应当首先将公共信息的项目进行整理和公开，且这种公开应当以方便民众查询和了解的方式进行，例如单独列举关系到自然人的公共信用信息、将信息根据与日常生活相关的程度进行分类或采用当下流行的人工智能客服对民众的咨询进行回复；要防止信息目录的公开流于形式，例如上文所述的复杂且庞杂的信息目录，各种类型信息混杂的汇编文件以及政府门户网站不方便的查询。除此之外，其他信息来源主体在采集个人信用信息时应当对其进行明确的告知，告知的内容不仅限于纳入公共信用系统的可能性，还需要告知其信息的类型（守信、失信抑或是基本信息）、可能带来的不利影响以及留存的期限等。总而言之，信息收集的告知核心目的是使大多数民众都能够知晓其生活中何种信息会影响其信用评分，从而不必处处谨慎，时刻防备。

而在评分标准方面，作为主导信用评分系统建设的政府，应当同时承担算法解释和算法审查的责任。具体而言，政府需要对大数据模型中复杂的算法和信息之间的联结进行描述，使其由机器语言的形式转化为自然语言的形式，使民众可以了解评分的标准并对其发表意见。同时，由于政府的意志不可避免地在评分当中体现，一些不具备民意基础的意志可能在解释算法的过程中被政府所隐藏，因此需要由第三方的机构定期对算法进行审查并公布独立意见。笔者认为，由于公共评分系统中蕴含了大量公民的个人信息，让民间第三方组织直接对算法进行审查可能泄露社会公民的基本情况等不应被公开的信息，因此应当发挥人大监督政府的功能，建立专

---

[1] 比如在厦门政府对于如何提升"白鹭分"的解答："'白鹭分'的提升是逐步缓慢的累积过程，用户需要坚持良好的用信习惯，并积极参加文明公益活动，在社会活动中遵纪守法，不违章违规，长期按此坚持，用户'白鹭分'将得到提升"。参见林露虹：《厦门市民个人信用"白鹭分"发布》，载《厦门日报》2018年7月6日，第A12版。

门的常设机构审查算法和代码，并将审查结果向人大常委会或人大代表进行报告。

对于评分的用途，扩张对信用工具的使用能够增强社会对于"诚信"价值的遵从，也有利于对日常交易安全的保障，但对信用评分的应用涉及对个人信用状况的查询乃至公开，因此仍然需要将信用评分的用途进行归集和整理，使民众知晓对其会产生何种影响以及在何种场景下会影响自身的生活。在公开信用评分的用途时，不仅要强调信用评分对公民生活带来的便利，同时要说明其可能对公民生活带来的负外部性，例如因信用评分较低而在积分入户、办理政务排队中居于较低的优先级等。

（二）以"信用"为核心的目的控制

在上文对信用评分系统目的的正当性审查中，对政府希望以信用评分的手段推行其希冀的价值或完成行政任务的目的进行了否定，但本文并非认为一切行政因素都不应进入信用评分系统。当行政目的与"信用"这一核心目的高度重合时，仍可将其包含于信用评分系统当中。但在学界研究和公共信用制度的实践中，对于"信用"这一概念都体现出扩张的趋势，在行政功利主义的影响下，大量违反公共管理秩序乃至影响政府运作、维稳工作以及道德风气建设的事项亦被包含在这一概念当中，有学者指出，此种信用体系建设"名为提高诚信，实兼加强法律实施之意"[1]，此种概念的扩张导致其与民众的理解相脱节，导致大量的无关信息进入信用评分体系当中，此种不当的信息流通打破了信息上的"语境"。因此以"信用"这一核心概念的解释为核心的目的控制显得尤为必要。

学界对于"公共信用"这一概念的探讨并不少见，如罗培新认为"信用"的含义可由法律上规定的"诚实信用"原则所推导出来，其意味着当事人需要按照法律规定或合同约定履行自己的义务，因此"社会信用"指当事人履行法定或约定义务的状况。[2]王瑞雪则分析了"信用"的四层内涵，其中作为政府规制手段的制度内涵是指行政主体通过记录、评价、公开个人和

---

〔1〕 沈岿：《社会信用体系建设的法治之道》，载《中国法学》2019 年第 5 期。
〔2〕 参见罗培新：《善治须用良法：社会信用立法论略》，载《法学》2016 年第 12 期。

法人的公共信用信息以达到监管目标的工具。[1]沈岿亦将社会信用体系中的"信用"定位在"制度信用",其在对信用主体人格、道德能力评价的基础上,更多以契约、法律规则为基础,依赖两者的约束力和担保作用。[2]

但以上两种观点都有其缺陷,通过"诚实信用"这一私法原则只能推导出民事活动中个人不应滥用权利和不履行义务,无法将其扩张至公法中的法定义务,尤其是与保障私人交易安全无关的公法义务,例如垃圾分类、共享单车有序停放等。而以"制度信用"的概念解释"信用",实际上是,通过阐述传统社会与信息化社会的情境不同,以行政功利主义重构"信用"的内涵,使信用制度所希望建构的对人的信任变成了对信用制度或其背后的行政机关的信任。对约束行政管理事项对信用项目的过度参与可能导致行政成为个人之间信任的背书,最终导致大量的行政事项加入信用制度中,使其成为介入私人生活的跳板。

传统社会的"信用"概念是基于关系社会和宗族社会所建立的,如日本的沟口雄三在其对中国的研究所言,传统社会中的个人时刻处于以族产为基础的关系网当中,个人始终会与其他人联结起来,"私"只是这一关系网内部的私人参与部分,其是"公"的子概念而非对立概念[3];这使得全部的个人行为都处于这个关系网成员的观察之下,此时"信用"是对个人言行的一种综合性的道德评价,具有全知性和归属性。在此种关系社会下,对人的言行进行定期审查以及对违背道德规则及信义者进行污名化惩戒并不罕见,例如将私人日记在师友聚会上进行公开并互相批评,在省过会或规过会中报告自己的过失以及将犯错之人的名字及事由记录在"纠过本"中。[4]总结而言,在传统的关系社会和熟人社会当中,"信用"这一概念与道德评价实际上高度重复。

但在传统商业社会中,这种全知性被商人的高度流动性打破,虽然仍存

---

〔1〕 参见王瑞雪:《政府规制中的信用工具研究》,载《中国法学》2017 年第 4 期。

〔2〕 沈岿:《社会信用体系建设的法治之道》,载《中国法学》2019 年第 5 期。

〔3〕 [日] 沟口雄三:《作为方法的中国》,孙军悦译,生活·读书·新知三联书店 2011 年版,第 59~62 页。

〔4〕 参见王汎森:《中国近代思想与学术的系谱》(增订版),上海三联书店 2018 年版,第 163~168 页。

在以家族信用为担保的关系信用，但更多的是同乡商人群体之间的互相评价和相互担保，同时通过污损声誉的方式惩治失信的个人；在温州商人群体当中，此种商人间的互相担保最为盛行。[1]在此时，"信用"的概念主要是商业上的偿还能力和偿还意愿，接近于现代社会所称的"金融信用"，商人之间更加关注的是担保的风险和被担保人履行契约的可能性，其在道德上如何，并不过多追问。

但在现代社会中，单纯强调金融信用并不现实，其原因在于在社会发展和管理中，国家在各个领域都建立了相关的制度，这些制度中包括法律法规以及行政管理等，民众正是对于这些制度的信任才能够在生活当中保持合理的预期，公共生活的秩序亦建立在这些制度之上，比如只有人们对"右转让直行""红灯停，绿灯行"等交通规则具有最基本的信任，公共交通才能够正常地运行，而不需要猜测其他驾驶员的想法，陷入博弈的困境当中。笔者认为，上述对制度的信任是"制度信用"的概念来源，这一概念也决定了何种行政管理目的能够在信用评分系统中具有正当性。

在信息高度流通的社会，传统关系社会中以道德评价为核心的"信用"概念中蕴含公开个人私生活的倾向将使公民的隐私权处于被侵犯的危险，且依据"依法行政"的原则要求，政府不能以道德规则作为行政的依据，有学者亦在文章中强调公共信用系统不能够成为公民的"道德档案"，在信用制度的构建中需要明确道德与法律之间的区别。[2]但当道德规则完成入法程序后，其便成了"制度信用"的一部分，因此上述传统关系社会中的"信用"概念并不被社会信用系统或信用评分制度所包含。

总结而言，对于"信用"这一信用评分制度建设的核心概念，其包含了上述的商业信用和制度信用，因此在考虑何种行政因素应当被纳入信用评分的目的时，应当考虑其是否为了保障民众对于各个领域制度的信任，从而有利于社会秩序的维护，比如以整治闯红灯、在斑马线前未减速等违反交通规则为目的将相关信息纳入信用评分具有正当性，而以维稳、改善市容市貌的目的将多次上访人员、未按城市管理部门要求更换店铺牌匾的信息纳入信用

---

[1]　参见翟学伟主编：《中国社会信用：理论、实证与对策研究》，中国社会科学出版社2017年版，第104~118页。

[2]　参见罗培新：《善治须用良法：社会信用立法论略》，载《法学》2016年第12期。

评分，则不具有正当性。

（三）以"场景正义"为核心的手段控制

在上文对信用评分的合宪性探究中，发现其在适当性、必要性以及公共利益与权利限制程度的均衡性上都有缺陷，致使其对公民隐私权的限制难言正当。并且，即便通过上文所述的方式界定"信用"这一核心概念，对信用评分的目的进行控制后，公权力仍有可能以正当目的之名义过度介入公民的私人生活，导致公民的隐私权遭受侵犯，因此需要在探究对目的之控制后，还需要探究对手段之控制。

在合宪性探究中，本文多次采用"场景理论"对信用评分制度进行评价，指出信用评分制度的问题在于对信用信息的高度统合和广泛的运用打破了"场景正义"所要求的信息上"语境"的完整性，此种信息的组合可能会导致对公民生活的操控，因此对公民的隐私权构成不当限制。因此笔者认为，要弥补此种正当性的缺失，同样需要通过场景理论对手段进行控制，使其符合"场景正义"的要求。

第一，信用信息的核心语境是"信用"，因此信用评分所收集的信息必须符合"信用"这一核心概念，与其无关的信息不应纳入信用信息的目录当中。例如多部规范性文件当中就明确规定个人的民族、血型、宗教信仰等信息不应纳入信用系统的收集当中，但这些规范性文件对禁止收集的信息大多采取穷举的方式，导致体系的封闭，而实践中不乏将个人的生育记录、独生子女奖励等难言与信用有关的信息纳入信用信息的范围。对于此种情况，一方面要在规范性文件中开放禁止收集信息项目的认定，另一方面在编制信用信息目录时应当对信息与信用之间的关联作出说明，通过规定政府的解释义务促使其自行排除无关信息，遏制"应收尽收"的信息收集倾向，同时要求政府对于民众的询问和质疑作出答复，通过公权力与民众的双向交流明确"信用"的认识，并以此达到控制和监督的效果。

第二，对信息的使用亦应符合"场景正义"的要求，其核心在于用途和结果应当符合民众对信息的"语境"预期，比如因为个人的车辆有超载记录而增强对其的交通检查频次具有关联性，此种后果亦在民众的理解范围当中，但如果因个人的交通违法记录而导致其不能享受免押金服务，则难言其符合民众的预期。在实践当中，尤其需要警惕"一处失信，处处受限"这一口号破坏民众对信息语境预期的危险，如果在特定的领域中使失信者处处受限，例如因多次乱停放共享单车而限制其借车权利，并无疑问，但当限制的措施脱离信息所处的特定领域时，则可能构成对信息语境的悖反。

除此之外，还应通过界定信息语境，修正当前信息统合所带来的适当性缺陷。在上文的探究中发现，信用评分并不必然能够促进制度信用的发展，信息的组合和流动在为政府监控公民带来便利的同时，却由于"不当联结禁止"等行政原则的约束，在具体行政事务中陷入无法应用的困境。制度信用并非一种综合性的信用概念，其外延依据行政领域或其他领域的性质不同而改变，主要取决于民众对于特定制度的信任来源，比如对于交通安全的信用来源于对驾驶员遵守交通规则的信任，对食品的信任来源于对食品安全的行政许可、监督的制度信任等。因此应当将当前的综合信用评分方式转变为各个领域的制度信用评分，从而满足各个领域在告知承诺、行政监管以及容缺办理等事务中对相对人信用状况的知情需求，同时上文亦论述了此种方式对公民隐私权的限制程度更低，更符合必要性的要求。

并且，对公民隐私权的限制程度亦需要符合场景正义的要求，不能"一刀切"地在所有领域和场景当中都对公民的信用状况进行打分，否则由于分数之间的差距可能为公民带来不必要的人格减损或对人际关系带来不利的影响。在能够应用信用评级的领域或者实现信用查询结果的场景，比如分数达标便可免押金、先乘后付等，应当将公民的评分隐藏于后台，以使公民的隐私权得到最大限度的保障。

总结而言，"场景正义"的核心实际是信息语境对信用评分各个环节的控制，将专业化、阶层化的比例原则审查转化为更便于实际应用的对"语境"及"信用"概念的把握，使其在社会信用体系建设的强烈需求下，能够更为方便、可行地进行合宪性衡量，以使信用制度不偏离法治的轨道。

结　语

对信用评分这一制度进行合宪性探究的想法来自疫情防控期间苏州文明办推出"苏城文明码"在网络上引起的极大争议，经过紧急状态下"健康码"对公民隐私权的限制以及杭州市"渐变色健康码"的不成功案例，重新引起了人们对隐私侵犯和大数据技术的警惕。如果信用评分不能解决人们对"道德档案"和侵犯隐私权的担忧，将牵连近年来初步建立的社会信用体系的正当性。但综观已经建立的城市信用评分制度以及各地的公共信用信息系统，对个人隐私的保护更多停留在规范性文件的原则性规定上，信息的收集范围反而不断扩张，呈现出"应收尽收，无所不包"的趋势，且大多数信息都是行政管理信息，与民众所理解的"信用"概念的距离越来越大。

因此本文尝试通过对信用评分限制隐私权的合宪性探究提出现行制度中存在的问题，包括对公民生活的影响、公权力对私人生活的过度介入、对人格尊严的减损以及违反"场景正义"的要求等。在提出问题的基础上，本文尝试通过从历史、制度的角度探究"信用"之概念，并以此为核心构建对信用评分的目的控制之初步设想。除此之外，亦尝试通过应用"场景理论"对信用评分的手段进行规制。

笔者强调对信用评分的规制，并非意图阻碍或反对社会信用体系的建设和发展。相反，本文的目的在于提高信用制度在法治原则下的正当性，以保障其能够长久、稳定地为民众所接受并正常运行。

附录 A

表 A1　对各地信用评分制度的归纳

名称	纳入评分的信息	评分方式	应用场景
钱江分	政务、经济、司法、生活、公益等，来自公共信用信息和市民卡[1]	通过大数据分析建模，建立用户画像，计算信用分数	免押金、先用后付、租房、博物馆活动报名等
白鹭分	大体上与"钱江分"相似，但加入了事后履约、社会服务等"信用修复信息"[2]		免排队优先办理、免押金、信用购物、信用容缺办理、公共停车优惠等
镇江信用评分	大体上与"钱江分"相似[3]		交通出行、行政审批、旅游、银行信贷等领域，未来还将包括电商平台、交通出行、医疗、教育等领域

[1] 具体而言，包括"遵纪守法信息：反映公民履行应尽义务、遵守公序良俗的情况，包含公检法信息及纳税信息，行政处罚信息、水电煤气缴费情况等；商业用信信息：反映个人在日常生活、购物等活动中的履约情况，包含求职招聘、履行合约、金融信贷等领域的用信行为；社会用信信息：个人在各项社会公共服务及社会活动中的用信行为，如公共事业缴费，医信付、信易租等应用场景；亲社会行为：主要体现个人在城市生活以及社会交往中的合作互助、共享奉献等利社会行为，例如参加志愿者活动、无偿献血等"。参见殷军领、王超：《快查查你的"钱江分"有多少？杭州推出城市个人信用分》，载《都市快报》2018 年 11 月 17 日，第 A03 版。

[2] 在新闻报道中，还特别强调了"欠话费、借书不还、垃圾不分类等"将影响个人的信用评分。参见林露虹：《厦门市民个人信用"白鹭分"发布》，载《厦门日报》2018 年 7 月 6 日，第 A12 版。

[3] 王小月：《镇江正建立个人信用评分机制　捐款等行为将加分》，载中国江苏网，http://jsnews.jschina.com.cn/zj/a/201904/t20190415_2286900.shtml，最后访问日期：2020 年 10 月 25 日。

续表

名称	纳入评分的信息	评分方式	应用场景
苏城文明码	交通违法的处罚记录、交通志愿执勤活动信息；未来计划纳入更多的信息和评分指标	赋予个人一定的基础分数，然后根据具体的失信或守信信息进行加分或减分	给予积分等级高的个人工作、生活、就业、学习、娱乐的优先和便利；作为警示和惩戒综合文明指数低于下限人员的电子凭证以及外来人口积分入户志愿服务电子凭证〔1〕
茉莉分	基本信息、社会信用、职业信用、经济信用、行政信用、司法信用		行政服务优先叫号、信用支付、优先预约、购票优惠、绿色通道等〔2〕
睢宁信用评分〔3〕	基本信息、商业服务信用信息、社会服务信息、社会管理信息、社会信用特别信息、表彰奖励信息、社会公益信息〔4〕	同上述方式相同，但其是通过积分转化为 A、B、C、D 四个等级	政审考察、资格审核、执照审核、政策性扶持、公务员提拔、银行信贷等

---

〔1〕 《全国首创! 快来看看你的文明有几分?》，载澎湃网，https://www.thepaper.cn/news-Detail_forward_9012570，最后访问日期：2020 年 10 月 25 日。

〔2〕 陈丹、林春长、吴玫锦：《福州"茉莉分"已上线试运行 你的信用如何查查"分数"就知道》，载福州新闻网，http://m.fznews.com.cn/node/14312/20180709/5b431ad803162.shtml，最后访问日期：2020 年 10 月 25 日。

〔3〕 这是笔者所查询到最早的信用评分实践，其 2010 年 1 月就出台了相关文件，在当时受到广泛的社会争议。

〔4〕 参见《睢宁县大众信用管理试行办法》。

公司决议无效事由类型化研究

——以司法实践为中心

彭雅诗

摘　要：公司决议无效制度是《公司法》在追求决策效率的同时为股东提供的权利救济方式，但是我国实证法对于无效事由的规定过于模糊，导致制度适用时出现了种种问题，解决办法之一就是从司法实践中总结无效事由，为审判实务提供更为明确的指导。以样本案例为论证基础，公司决议无效事由不应当包括程序瑕疵事由，而仅应为导致决议内容出现瑕疵的事由。当决议中出现了"侵害股东以资产收益权为核心的权利""侵害公司债权人利益""使得公司内部机构职权相互僭越"及其他违反法律法规效力性强制性规定的事由时，应当认定公司决议无效。

关键词：公司决议；无效事由；实证研究

引　言

公司决议无效事由一直是学术界和司法实践关注的重点，各个国家都有不同的规定。虽然《公司法》第22条及相关司法解释对决议无效事由、可撤销事由、不成立事由进行了规定，但我国公司法对决议无效事由的规定过于抽象和宽泛，导致审判实务中"同案不同判"现象存在。公司决议无效制度中无效事由的规范供给不足和指向性不明确导致"公司决议无效纠纷"的解决成为司法实践中的一个痛点。

本文将从公司决议无效制度的理念和我国实证法对公司决议无效制度的

规定出发，以司法实践为中心，收集 2010 年～2020 年与公司决议无效有关的 100 个案件并以其为基础建立样本案例群，了解司法实践中存在的问题，并结合德、意等国家和地区的法律实践经验，对实务中法院认定的决议无效的事由进行分析和演绎、归纳，最终完成对公司决议无效事由类型化作业。

相应地，本文将分为三部分：第一部分，从决议行为的理论出发，分析公司决议无效制度的内涵和价值。第二部分，介绍各国立法对公司决议效力的制度设计，再结合实践分析我国公司决议无效制度中存在的问题，论证公司决议无效事由类型化的必要性。第三部分，通过对 100 个样本案件进行研究，归纳司法实践中认定公司决议无效的主要事由并了解审判实务的态度倾向，在分析论证的基础上完成公司决议无效事由类型化作业，从理论到实践再从实践到理论，就股东会决议无效事由进行梳理和思考，为立法提供实务数据基础和理论支持。

一、公司决议无效制度的内涵

本文的研究中心"公司决议无效事由"是公司决议无效制度中的子内容，在论述具体的公司决议无效事由之前，有必要对其理论基础，即公司决议无效制度进行简单介绍，为从实践中总结具体无效事由提供理论支撑。

主流观点认为，公司决议实质上是一种决议行为。[1]决议行为指的是多个民事主体在其意思表示的基础上根据法律规定或者章程约定的表决规则作出决定的民事行为。决议行为的根本特征就在于其根据程序正义的要求采取多数决的意思表示形成机制，决议结果对团体全体成员都具有法律约束力[2]。

具体到公司决议行为，股东会是公司的权力机关和意思形成机关[3]，股东个体的意思表示丧失其独立性，在法律规定或者章程约定的表决规则下被拟制成为公司的意思，决议最终形成的"公司的意思"完成对公司重大事务的决策。

---

〔1〕 对于公司决议行为的性质，有少数学者认为其是一种特殊的单方法律行为。参见吴高臣：《论股东大会决议的性质》，载《首都师范大学学报（社会科学版）》2014 年第 6 期。

〔2〕 王雷：《论民法中的决议行为——从农民集体决议、业主管理规约到公司决议》，载《中外法学》2015 年第 1 期。

〔3〕 为了便于叙述，本文所称"股东会"包括有限责任公司"股东会"以及股份有限公司"股东大会"。

但效率往往和公平是"一枚硬币的两面"，虽然决议行为的多数决机制能够打破并终结意见分歧的僵局、提高决策效率，但这是以忽略"少数派"的利益诉求、要求其受到他人选择和意见的约束为代价。"民主必须始终只是终结分歧的一种可行操作。对少数人的伤害是民主在技术上无法避免的一个缺陷。……既然民主决定的公共选择必定有损部分人的利益，那么民主有义务使这一伤害降到最低程度，否则民主就变成赢家对输家的专政"[1]。因此，为了回应"少数派"因多数决机制而做出的牺牲，必须赋予其挑战决议效力以救济自己权利的手段，具体到实证法上，最为直接的救济手段就是赋予股东提出公司决议瑕疵之诉的权利，包括提出公司决议不成立、可撤销、无效之诉三类，除此之外还规定了一些间接的救济手段，比如"异议股东评估权"等。

而赋予股东对公司决议提出无效之诉的权利，是以将决议形成的一切法律关系恢复原状为内容的对股东进行最大限度救济的手段。但是此种救济是以司法通过外部强力干预使得公司内部法律关系产生剧烈变动为代价，所以法律对于决议无效制度的适用必须谨慎，需要在保护少数股东利益与司法适度介入和维护法律关系安定性的利益中进行衡量。

二、我国公司决议无效制度及其司法适用

我国直接规定公司决议无效的法条为《公司法》第 22 条，核心内容为：公司决议内容违反法律、行政法规的无效，违反公司章程的可撤销；公司决议程序违反法律、行政法规或者公司章程的可撤销。

《公司法》第 22 条在司法适用过程中出现了很多问题，最突出的为：①不同法院对于"法律、行政法规"范围的认定存在偏差；②虽然《公司法》第 22 条是规定公司决议无效制度的直接依据，但是法院直接依据第 22 条认定公司决议无效的情形较少，反而更偏向于依据《民法总则》第 143 条或者"侵害他人利益"作出无效裁判。下面笔者将从司法适用的实况对两个问题予以具体分析。

（一）对"法律、行政法规"范围的差异化理解

对于"法律、行政法规"的理解，有的法院认为仅仅指法律、行政法规

---

〔1〕 参见赵汀阳：《每个人的政治》，社会科学文献出版社 2010 年版，第 149 页。

中的效力性强制性规定，对于决议仅仅违反法律、行政法规中一般性、管理性强制性规定的，并不当然无效。但是有的法院却不对"法律、行政法规"进行是否为效力性强制性规定的区分，而是将所有违反法律、行政法规的决议都认定为无效。其实，第 22 条中指向的法律和行政法规的性质学界早已在充分讨论后取得共识，首先，"学者们一致认为是指违反法律、行政法规的强行性法律规范"[1]；其次，学界倾向于对强制性规范采取目的性的限缩解释，"在认定公司决议是否无效时，应当以其内容是否违反法律、行政法规的效力性强制性规定为判断标准"[2]。

笔者认为，将第 22 条中的"法律、行政法规"限缩为"效力性强制性规定"是合理的，因为公司决议是公司依照章程规定进行多数决的产物，所以司法应当尊重公司自治，仅在公司内部自治失灵且穷尽内部救济手段时才能适度介入，而不能够以"决议内容违反法律、行政法规"为由动辄完全否定决议效力，这既是司法保持谦抑性的体现，也是维护公司内部法律关系稳定、保障外部交易安全的应有之义。此外，类比我国《合同法》第 52 条对于合同无效法定情形中第 5 项的规定，《最高人民法院关于适用〈中华人民共和国合同法〉若干问题的解释（二）》第 14 条将"法律、行政法规的强制性规定"限定为"效力性强制性规定"，立法者的意图也与第 22 条应然的立法目的不谋而合。

确定了规范范围后，待解问题变为：如何寻找商法中的效力性强制性规范。若仅仅依据法条中是否存在"无效"、"禁止"、"不得"等字样判断是否为效力性强制性规定，未免过于机械和不准确[3]，不仅仅是因为若以上述字样为依据判断效力性强制性规范，那么检索得到的相关法条数量过少，适用中会出现明显的判决依据缺失现象，更重要的在于，未出现上述字样的规范也不一定不是效力性强制性规范，商法中很多规范需要在适用中、在利益选

---

[1] 王保树、崔勤之：《中国公司法原理》，社会科学文献出版社 2006 年版，第 152 页。

[2] 王雷：《公司决议行为瑕疵制度的解释与完善——兼评公司法司法解释四（征求意见稿）第 4~9 条规定》，载《清华法学》2016 年第 5 期。

[3] 但实践中有法院就对"强制性规定"作此狭隘理解，例如，在王玉娥等诉四川林河实业集团有限公司公司决议效力确认纠纷案中，法官认为："违反法律、行政法规指违反法律、行政法规的强制性规定，应以'不得'、'禁止'或者'直接规定为无效'等法律、行政法规的形式予以规定"。案例索引：四川省乐山市中级人民法院民事判决书，（2017）川 11 民终 1082 号。

择中具体评价其是否为效力性强制性规范。例如，《公司法》第 21 条对"禁止关联交易"作出了规定，但并不说明股东或者董事、监事、高级管理人员违反了此条进行了关联交易此交易就归为无效，实际上关联交易本身是中性的，法律仅禁止损害了公司利益的关联交易。由此，商法中的效力性强制性规范需要法官在个案中结合法规范目的——比如尊重公司自治、保护小股东利益、坚持程序正义、维护交易安全等——进行利益的动态衡量后予以识别。正如我国学者叶林所言："（我国公司法中）'隐形效力性规范'虽不在少数，但违反此类规范的股东会决议是否无效，要取决于当事人诉辩和法官个案裁判论证。事实上，'强制性规范'或'效力性规范'只是一种形式标准，而非股东会决议无效的实质判断标准。因此，公司法第 22 条更多反映的是'决议合法者有效、违法者无效'的淳朴认知，而不是建立起一套效力判断标准和体系。"[1]

笔者认为，不能够将判断效力性强制性规范的难题全盘留给司法实务，法律规范应当负担起为司法实务提供更为明确的指向的任务，以防法官滥用自由裁量权导致"同案不同判"现象严重，本文的研究目的也正在于此。

（二）实务中《公司法》第 22 条适用的缺失

通过对样本案例进行分析发现，实务中法官直接适用第 22 条判定决议无效的比例较低，而通过"意思表示不真实"[2]"侵害第三人利益"[3]等为由判定决议无效所占比例却甚高。这是因为第 22 条的规定过于模糊，法官要承担的论证和说理责任更重，所以实务中倾向于通过将公司决议作为法律行为的一种，适用法律行为效力规则对公司决议效力进行判断。笔者认为此种裁判思路恐有不妥，原因如下：

1. 决议行为的特殊性决定了其效力判断规则应当区别于一般法律行为

实践中严格依照《公司法》第 22 条认定股东会决议无效的案例较少，反而更倾向于适用民法一般民事法律行为效力规则，不仅忽视民商事中法律行

---

[1] 叶林：《股东会决议无效的公司法解释》，载《法学研究》2020 年第 3 期。

[2] 例如，在江苏大通风机股份有限公司与南通大通宝富风机有限公司公司决议效力确认纠纷案中，法官以"决议通过的关联交易损害本公司股东和债权人利益"将其认定为无效。案例索引：(2020) 浙民终 395 号。

[3] 例如，在浙江天星实业集团有限公司与安徽高创投资有限公司公司解散纠纷案中，法官以"决议非股东真实意思表示"而将其认定为无效。案例索引：(2020) 皖民终 62 号。

为的差异性，更无法使《公司法》第 22 条发挥应有的作用。法律行为要求"行为人意思表示真实"，否则法律行为效力因主体意思表示有瑕疵而出现效力瑕疵。决议行为的主体若依照《民法总则》第 134 条的规定判断应当是"法人、非法人组织"，在本文中即为公司。公司的意思是通过多数决的表决方式形成，这就意味着即使参与表决的个体出现了意思表示的瑕疵，但只要瑕疵程度较轻、数量较少，其负面影响可能会被多数决的机制所阻断，最终形成的公司意思不存在瑕疵。例如，A 公司有 100 个股东在大会上对某项提案作出决议，有 80 个人投赞成票，20 个人投反对票，80 个人中有 2 个人意思表示错误，但其个人的意思表示瑕疵并不影响公司意思的有效形成。所以，法律行为中因为行为双方都是独立个体所以严格要求其意思表示真实的效力判断规范，适用于由多个个体进行意思表示且因多数决机制导致本来部分个体的意思就会被忽略的决议行为，难免会出现"水土不服"。"适用法律行为规则的缺陷，在于将决议行为等同于法律行为乃至于合同行为，忽视了决议中股东自主意思与公司意思形成的关系，以及股东会决议效力来源于公司法规定的实质，偏离了决议行为和无效法律行为的本意，容易人为增加股东会决议无效的案件数量"。[1]

2. 即使将"决议行为侵害他人利益"认定为侵权行为，也无法必然得出决议无效的判决

法院在判决中多采用"决议侵害股东权益所以无效"的裁判思路，关于有效力瑕疵的决议行为是否为侵权行为学界尚有争论[2]，但是即使按照有些学者观点[3]，将其认定为侵权行为，那么依据《侵权责任法》第 15 条的规定，承担侵权责任的方式也主要为进行停止侵害、损害赔偿[4]，而并不是认定侵权行为无效。因此，法院采取的将"决议无效"作为"决议侵权"必然

---

[1] 叶林：《股东会决议无效的公司法解释》，载《法学研究》2020 年第 3 期。

[2] 有的学者认为侵害股东权利的决议行为难以满足侵权行为的构成要件，所以不将其认定为侵权行为。

[3] 叶林、宋尚华：《解读〈公司法〉第二十条第三款》，载《国家检察官学院学报》2009 年第 5 期。

[4] 《侵权责任法》第 15 条还规定了"恢复原状"的承担责任方式，但是笔者认为此种"恢复原状"强调的是物理状态上的恢复，而不是决议无效所要求的法律关系上恢复到缔结关系之前的状态，即此处的"恢复原状"并不等同于将法律行为认定为无效。

法律后果的裁判思路是值得质疑的。

如上所述，无论是将决议行为认定为法律行为还是侵权行为，都是脱离了公司法自身的规定在其他部门法中寻找请求权基础规范，有舍近求远之嫌。对于公司决议无效的纠纷，既然公司法已经作出了规定，那么应当直接适用公司法的规范，若规定不当或者不足应当进行修改或者是增加规范对漏洞予以弥补，"应先根据公司法的精神与原理进行法律解释和漏洞补充，避免动辄向民事法律行为法逃逸，对公司决议削足适履地适用法律行为的一般规则"。[1]

笔者认为，公司决议无效制度的精神与原理，如本文第一部分所述，一方面，是为多数决机制下少数股东进行权利的自我救济提供手段；另一方面，也可以理解为是法律对公司自治进行的一种审查。既然目前《公司法》第22条的规定太过于模糊，那么可以从实践入手，总结审判实务中经常出现的足以作为认定公司决议无效的事由并将其进行类型化，为法院提供更为明确的指导，增强公司诉讼的可预期性，引导规范公司治理，减少公司纠纷案件。

参照各国立法例，其实采用"抽象性规范+具体事由列举"的立法技术设计公司决议无效制度的国家并不少。德国《股份公司法》在第241条以下规定了公司决议的无效制度并且列举了决议无效的法定事由。值得注意的是，德国与我国不同，其并未简单地以瑕疵形式而是以瑕疵严重程度为区分，以严重瑕疵导致决议无效为例外，以非严重瑕疵导致决议可撤销为一般情形，[2]其中法定股东会决议无效的原因主要有三类：违反形式规则和程序规则、违反原则性法律规定和违反德国《股份公司法》第241条第3款、第4款和第6款规定的一般性条款。[3]瑞士《债务法》第708b条也规定了公司决议无效事由，确立了以保护股东权利和维护公司本质为主旨的决议无效法定事由的框架。相似地，《意大利民法典》第2377~2379条罗列了公司决议无效事由的完

---

〔1〕 周淳：《组织法视阈中的公司决议及其法律适用》，载《中国法学》2019年第6期。

〔2〕 丁勇：《德国公司决议瑕疵诉讼滥用问题研究及启示》，载《比较法研究》2013年第4期。

〔3〕 (1) 第一类原因：违反形式规则和程序规定。(2) 第二类原因：违反原则性法律规定。(3) 第三类原因：违反一般性条款。参见卞耀武主编：《德国股份公司法》，贾红梅、郑冲译，法律出版社1999年版，第142页。

整清单，凡未列入清单者，均为有效股东会决议[1]。

实际上，我国《最高人民法院关于适用〈中华人民共和国公司法〉若干问题的规定（四）》（征求意见稿）的第 6 条曾规定过公司决议无效事由，之后因为条文争议过大又被删去，但被删去并不意味着类型化的公司决议无效事由是不被需要的，实务中数量庞大的公司决议无效纠纷的案件体现了无效事由类型化的迫切性。

三、以司法实践为基础进行公司决议无效事由类型化作业

正如本文第二部分所示，由于我国《公司法》第 22 条对决议无效事由的界定不清晰，实务中各地法院对于规范的理解不同，所以"同案不同判"现象比较突出。这不仅不利于保障审判质量，也会降低相关民众对于司法判决的信赖。为了解决此问题，从司法实务出发，了解实践中法官所一般性认定的决议无效事由并将其类型化，既是与法学理论界研究的良好互动，也有利于为将来精细化、更具有指导性的立法提供实践基础。

（一）案例梳理过程

笔者在北大法宝的司法案例系统中输入相关限定条件进行检索，选择案由为"公司决议效力确认纠纷"，案件类型为"民事案件"，文书类型为"判决书"，关键词为"无效"。在系统检索得到的案例中，笔者在排除了同案由下"确认公司决议有效"和"确认公司决议不成立"案件后，为了尽量保证样本案例的全面性与代表性，随机选取了 100 份全国 30 个省份的各级人民法院在 2010~2020 年作出的与公司决议无效纠纷有关的判决书，作为样本案例进行公司决议无效事由的考察。

---

[1] 丁勇：《德国公司决议瑕疵诉讼滥用问题研究及启示》，载《比较法研究》2013 年第 4 期。

1. 样本案例数量的年份统计

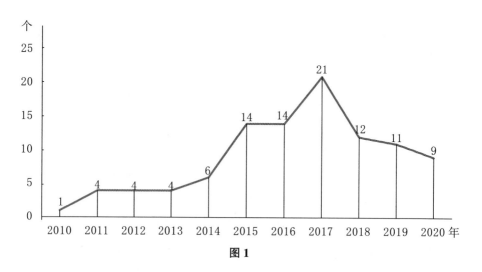

图 1

由图 1 可知，2010~2020 年，决议无效案件数量总体呈上升趋势，这也反映了随着我国经济不断发展、民众商业交往更加频繁，公司决议无效问题在实务中越发常见和重要。其中值得注意的是，2017 年之后，公司决议无效案件数量有所下降，这可能是因为我国在 2017 年颁布了《最高人民法院关于适用〈中华人民共和国公司法〉若干问题的规定（四）》（以下简称《公司法解释四》），其中第 5 条新增的"决议不成立之诉"对"决议无效之诉"起到了诉讼分流作用。

2. 样本案例选取的地区分布

表 1

各省所选取的样本案例数量（个）									
北京	江苏	上海	浙江	广东	湖北	重庆	四川	广西	天津
11	10	9	6	6	4	4	4	4	3
山东	湖南	河北	河南	江西	安徽	新疆	甘肃	山西	辽宁
3	3	3	3	3	3	3	3	2	2
贵州	吉林	陕西	青海	宁夏	福建	内蒙古	黑龙江	云南	海南
2	1	1	1	1	1	1	1	1	1

表 1 是笔者所选取的 2010~2020 年 100 个样本案例来源地区的降序分布。

在样本案例涉及的 30 个省份中，北京、江苏、上海、浙江、广东等省的案例数量较多，原因可能有以下两点：第一，这些省份经济相对发达，相关公司决议纠纷数量更多；第二，这些省份案例披露程度较高，被收录在库的案件数量较多。

3. 样本案例审级的统计

样本案例审级统计

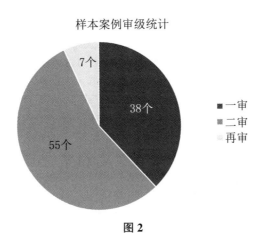

图 2

图 2 是笔者选取的 2010～2020 年 100 份样本案例对应审级的数量统计，其中二审和再审数量总和占比较高，这是因为，根据我国法院司法实务的现状以及我国正在推广实施的"案例指导制度"的精神要求，基层人民法院在判案时基本上都会考虑到其他法院对于同类案件的审理情况，特别是本省的高级人民法院或最高人民法院对于某个问题的态度，所以笔者在选取案例时侧重于进入二审、再审程序和中级人民法院、高级人民法院审理的案件。

（二）对公司决议无效事由的分析

表 2

判决公司决议无效的事由（起主要作用的事由）	个数
（1）决定召开程序违法	11
（2）重大事项表决未达到通过比例	6
（3）虚构股东会议	5

续表

判决公司决议无效的事由（起主要作用的事由）	个数
（4）决议上本人未签名（伪造签名、未签名、代为签名）	35
（5）违法进行股东除名	11
（6）决议内容侵害股东利益	13
（7）决议内容侵害公司债权人利益	4
（8）越权决议	2
（9）违反法律、法规的强制性规定	8
（10）其他无效事由	4

表2是笔者从100份样本案例中总结出来的比较常见的法院认定公司决议无效的事由，接下来笔者将其中存在共性的事由进行整合，分组进行研究。其中，第一组包括第（1）（2）（3）项程序瑕疵事由（见图3），第二组仅有第（4）项事由（见图4），第三组包括第（5）（6）项与股东权利相关的事由（见图5），第（7）、第（8）、第（9）项事由分别单独作为第四、第五、第六组（分别见图6、图7、图8）。笔者还总结了每个无效事由在实践中的具体表现样态以及针对此事由法院的判决依据和理由，这将会在接下来的论述中进行展示。

1. 第一组：程序瑕疵事由

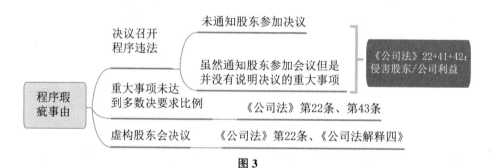

图3

依照《公司法》第22条的规定，仅有决议内容违反法律法规中的强制性规定才无效，但是司法实务中却大量出现以图示三个程序瑕疵事由作为判定公司决议无效依据的现象，[1]法官的裁判思路为：因程序瑕疵导致股东或者公司利益受损所以决议无效，笔者对此不认同。

法官的判决思路实际可以理解为：第一，程序瑕疵必然会导致实体结果不公正，包括损害股东利益或者是公司利益（公司通过多数决形成自己意思的利益）；第二，因为出现实体结果不公正所以应当判定决议无效。

对于第一点笔者表示赞同，程序瑕疵必然会导致实体结果不公正。程序对于参加股东会决议的股东而言，就是行使自己权利的一种方式或者步骤，所以若程序出现瑕疵会直接地作用于股东权利，导致股东行权出现障碍，进而会导致股东利益无法实现。在股东权利受损的前提下，因为公司采取的是多数决的意思形成机制，此种机制天然地只会关注大多数股东的声音而忽略少数股东意见，所以，如果受损股东是被关注的大部分股东，那么瑕疵程序运行的结果为——股东权利受损，公司利益也受损；如果受损股东恰好是多数决机制中被忽略的少数股东，那么瑕疵程序并不会影响公司意思合法有效地形成，即：瑕疵程序运行的结果为——股东利益受损，公司利益并未受到影响。

从上述论述中可以得出的是：程序瑕疵确实会必然地导致实体不公正情况出现——第一种是损害了股东利益同时损害了公司利益；第二种是损害了股东利益但是没有损害公司利益。但是是否应当如法官所作出的选择一般，出现了实体不公正的情况就需要认定公司决议无效呢？笔者认为答案是否定的。

---

[1] "决议召开程序违法"：河南省郑州市惠济区人民法院（2019）豫 0108 民初 7119 号；吉林省乾安县人民法院（2018）吉 0723 民初 924 号；山西省太原市万柏林区人民法院（2016）晋 0109 民初 1306 号；贵州省铜仁地区中级人民法院（2016）黔 06 民初 98 号；湖南省吉首市人民法院（2017）湘 3101 民初 1350 号；海南省海口市中级人民法院（2013）海中法民三初字第 105 号；上海市第二中级人民法院（2017）沪 02 民终 2009 号；上海市第一中级人民法院（2015）沪一中民四（商）终字第 904 号；广东省深圳市中级人民法院（2018）粤 03 民终 1727 号；广西壮族自治区崇左市中级人民法院（2020）桂 14 民终 343 号；天津市宝坻区人民法院（2016）津 0115 民初 9879 号。"虚构股东会议"：重庆市垫江县人民法院（2015）垫法民初字第 04238 号；上海市第一中级人民法院（2011）沪一中民四（商）终字第 1336 号；新疆维吾尔自治区高级人民法院（2017）新民再 151 号；上海市第一中级人民法院（2011）沪一中民四（商）终字第 1741 号；广东省佛山市顺德区人民法院（2017）粤 0606 民初 5899 号。"重大事项未达到多数决比例"：江苏省金湖县人民法院（2017）苏 0831 民初 1778 号；湖北省鄂州市梁子湖区人民法院（2016）鄂 0702 民初 280 号；上海市虹口区人民法院（2016）沪 0109 民初 10766 号；广东省广州市天河区人民法院（2014）穗天法民二初字第 4492 号；天津市第一中级人民法院（2018）津 01 民终 2745 号；上海市第二中级人民法院（2015）沪二中民四（商）终字第 1187 号。

对于第一种情况，"损害公司利益"即公司未形成自己的意思，那么股东可以依据《公司法解释四》第5条提起"决议不成立之诉"对自己的权利进行救济。对于第二种情况，仅损害股东利益但是没有损害公司利益，笔者认为此时法律赋予股东提起"决议撤销之诉"的权利即可。原因有以下几点：（1）制度设计需要兼顾公平与效率。公司决议要求在一个固定的时间将可能来自全国各地的股东召集在某一个确定的地点，需要耗费大量的人力、物力和财力。此外，公司决议要求利益诉求不同甚至相互冲突的主体在决议事项上达成一致，各个主体需要耗费长时间进行利益的拉锯与妥协。如果因为少数股东利益受损就将耗费巨大成本得出的公司决议的效力完全地否定，将会导致对公司经营管理有重大影响的事项被搁置和前期资源的浪费，是十分不效率的选择。所以，在"决议无效"给股东带来公正结果的利好与其对决策效率的损害之中，笔者选择了优先维护决议的效力，股东权利可以通过赋予其提起"公司决议撤销之诉"的权利进行替代性的保护。（2）司法应当尽可能尊重公司的意思自治。无效是司法对于公司决议作出的一种彻底否定性的评价，对公司内外部关系影响巨大，所以应当对此种司法介入设置较高的门槛，否则，此种制度设计与民法的意思自治原则和市场经济对主体所给予的自负盈亏、自担风险的自主经营权利相抵触，也容易导致公司开展经营管理时动辄则咎，寸步难行。（3）防止滥诉现象出现。目前《公司法解释四》第1条未限制提起无效之诉的主体范围，程序性瑕疵若作为决议无效事由可能会被小股东甚至公司债权人滥用，作为与公司进行不正当利益谈判的筹码，造成"以合法手段满足不正当目的"的不合理现象。

因此，在表2所示的三个瑕疵事由中，如果（1）（2）事由仅仅是导致股东表决权、参与公司经营管理的权利受损但是公司意思仍然在多数决机制下形成，那么决议效力应当为可撤销；如果其导致公司意思根本无法形成，那么决议应当不成立。事由（3）"虚构"决议即股东尚未进行意思表示，那么公司意思定然无法形成，依照《公司法解释四》第5条第1款第1项的规定，公司决议不成立。

综上，笔者认为，司法实务应当依照法律规定进行判决，程序瑕疵事由仅作为导致公司决议出现不成立或者是可撤销的效力瑕疵，"决议内容违反法律法规的强制性规定"才应当作为判定决议无效的事由。不应当以决议结果是否侵害股东或者公司利益作为判断决议效力的依据，否则将会造成决议不成立和决议可撤销制度被架空、司法过度介入公司自治的局面。

2. 第二组：决议上本人未签名（伪造签名、未签名、代为签名）。

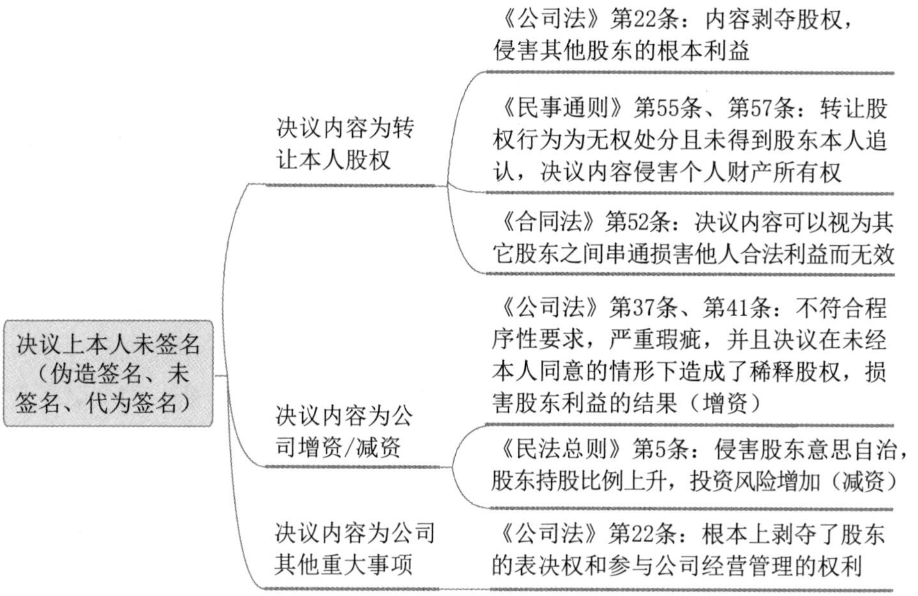

图4

如图4所示，"决议上本人未签名"事由在实践中可能有本人签名被伪造、本人未被通知参会所以未能在决议上签名、他人未经本人授权却代本人签名三种具体样态。[1]实际上，"本人未签名"即本人未出席决议，与第一

---

[1] 陕西省西安市长安区人民法院（2020）陕 01 某某民初 2046 号；山东省诸城市人民法院（2019）鲁 0782 民初 5473 号；辽宁省台安县人民法院（2020）辽 0321 民初 405 号；北京市朝阳区人民法院（2019）京 0105 民初 47078 号；河北省沧州市运河区人民法院（2017）冀 0903 民初 1996 号；广西壮族自治区钦州市钦南区人民法院（2017）桂 0702 民初 52 号；内蒙古自治区呼和浩特市赛罕区人民法院（2016）内 0105 民初 2694 号；北京市朝阳区人民法院（2016）京 0105 民初 46132 号；四川省成都市金牛区人民法院（2015）金牛民初字第 6384 号；山西省太原市万柏林区人民法院（2014）万民初字第 01772 号；黑龙江省讷河市人民法院（2016）黑 0281 民初 436 号；北京市石景山区人民法院（2011）石民初字第 4368 号；四川省成都市中级人民法院（2020）川 01 民终 4939 号；北京市第二中级人民法院（2011）二中民终字第 20336 号；山东省烟台市中级人民法院（2014）烟商二终字第 159 号；山东省枣庄市中级人民法院（2018）鲁 04 民终 253 号；河南省新乡市中级人民法院（2018）豫 07 民终 1705 号；安徽省合肥市中级人民法院（2015）合民四终字第 00003 号；北京市第三中级人民法院（2015）三中民（商）终字第

组事由性质一样同为程序瑕疵事由，但之所以将此事由单列一组，是因为在此种情形下，法院判定决议无效的理由中往往加上了"决议内容侵害股东权利"，即本组事由是在决议同时出现程序瑕疵和内容瑕疵的情形下对决议是否无效作出判断。

沿用第一组的结论，对于本人未签名的决议造成的程序瑕疵，如果决议通过比例不满足法律法规或者公司章程的要求，相当于公司意思未形成，那么决议不成立；如果有超过表决要求比例的股东同意，那么决议效力为可撤销。

对于本人未签名决议造成的内容瑕疵，需要具体判断瑕疵对股东权利影响的大小。股东权利可以分为参与管理权和资产收益权。"参与管理权"顾名思义就是参与公司意思形成、决定公司事务的权利，具体可以再分为表决权、股东会或股东大会召集权、信息查阅权等，这些权利实际上由决议程序所保障，与决议的内容无关，所以，如果股东的参与管理权被侵害，那么赋予股东程序瑕疵的救济手段即可，即如果公司决议侵害了股东的参与管理权，那么决议效力为不成立或者可撤销而并非无效。"资产收益权"以股东获取股权收益为核心，具体包括利润分配请求权、剩余财产分配请求权等，在实践中的体现如图4所示包括股东股权、股东增资优先认缴权。笔者认为，资产收益权是股东最为核心的权利，这影响到股东进行投资的目的是否能够实现，与股东的切身利益息息相关。法律需要为股东建立起全面的投资者权益保护机制，才能够提振全社会的投资者信心，形成良好的投资环境。因此，如果公司决议内容严重地影响了甚至于剥夺了股东的资产收益权，那么应当认定为公司决议无效。

综上，笔者认为，对于本人未签名的决议，如果决议通过比例不满足法律法规或者章程的要求，那么决议不成立；如果决议经超过表决权比例的股东

（接上页）07809 号；湖北省武汉市中级人民法院（2015）鄂武汉中民商终字第00666 号；广西壮族自治区南宁市中级人民法院（2015）南市民二终字第518 号；北京市第二中级人民法院（2012）二中民终字17626 号；四川省高级人民法院（2014）川民提字第304 号；北京市高级人民法院（2017）京民申983 号；甘肃省高级人民法院（2019）甘民再68 号；浙江省温州市中级人民法院（2016）浙03 民终4223 号；浙江省金华市金东区人民法院（2013）金东商初字第814 号；江苏省无锡市中级人民法院（2012）锡商终字第0517 号；湖北省黄冈市中级人民法院（2020）鄂11 民终543 号；河北省石家庄市中级人民法院（2020）冀01 民终3437 号；北京市宣武区人民法院（原）（2010）宣民初字第27 号；北京市高级人民法院（2017）京民申983 号；湖北省黄冈市中级人民法院（原）（2020）鄂11 民终543 号；河北省石家庄市中级人民法院（2020）冀01 民终3437 号。

同意，那么决议效力应当分别判断：当决议内容仅侵害股东参与公司管理权，那么决议效力为可撤销；当决议内容严重侵害股东资产收益权，那么决议无效。

3. 第三组：决议内容侵害股东利益

决议内容侵害股东利益	违法进行股东除名	《民法通则》第5条、《公司法》第41条、第42条、《公司法解释三》第17条
	侵害股东增资有限认缴权	《公司法》第22条、第34条
	侵害股东股权转让自由权	《公司法》第20条、第72条、第22条
	(控股股东滥用权利)侵害股东其他权利	《公司法》第4条、第20条、第22条

图 5

法院在实务中经常以"决议内容侵害股东利益"为由判定决议无效，具体事项可细分为图示四种。[1] 虽然在总结公司决议无效事由时将（5）与（6）进行区别，但两个事由在本质上相同。之所以单列是因为①实务中认定违法进行股东除名相较于认定侵害具体的股东权利有独立的判断依据；②违法进行股东除名是对股东权利最为严重的侵害，在实务中经常单独出现作为

---

〔1〕 "违法进行股东除名"：江西省景德镇市中级人民法院（2020）赣02民终284号；重庆市第二中级人民法院（2015）渝二中法民终字第01866号；广西壮族自治区百色市中级人民法院（2019）桂10民终2043号；贵州省毕节市中级人民法院（2019）黔05民终1068号；云南省玉溪市中级人民法院（2019）云04民终87号；河南省信阳市中级人民法院（2018）豫15民终2967号；江苏省南通市中级人民法院（2017）苏06民终3346号；江苏省常州市中级人民法院（2018）苏04民终1874号；上海市黄浦区人民法院（2015）黄浦民二（商）再重字第1号；广东省深圳市龙岗区人民法院（2018）粤0307民初15403号；江苏省南京市中级人民法院（2018）苏01民终9474号；上海市第二中级人民法院（2016）沪02民再2号。其他侵害股东权益的事项：新疆维吾尔自治区乌鲁木齐县人民法院（2017）新0121民初312号；浙江省温州市中级人民法院（2017）浙03民初115号；江苏省无锡市中级人民法院（2013）锡商终字第0589号；重庆市第五中级人民法院（2017）渝05民终1507号；湖南省长沙市中级人民法院（2018）湘01民终1961号；广东省东莞市中级人民法院（2018）粤19民终10393号；广东省深圳市中级人民法院（2015）深中法商终字第30号；江苏省无锡市中级人民法院（2017）苏02民终1313号；浙江省嘉兴市中级人民法院（2020）浙04民终1353号；浙江省宁波市中级人民法院（2012）浙甬商终字第1017号；江苏省南京市中级人民法院（2020）苏01民终5188号；天津市北辰区人民法院（2016）津0113民初5944号；湖南省长沙市岳麓区人民法院（2015）岳民初字第08182号；新疆维吾尔自治区乌鲁木齐市水磨沟区人民法院（2018）新0105民初1537号。

认定决议无效的事由，而侵害其他具体权利若损害较小时法官可能并不会因此认定决议无效。

需要特别注意的是，对于股东除名，依据《最高人民法院关于适用〈中华人民共和国公司法〉若干问题的规定（三）》（以下简称《公司法解释三》）第17条的规定，需要满足三个条件：（1）触发事由正当，股东需未履行任何出资义务或者抽逃全部出资；（2）公司需进行催告；（3）公司需通过合法决议解除股东资格。但是在实践中，有的法院在股东已经履行部分出资义务时就以其未完全履行出资义务为由将其除名，有的法院在新股东合法收购旧股东股权且获得公司认可、变更股东名册后，以其尚未履行支付旧股东购股对价为由将其除名，这些做法实际上都违背了司法解释的规定。在从"资本信用"到"资产信用"观念的转变过程中，对于绝大部分公司我国实行的是"认缴制"，股东仅需认购股份并根据其与其他股东的协议在约定期限内实缴即可。违法除名决议损害了股东出资的期限利益，也违反了司法解释仅要求股东履行部分出资义务的规定，应当认定为无效。

如图5所示，侵害股东权利在实践中具体表现可以是：侵害股东增资优先认缴权，即股东保护自己股权不被稀释的利益受损；侵害股东的股权自由转让权，股东理应享有投资自由包括转让股权的自由；控股股东滥用权利侵害股东的其他权利，比如故意限制小股东查阅企业信息的权利等。

正如笔者在第二组的分析中提及的，决议内容侵害股东的资产收益权，影响股东投资最根本的利益，应当作为决议无效事由，但是不排除实践中有些法院在股东受损害较小时选择维护公司决议效力，替代性地给予股东其他救济手段。

4. 第四组：决议内容侵害债权人利益

决议内容侵害公司债券人利益	进行损害公司利益的关联交易，具体表现为：公司控股股东滥用控股地位未经合法程序为关联人员提供担保；或向关联公司转移财产；或与经营状况恶化的关联公司进行交易	《公司法》第20条、第21条、第151条、《合同法》第52条
	违法进行分配利润/成语财产	《公司法》第166条、第186条

图6

如图6所示，公司进行损害公司的关联交易，或者违反"无盈不分"原则进行利润分配、劣后进行债权人剩余财产的分配，[1]都是通过将本公司的利益向关联公司进行输送或者先分给股东个人，最终导致本公司责任财产范围减少，偿债能力下降，公司债权人利益受损。虽然公司债权人一般与涉及公司内部的权力分配的决议无关，但是其也有可能通过法规或者协议与公司决议（权力分配）产生关系，比如在合同通过担保等手段的运用确定自己的受偿顺序等。当产生关系时，他们就有足够的理由成为决议内容的参与者与监督者，享有对决议效力的诉权，而当自己受法规或者协议保障的权利被公司决议内容所侵害时，其受损事实也应当作为使得决议无效的事由予以认定。

5. 第五组：越权决议

| 越权决议 | 股东会对董事会事项作出决议/
将自己的权利转给董事会 | 《公司法》第22条、第37条 |

图 7

如图 7 所示，越权决议在实践中可能会有两种情形，一种是股东会越权对董事会事项进行决议，另一种是董事会在获得股东会授权后超越其固有权限对股东会事项作出决议。[2]股东会和董事会职权以"权利列举+章程规定"的方式分别规定在《公司法》第 37 条、第 46 条，两者的权利界限相对清晰，所以若有一方越权决议那么决议应该是当然无效，比如，若董事会对股东会的权利事项作出决议，因为决议主体不适格，所以决议无效。但是图示的两种情形有其特殊性所以需要单独进行讨论。

第一种，股东会对董事会事项作出决议，即：公司权力机关对其执行机关的事项作出决议，笔者认为，此种情形下股东会决议应当认定为无效。大多数人会在效力认定上出现犹疑可能是因为，董事会本就仅执行股东会作出的决议，那由股东会对董事会执行中的事项再进一步作出决议好像也无可厚非。但笔者认为，两种权力不得相互僭越的最有力理由在于，大股东们对于

---

〔1〕 浙江省杭州市中级人民法院（2019）浙 01 民初 3428 号；上海市第二中级人民法院（2014）沪二中民四（商）终字第 1026 号；湖北省高级人民法院（2017）鄂民再 57 号；安徽省合肥市中级人民法院（2014）合民二终字第 00036 号。
〔2〕 河北省保定市中级人民法院（2017）冀 06 民终 4035 号；宁夏回族自治区中卫市中级人民法院（2016）宁 05 民终 638 号。

股东会与董事会的控制力度并非同步，在股东会上享有控股地位的大股东们未必在董事会上也享有绝对多数席位，此外，董事会决议采取的是"一人一票"的"人头决"机制，这两重因素使得在实务中可能出现两种权利相互独立的情况。而正是因为这两个机构有相互制衡的可能，所以若允许股东会越权对董事会事项作出决议，或许会导致在股东大会有实际控制力的大股东在董事会也能够享有控制力的现象，这可能加重对于小股东利益的剥削。

第二种，董事会在股东会授权情形下对公司事项作出决议，笔者认为此种情形下董事会决议应当有效。公司法上关于股东会和董事会职权的规定是对公司权力在不同机关之间的分配，且实践中有些小公司甚至没有设立独立的董事会机构，所以，应当将涉及职权分配的规范认定为任意性规范。此外，"公司章程规定的其他职权"作为兜底条款，也为公司通过股东会决议赋予董事会其他权利保留了必要之法律空间。因此，股东会限缩自身之部分职权而将其授权董事会行使的行为是合法有效的，而董事会在授权范围内对本属于股东会的权利事项作出决议也应当认定为有效。

综上，笔者认为，未经合法授权，如果董事会、股东会决议的相互越权僭越，属于内容违法，决议应归于无效。

6. 第六组：违反法律、法规的强制性规定

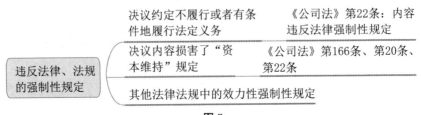

图8

此项其实是作为兜底性事由而存在，正如笔者在本文第二部分第一点的论述中所提到的一样，只有决议违反法律法规的效力性强制性规定才应当认定为无效。而对于效力性强制性规定的识别，因为样本数量限制，笔者也仅在实践中找到两种具体表现，法官在个案裁判中还需要在法益衡量后进一步识别。

（三）对决议无效事由进行类型化作业

以上述对于样本案例中公司决议无效的分析为基础，笔者认为公司决议

内容有下列情形之一的，应当确认为无效：

（1）违反《公司法》第20条第1款规定，决议内容损害股东以资产收益权为核心的权利；

（2）违反《公司法》第37条、第46条、第99条等规定，对股东会、董事会职权范围外的事项进行决策；

（3）违反《公司法》第20条第2款规定，进行损害公司利益的关联交易，或者违反《公司法》第166条、第186条规定向股东分配利润或者剩余财产等其他损害公司债权人利益的行为；

（4）违反法律、行政法规的效力性强制性规定的其他情形。

结　语

公司决议无效制度，是法律赋予股东的可以就内容违法决议造成的损害寻求司法救济的权利。无效制度中的"法律"应当仅限定于效力性强制性规范，且规范的识别需以利益的动态衡量为方法而非仅以字样为判断依据。实务中常将公司决议认定为法律行为或侵权行为，再通过法律行为和侵权行为的效力判断规范对决议效力作出评价，此种裁判路径以学理视角观察多有不妥，应当对《公司法》第22条的规定进一步完善，构建属于公司法自身的决议效力判断体系。

研究数据显示，司法实践中常出现以程序瑕疵事由认定决议无效的错误做法，但依据法律规定程序瑕疵事由仅能够导致效力出现不成立或者可撤销瑕疵，只有决议内容违反法律才能够将其认定无效，具体而言有以下四点：（1）决议内容侵害股东以资产收益权为核心的股东权利；（2）决议内容破坏公司机关间相对独立和制约状态；（3）决议内容侵害强制性规定所保护的债权人利益；（4）决议内容出现其他违反效力性强制性规定。

本文通过实证研究的方法对公司决议无效事由进行类型化作业，是使得法律规范更加具象化的尝试，目的在于为法官适用规范提供更加明确的裁判导向，但囿于本文基础研究数据有限，对于无效事由的总结难免会出现不全面之弊。法律规范是法官最终的裁判依据，期待未来立法能够结合法律适用现状对公司决议无效事由以及决议无效制度进行完善。

附录： 样本案例群

附录 A：

序号	地域	案件名称	案号
1	北京	李娜与橘子功成（北京）国际贸易有限公司公司决议效力确认纠纷	（2019）京 0105 民初 47078 号
2		韦炼等诉北京百川海蓝商贸有限公司公司决议效力确认纠纷	（2016）京 0108 民初 28382 号
3		罗赞诉快乐星期天（北京）文化传媒有限公司公司决议效力确认纠纷	（2016）京 0105 民初 46132 号
4		蒋文保诉北京奇正耘科技有限公司公司决议效力确认纠纷	（2011）石民初字第 4368 号
5		李翠华等诉北京天香花雨文化发展有限公司公司决议效力确认纠纷	（2010）宣民初字第 27 号
6		王修体等与北京桑宝阳光科技开发有限公司公司决议效力确认纠纷	（2011）二中民终字第 20336 号
7		黄某、段某等与北京德成永浩科技有限责任公司公司决议效力确认纠纷	（2017）京 03 民终 454 号
8		天津海纳国际贸易有限公司与罗平公司决议效力确认纠纷	（2015）三中民（商）终字第 07809 号
9		北京大万房地产开发有限责任公司与北京万泉投资有限公司公司决议效力确认纠纷	（2017）京 02 民终 1453 号
10		李刚毅诉北京慈铭生物医药技术有限公司公司决议效力确认纠纷	（2012）二中民终字 17626 号
11		北京金泉河机械设备有限公司诉李道华公司决议效力确认纠纷	（2017）京民申 983 号

序号	地域	案件名称	案号
12	江苏	丁晓东诉金湖广汇燃气有限公司公司决议效力确认纠纷	（2017）苏 0831 民初 1778 号
13		傅东明、朱毅军诉无锡新中润国际集团有限公司公司决议效力确认纠纷	（2012）崇商初字第 0182 号
14		王某与江苏阳某钢结构工程有限公司、孙某公司决议效力确认纠纷	（2019）苏 03 民终 4892 号
15		无锡市通惠置业有限公司诉袁霆等公司决议效力确认纠纷	（2013）锡商终字第 0589 号
16		曹明与吴峰等公司决议效力确认纠纷	（2018）苏 01 民终 9474 号
17		南通开发区华亚制衣有限公司与施杏兵公司决议效力确认纠纷	（2017）苏 06 民终 3346 号
18		江阴联通实业有限公司与陈玉和公司决议效力确认纠纷	（2017）苏 02 民终 1313 号
19		刘美芳诉常州凯瑞化学科技有限公司等公司决议效力确认纠纷	（2018）苏 04 民终 1874 号
20		南京科津新材料研究院有限公司与李峰公司决议效力确认纠纷	（2020）苏 01 民终 5188 号
21		汇源公司诉马某等公司决议效力确认纠纷	（2012）锡商终字第 0517 号
22	上海	龚某某与上海大事科技发展有限公司公司决议效力确认纠纷	（2016）沪 0109 民初 10766 号
23		丁通旺等诉翟建良等公司决议效力确认纠纷	（2014）沪二中民四（商）终字第 1026 号
24		上海居安工贸有限公司与褚琴公司决议效力确认纠纷	（2017）沪 02 民终 2009 号
25		美婴宝贝母婴服务（上海）有限公司与赵静等公司决议效力确认纠纷	（2015）沪一中民四（商）终字第 904 号

续表

序号	地域	案件名称	案号
26	上海	胡正等与上海连炬电子有限公司等公司决议效力确认纠纷	（2015）沪二中民四（商）终字第1187号
27		彭某某与上海甲高新材料有限公司公司决议效力确认纠纷	（2011）沪一中民四（商）终字第1336号
28		魏克财与上海雅都旅馆有限公司、包文君等公司决议效力确认纠纷	（2016）沪02民再2号
29		上海象云化学纤维有限公司诉上海家兴房地产开发有限公司等公司决议效力确认纠纷	（2011）沪一中民四（商）终字第1741号
30		魏克财等诉上海雅都旅馆有限公司公司决议效力确认纠纷	（2015）黄浦民二（商）再重字第1号
31	浙江	张立新、吴星红等与江苏大通风机股份有限公司公司决议效力确认纠纷	（2019）浙01民初3428号
32		叶斌诉浙江苍南仪表集团股份有限公司公司决议效力确认纠纷	（2017）浙03民初115号
33		章吉波诉浙江建昊建筑工程有限公司公司决议效力确认纠纷	（2016）浙03民终4223号
34		嘉兴市银善客运出租股份有限公司与严秋平公司决议效力确认纠纷	（2020）浙04民终1353号
35		宁波绰丰实业发展有限公司与缪某公司决议效力确认纠纷	（2012）浙甬商终字第1017号
36		徐慧芬等诉金华市五菱汽配有限公司公司决议效力确认纠纷	（2013）金东商初字第814号
37	广东	阎育红等诉广州必卓机电工程技术有限公司公司决议效力确认纠纷	（2014）穗天法民二初字第4492号
38		深圳泰生房地产开发有限公司与张兴展公司决议效力确认纠纷	（2018）粤19民终10393号

序号	地域	案件名称	案号
39	广东	深圳市长达顺企业管理咨询有限公司与深圳奥康德集团股份有限公司公司决议效力确认纠纷	（2018）粤03民终1727号
40		余某等与江某公司决议效力确认纠纷	（2015）深中法商终字第30号
41		佘娟英与深圳市农产品坂田肉联厂有限公司公司决议效力确认纠纷	（2018）粤0307民初15403号
42		广东威德力机械实业股份有限公司等诉佛山市顺德区华天创富投资有限公司公司决议效力确认纠纷	（2017）粤0606民初5899号
43	湖北	陈文诉武汉河海泽地电渗科技有限公司公司决议效力确认纠纷	（2016）鄂0702民初280号
44		李容容与周子慎等公司决议效力确认纠纷	（2015）鄂武汉中民商终字第00666号
45		卢伟诉宜昌山水投资有限公司公司决议效力确认纠纷	（2017）鄂民再57号
46		毛某与胡某公司决议效力确认纠纷	（2020）鄂11民终543号
47	重庆	谢国友与重庆大有房地产顾问有限公司公司决议效力确认纠纷	（2015）垫法民初字第04238号
48		重庆政通通信控股有限公司与李婉僮公司决议效力确认纠纷	（2015）渝二中法民终字第01866号
49		重庆永福实业有限公司与杜斌、杨必俐公司决议效力确认纠纷	（2017）渝05民终1507号
50		重庆医药巴南医药有限责任公司工会委员会诉重庆医药巴南医药有限责任公司等公司决议效力确认纠纷	（2017）渝民再11号

序号	地域	案件名称	案号
51	四川	钟春霞诉成都九州宾馆有限责任公司公司决议效力确认纠纷	（2015）金牛民初字第 6384 号
52		刘某与成都锦都置业有限公司公司决议效力确认纠纷	（2020）川 01 民终 4939 号
53		王玉娥等诉四川林河实业集团有限公司公司决议效力确认纠纷	（2017）川 11 民终 1082 号
54		蔡某与四川省江源新村贸易有限公司等公司决议效力确认纠纷	（2014）川民提字第 304 号
55	广西	国以民等诉广西钦州鑫源冶金有限公司公司决议效力确认纠纷	（2017）桂 0702 民初 52 号
56		广西奔威矿产资源开发有限责任公司与张建辉公司决议效力确认纠纷	（2019）桂 10 民终 2043 号
57		韦文虎与广西上林县三鑫矿业有限责任公司等公司决议效力确认纠纷	（2015）南市民二终字第 518 号
58		钱荣平与广西天公司决议效力确认纠纷	（2020）桂 14 民终 343 号
59	天津	天津中银实业发展有限公司与天津通商投资咨询有限公司公司决议效力确认纠纷	（2018）津 01 民终 2745 号
60		张虹与天津市天环药业有限公司、天津中银实业发展有限公司公司决议效力确认纠纷	（2016）津 0113 民初 5944 号
61		燕红诉威森智能控制技术股份有限公司等公司决议效力确认纠纷	（2016）津 0115 民初 9879 号

序号	地域	案件名称	案号
62	山东	王金平与山东兴创纸业集团有限公司公司决议效力确认纠纷	（2019）鲁 0782 民初 5473 号
63		烟台恒信物业管理有限公司等诉孙丕晋公司决议效力确认纠纷	（2014）烟商二终字第 159 号
64		滕州市绿原机械制造有限责任公司与李文尧公司决议效力确认纠纷	（2018）鲁 04 民终 253 号
65	湖南	肖峰与湘西自治州龙凤置业有限公司公司决议效力确认纠纷	（2017）湘 3101 民初 1350 号
66		李广军与葛雄伟公司决议效力确认纠纷	（2018）湘 01 民终 1961 号
67		胡静诉湖南恩孚阳光投资置业有限公司等公司决议效力确认纠纷	（2015）岳民初字第 08182 号
68	河北	张某等诉沧州名人房地产开发有限公司公司决议效力确认纠纷	（2017）冀 0903 民初 1996 号
69		保定小天使制衣有限公司与河北省清苑县童装厂公司决议效力确认纠纷	（2017）冀 06 民终 4035 号
70		河北某管理有限公司与李某公司决议效力确认纠纷	（2020）冀 01 民终 3437 号
71	河南	李喜庆与河南信基置业有限公司公司决议效力确认纠纷	（2019）豫 0108 民初 7119 号
72		河南省建安防腐绝热有限公司与张济民公司决议效力确认纠纷	（2018）豫 07 民终 1705 号
73		董明创与信阳腾达房地产开发有限公司公司决议效力确认纠纷	（2018）豫 15 民终 2967 号

序号	地域	案件名称	案号
74	江西	乐平泰丰实业有限公司与江西乐盛化工有限公司公司决议效力确认纠纷	（2020）赣 02 民终 284 号
75		江西华杰工程咨询有限公司与程晓军公司决议效力确认纠纷	（2019）赣 01 民终 575 号
76		江西省全南县青松小额贷款股份有限公司与温志京公司决议效力确认纠纷	（2017）赣 0729 民初 851 号
77	安徽	李先颖与淮南泉润环保科技有限公司公司决议效力确认纠纷	（2019）皖 0403 民初 5731 号
78		陶鸿等诉陶峰等公司决议效力确认纠纷	（2015）合民四终字第 00003 号
79		谢安、刘家祥诉安徽兴达化工有限责任公司公司决议效力确认纠纷	（2014）合民二终字第 00036 号
80	新疆	广东明阳风电产业集团有限公司等诉新疆万邦能源发展有限公司公司决议效力确认纠纷	（2017）新 0121 民初 312 号
81		寿海敏诉新疆嘉和居房地产开发有限公司公司决议效力确认纠纷	（2017）新民再 151 号
82		陈春霖、林金宗等与陈俊雄公司决议效力确认纠纷	（2018）新 0105 民初 1537 号
83	甘肃	甘肃彭阳春酒业有限责任公司与王晓、孙广奇公司决议效力确认纠纷	（2015）庆中民终字第 786 号
84		李涵郡、李进玺、庆阳市金泰商贸有限公司与李秉文公司决议效力确认纠纷	（2013）庆中民终字第 57 号
85		甘肃永成园林古建工程有限责任公司、马玉船等与马达公司决议效力确认纠纷	（2019）甘民再 68 号

序号	地域	案件名称	案号
86	山西	胡玲仙等诉太原鑫金港科技有限公司等公司决议效力确认纠纷	（2016）晋 0109 民初 1306 号
87		胡某与太原鑫金港科技有限公司公司决议效力确认纠纷	（2014）万民初字第 01772 号
88	辽宁	母淑艳、朱丹等与鞍山同顺保险代理有限公司等公司决议效力确认纠纷	（2020）辽 0321 民初 405 号
89		本溪建设工程咨询监理有限公司与肖静等公司决议效力确认纠纷	（2017）辽 05 民终 715 号
90	贵州	陈乐环与印江土家族苗族自治县百货有限责任公司公司决议效力确认纠纷	（2016）黔 06 民初 98 号
91		赫章昆仑天然气有限公司与全华荣公司决议效力确认纠纷	（2019）黔 05 民终 1068 号
92	吉林	王惠欣等与长春市长白实业公司公司决议效力确认纠纷	（2016）吉 01 民终 813 号
93	陕西	任利红与任留松、陕西润泽节能技术有限公司、赵玲凤公司决议效力确认纠纷	（2020）陕 01 某某民初 2046 号
94	青海	王艳诉王法平等公司决议效力确认纠纷	（2015）祁民二初字第 01 号
95	宁夏	宁夏鸿森矿业有限公司、张某1与广东鸿森集团有限公司公司决议效力确认纠纷	（2016）宁 05 民终 638 号
96	福建	肖兰香与林振光等公司决议效力确认纠纷	（2018）闽 09 民终 1934 号
97	内蒙古	胡源湘等诉内蒙古国润房地产开发有限公司等公司决议效力确认纠纷	（2016）内 0105 民初 2694 号

序号	地域	案件名称	案号
98	黑龙江	王国光诉讷河市钟表刻字修配厂公司决议效力确认纠纷	（2016）黑 0281 民初 436 号
99	云南	杨天明与华宁金振环保科技有限公司公司决议效力确认纠纷	（2019）云 04 民终 87 号
100	海南	SUSANYUCHANG 等诉海南展泰科技有限公司公司决议效力确认纠纷	（2013）海中法民三初字第 105 号

交通肇事罪中事故责任的含义与体系性地位

冯逸凡

摘　要：《刑法》第133条规定了交通肇事罪，司法解释对交通肇事罪的成立提出了事故责任程度的要求：只有负事故同等以上责任的行为人，才能以交通肇事罪定罪处罚。交通肇事罪中的事故责任不是指行政责任。对事故责任应当作实质解释，事故责任程度表明行为人违反注意义务的行为与结果之间的紧密程度。事故责任不是交通肇事罪的构成要件要素与责任要素。在交通肇事致人重伤、一至二人死亡、使公私财产遭受重大损失的情况下，"负事故全部或者主要责任"是客观处罚条件。将交通肇事罪中事故责任程度的要求理解为客观处罚条件，符合刑事政策和公共政策的目的，可以达到预防犯罪和限制处罚范围的效果。

关键词：交通肇事罪；事故责任；行政责任；客观处罚条件

绪　论

我国《刑法》第133条规定，"违反交通运输管理法规，因而发生重大事故，致人重伤、死亡或者使公私财产遭受重大损失的……"，成立交通肇事罪。2000年最高人民法院发布的《关于审理交通肇事刑事案件具体应用法律若干问题的解释》（以下简称《解释》）对《刑法》第133条做出了进一步的说明。其中最有争议的条文之一就是《解释》第2条[1]，学界对此展开了

---

[1]《解释》第2条规定："交通肇事具有下列情形之一的，处三年以下有期徒刑或者拘役：（一）死亡一人或者重伤三人以上，负事故全部或者主要责任的；（二）死亡三人以上，负

大规模的讨论。但是，笔者在检索相关论文时发现，学界讨论的热点一直是交通肇事后逃逸、交通过失的加重犯等问题，却忽视了对交通肇事罪特有的事故责任的讨论。

根据《解释》第2条的规定，交通肇事造成重大交通事故的，尚不能被刑法处罚，还需要考虑行为人在该起事故中承担的责任，只有承担同等以上责任的行为人，才可能以交通肇事罪定罪处罚。《道路交通事故处理程序规定》（以下简称《规定》）第60条规定："公安机关交通管理部门应当根据当事人的行为对发生道路交通事故所起的作用以及过错的严重程度，确定当事人的责任……"依据上述标准，交通事故责任可以分为五种情况，由高到低分别是：全部责任、主要责任、同等责任、次要责任、无责任。由此规定，我们可以得出以下两点：第一，《规定》中的事故责任是指行政责任，并且行政责任的认定是由交通管理部门（以下简称"交管部门"）做出的；第二，《规定》中事故责任划分的标准是客观的，即不包括行为人对其行为和结果的主观认识。

学界对《解释》中"责任"（以下没有特别指出，"责任"均指《解释》中的事故责任，与行政法上的事故责任相区分）的理解主要有以下几种：有学者认为，"责任"是指行政责任，而行政责任不能直接被用来认定刑事犯罪，所以司法机关在判断行为人是否成立交通肇事罪时，应当排除《解释》对"责任"的要求[1]；也有学者认为，《解释》增加了"责任"的要求实际上修改了交通肇事罪的成立条件，超越了司法权限[2]；还有学者认为，"责任"并不属于交通肇事罪的构成要件，《解释》只是为了限制处罚范围才这么规

（接上页）事故同等责任的；（三）造成公共财产或者他人财产直接损失，负事故全部或者主要责任，无能力赔偿数额在三十万元以上的。交通肇事致一人以上重伤，负事故全部或者主要责任，并具有下列情形之一的，以交通肇事罪定罪处罚：（一）酒后、吸食毒品后驾驶机动车辆的；（二）无驾驶资格驾驶机动车辆的；（三）明知是安全装置不全或者安全机件失灵的机动车辆而驾驶的；（四）明知是无牌证或者已报废的机动车辆而驾驶的；（五）严重超载驾驶的；（六）为逃避法律追究逃离事故现场的。"

〔1〕 参见王飞跃：《论道路交通事故责任认定中几中对关系的区分》，载《政治与法律》2016年第6期；张卫彬、叶兰君：《交通肇事罪中的责任认定》，载《法学》2012年第11期；刘东根：《道路交通事故责任与交通肇事罪的构成》，载《中国人民公安大学学报（社会科学版）》2005年第2期。

〔2〕 参见黎宏：《论交通肇事罪的若干问题——以最高人民法院有关司法解释为中心》，载《法律科学（西北政法大学学报）》2003年第4期。

定的[1]。以上这些理解是否合理且充分还有待商榷。持第一种观点的学者认为，"责任"在交通肇事罪中没有实际含义。但是这样就无法解释，同样是负同等责任，为什么致一人死亡时无须被刑法处罚，而在致三人以上死亡时却要承担刑事责任。持后两种观点的学者仅表达了他们对"责任"体系性地位的理解，却没有表明"责任"的具体含义是什么。

而在实践中，司法机关对于《解释》中"责任"的理解是出乎意料的一致。在笔者分析的129份判决书中，司法机关普遍将交管部门认定的交通事故责任作为定罪的依据。一方面，司法机关往往不加分辨地采纳行政责任；另一方面，司法机关又将行政责任作为认定行为与结果之间存在因果关系的重要依据。如果交管部门认定行为人只承担本次交通事故的次要责任，法官就不会认为行为人构成交通肇事罪，行为人也无须承担刑事责任；一旦交管部门认定行为人承担同等以上责任，法官通常全盘接受交管部门的认定结论，而不去分析行为人的行为是否符合交通肇事罪的构成要件。

例如，某法院经审理查明：2019年1月20日凌晨1时40分许，被告人张彬驾驶的沪C×××××号小型普通客车与在沪陕高速超车道内的行人无名氏相撞，造成无名氏当场死亡。事故发生后，张彬驾驶车辆逃离现场。辩护人主张：（1）被害人违反规定进入高速公路，本身存在过错在先，依照相关规定，应减轻张彬的责任。（2）案发时间为当日凌晨2时左右，事发地点为高速公路，张彬虽意识到撞到东西，但未意识到有撞人的可能性，加之当时处于超车道不能停车，也未报警即驶离现场。而法官在裁判理由中写道：被告人张彬违反道路运输管理法规，在发生交通事故后驾车逃离现场，造成一人死亡的后果，其行为已构成交通肇事罪。公安机关出具的道路交通事故认定书已将逃逸情节作为推定张彬负全责的入罪条件之一，依法不能再作为加重量刑情节进行重复评价。[2]

首先，根据此次交通事故发生的时间、地点以及当事人的行为来看，法官需要判断：（1）行为人张彬是否有违反相关行政法规的行为；（2）行为人张彬是否有预见被害人出现在快车道的可能性，以及结果回避的可能性；（3）被害人死亡结果是否可以归责于张彬。而这些问题在案件事实和裁判理由中均

---

[1] 参见张明楷：《交通肇事的刑事责任认定》，载《人民检察》2008年第2期。
[2] 参见河南省南阳市宛城区人民法院（2019）豫1302刑初1266号刑事判决书。

没有得到体现。此外，法官直接采用交管部门认定的行政责任认定行为人构成犯罪：（1）只要造成了伤亡结果，就推定行为人违反了相关的行政法规；（2）将事故发生后的逃逸情节作为认定事故发生时行为人负有全部责任的依据，进而认定行为人构成交通肇事罪。

以上这类判决不在少数，在笔者分析的案例中，有且仅有两份判决书[1]，法官在裁判理由中没有引用行政责任，而选择直接分析结果归属，并依据各方当事人的行为对结果作用的大小进行责任划分。所以，不难发现，多数法官将"责任"理解为行政责任，又将行政责任的划分作为认定行为与结果之间存在因果关系的关键。

我们可以看到，"责任"对于交通肇事罪的成立至关重要，但是理论和实践对"责任"的理解并不到位，进而影响司法机关对交通肇事罪成立的判断。通过对相关论文和案例的考察，我们可以总结出以下三个问题：第一，"责任"是指行政责任吗？第二，"责任"的含义是什么？第三，"责任"的体系性地位是什么？本文将围绕以上三个问题对《解释》中的"责任"进行分析，最后对本文内容做出总结。

一、"责任"与行政责任

根据法条的规定，交通肇事罪成立的前置条件是行为人违反了相关的行政法规，那么"责任"是指行政责任吗？

从《规定》和《道路交通安全法》的条文中，我们不难得知，交管部门除了认定行为人是否负有行政责任外，还会认定行政责任的程度。在实践中，交管部门往往是根据交通事故发生的客观原因，以及行为人对行政法规的违反程度进行行政责任划分。那么行政责任的划分是否可以直接用在刑事领域呢？

行政法的指导原则不同于刑法。行政法旨在保护公共利益，注重合目的性。交通运输领域的行政法规所追求的目标并不局限于防范交通事故，还包括维护交通秩序、提高通行效率等，故行政法可能为了达到目的而扩张处罚

---

〔1〕 参见湖北省武汉市江岸区人民法院（2015）鄂江岸刑初字第 00785 号刑事判决书；辽宁省大连市瓦房店市人民法院（2017）辽 0281 刑初 233 号刑事判决书。

范围。而刑法同时强调法益保护和人权保障，注重法的安定性，不能随意扩张处罚范围，所以刑事责任的认定应当严格按照犯罪的构成要件进行分析。[1]正是由于指导原则的差异，行政违法与刑事违法在认定上存在诸多不同。

首先，结果归属的认定标准不同。行政法注重维护交通运输的高效和有序，所以一般只考虑事故各方违章行为的有无、多少以及严重程度，而对行政违法行为与结果之间关联程度的要求并不高。[2]而在刑法中，结果必须是由违反交通肇事罪规范保护目的的行为引起，而且危害结果不应超出规范保护目的的范围。例如，禁止超速的规范保护目的在于，防止车速过快以致行为人及时制动的能力下降，而造成不必要的交通事故。如果行为人夜间超速驾驶，将突然出现的行人撞死，假如能够查明，即便行为人不超速，被害人也不可避免地被撞死的话，就不能把死亡结果归属于行为人的超速行为。

其次，对行为人主观心态的要求不同。在行政法领域，无论行为人主观心态如何，只要行为人的行为存在过错，就应当负行政责任。[3]而在刑法领域，行为人至少要对结果存在过失才能被认定为交通肇事罪，否则就属于意外事件而不能被认定为犯罪。换言之，即使行为人违反了相关的行政法规，造成了伤亡结果，并负该起交通事故的主要责任，如果行为人对结果完全没有预见可能性，也不应该承担刑事责任。例如，行为人驾驶的汽车刹车突然失灵，撞向路边行人并造成伤亡结果。依照《规定》对"责任"的划分，行为人当然要承担全部责任，不问刹车失灵的原因。但是在刑法上还需要考察行为人的主观心态，如果行为人的车刚刚通过年审，驾驶人完全没有可能预见汽车存在安全隐患，自然也不会预见自己正常的驾驶行为会造成交通事故，故也无须承担刑事责任。

再次，证明标准不同。交管部门在认定交通事故责任时，往往采用责任推定原则，即在事实无法查清的情况下，推定各方当事人的行政责任。例如《道路交通安全法实施条例》第 92 条第 2 款规定："当事人故意破坏、伪造现场、毁灭证据的，承担全部责任。"此项规定在促使当事人保护现场、提高通

---

〔1〕 参见张明楷：《避免将行政违法认定为刑事犯罪：理念、方法与路径》，载《中国法学》2017 年第 4 期。

〔2〕 参见张卫彬、叶兰君：《交通肇事罪中的责任认定》，载《法学》2012 年第 11 期。

〔3〕 参见张明楷：《行政违反加重犯初探》，载《中国法学》2007 年第 6 期。

行效率等方面有一定的积极作用，但是绝对不应将行政法上的责任推定原则适用到刑法上。虽然在刑法中也存在刑事推定，但这种推定是基于已证事实推定行为人的主观状态，而不是基于已知事实推定未知事实。[1]在我国刑事诉讼中，只有"证据确实、充分"才能给被告人定罪，如果司法机关无法查明事实，应当适用存疑有利于被告原则。

最后，交管部门认定的交通事故责任的结论不是当然的应被司法机关采纳。最高人民法院、公安部发布的《关于处理道路交通事故案件有关问题的通知》第4条规定："……人民法院经审查认为公安机关所作出的责任认定、伤残评定确属不妥，则不予采信，以人民法院审理认定的案件事实作为定案的依据。"也就是说，法院在认定行为人是否应当承担刑事责任时，应当以法院审理查明的案件事实为依据，按照交通肇事罪的构成要件去分析，而交管部门认定的结论只是参考资料，不是必须采纳。

综上所述，交管部门认定的行政责任不能直接被用来认定刑事犯罪。《解释》中的"责任"不是指行政责任。

二、"责任"与构成要件

"责任"划分的依据是客观的，那么它与刑法理论中的客观归责有无联系呢？进一步问，它是否属于交通肇事罪的构成要件呢？在回答上述问题之前，我们首先需要明确交通肇事罪的构成要件要素与责任要素分别是什么。

（一）"责任"与构成要件要素

1. 交通肇事罪的构成要件要素

根据法条的规定，交通肇事罪的行为主体可以是任何人，不限于从事交通运输的人；行为是违反交通运输管理法规；结果是发生重大交通事故。但是条文的表述并不一定等同于某一犯罪真正的构成要件要素。根据违法类型说的观点，构成要件要素必须是某一犯罪中固有的、类型的可罚的要素。[2]所以我们要仔细辨析，交通肇事罪中哪些要素具有表明行为违法性的特征。

---

〔1〕 参见张明楷：《交通肇事的刑事责任认定》，载《人民检察》2008年第2期。

〔2〕 参见［日］町野朔：《犯罪论的展开 I》，有斐阁1989年版，第59页。转引自张明楷：《论入户抢劫》，载《现代法学》2013年第5期。

交通肇事罪是典型的过失犯罪，而过失犯罪又是以危害结果的实现为启动法律审查机制的前提，所以判断行为与结果之间存在因果关系是此罪成立的关键。而过失犯罪的因果关系又不如故意犯罪那样清晰明了，因此我们可以借助客观归责理论对其进行分析。客观归责的前提是存在事实上的因果关系，这一点在交通肇事中很容易得到证明。接下来是进行结果归属的判断，客观归责理论的判断一共有三步。

首先，行为创设了不被允许的风险。如前所述，并非所有违反相关行政法规的行为都是造成危害结果的行为，只有违反交通肇事罪规范保护目的的行为才有处罚的必要性。过失犯罪规范保护目的的外在表现是注意义务规范，而注意义务规范的本质是能力维持规范，即行为人应当谨慎地确保自己拥有正确认知法益侵害危险的能力，将避免结果发生的能力维持在一定的水平之上。[1]所以在过失犯罪中，判断行为是否创设了不被允许的风险的核心在于，判断行为人的能力是否降低。而行为人的能力是否降低、注意义务是否违反，应当以个案中具体行为人的情况为依据进行判断。不过在实务中，出于司法判断经济性的考虑，法官往往会借助已有的行政法规来推定行为人注意义务的违反。但是行政法与刑法的规范保护目的并非完全切合，因此，我们在判断行为这一构成要件要素时，不应仅从形式上看该行为是否违反了相关的行政法规，而应从实质上分析，行为人是否通过违反行政法规，而降低了其预见与避免结果发生的能力。[2]所以从本质上看，交通肇事罪属于业务过失致人伤亡、业务过失导致财产损失的犯罪。[3]

其次，结果中实现了不被允许的风险。这一步要求危害结果是由于行为人未尽到注意义务造成的。旨在排除以下几种情况，现结合案例加以说明。

案例1：甲驾车超速行驶，将行人乙撞成轻伤，后甲将乙送往医院。但在送医途中，遇丙驾车超速逆行，并与正常行驶的甲车相撞，致乙当场死亡。

案例2：甲驾车沿高速公路行驶。甲从左侧行车道将乙驾驶的货车超越，

---

〔1〕 Vgl. Renzikowski, *Restriktiver Täterbegriff und fahrlässige Beteiligung*, 1997, S. 227. 转引自陈璇：《注意义务的规范本质与判断标准》，载《法学研究》2019 年第 1 期。

〔2〕 参见陈璇：《注意义务的规范本质与判断标准》，载《法学研究》2019 年第 1 期；刘艳红：《注意规范保护目的与交通过失犯的成立》，载《法学研究》2010 年第 4 期；王海涛：《行政法规范之违反与过失实行行为之认定——基于新过失论的阐释》，载《法学研究》2014 年第 2 期。

〔3〕 参见张明楷：《行政违反加重犯初探》，载《中国法学》2007 年第 6 期。

超车后，乙没有与甲车保持适当的车距。突然，甲车失控撞向高速右侧护栏，并反弹到右侧行车道内，将甲的乘车人丙、丁甩出。乙见状立即踩刹车躲避，但是仍碾压到被甩出的丙的头部，造成丙当场死亡。[1]

案例3：甲开车逆行时，车轮撞飞了路面的石头，石头将路边的小孩砸伤。[2]

第一，行为与结果之间没有常态关联。显然，在案例1中，导致乙死亡的直接原因并不是甲超速的行为，而是丙超速逆行的行为。而且在此案中，超速驾驶与被逆行车辆撞死没有常态的关联，故死亡结果不应归责于甲。第二，结果的发生无法避免。此种情况是指，即便行为人履行了自己的注意义务，结果仍然会发生。在案例2中，因为丙、丁被甩出实在太过突然，乙车即便保持了适当车距，大概率地也会碾死丙，那么在这种情况下，丙被碾死的结果可以说是不可避免的。所以，此时乙没有履行注意义务的行为并没有实现不被允许的风险，故应当排除客观归责。第三，行为所引发的结果在规范保护目的之外。在案例3中，小孩受伤的结果就不属于交通肇事罪所意欲防止的结果。因为禁止逆行的规定是为了防止逆行车辆与正行车辆相撞，而不是为了确保路面平整以防伤害他人。

最后，结果没有超出构成要件的保护范围。通常情况下，行为符合客观归责的前两个条件，就可以确定结果归属了。但是，当因果流程不在构成要件的保护范围内时，归责也可能失败。兹举例加以说明。

案例4：甲驾车在高速公路上行驶。坐在副驾驶的乙因与甲发生争执，抢夺方向盘，以致车辆失控，将乙甩出，乙当场死亡。

案例5：甲饮酒后失去驾驶能力，但欲驾车回家。与甲同行的乙明知甲已酩酊大醉，非但没有制止甲，还坚持要乘坐甲的车回家。结果，由于甲醉酒驾车，发生了严重交通事故，导致乙死亡。

客观归责的第三步旨在排除以下几种情况：第一，被害人故意制造危险。在案例4中，乙在行为当时完全可以认识到，车辆高速行驶、甲分心驾驶以及自己抢夺方向盘的危险性，而乙完全不顾这种危险，并且故意实施了危险

---

〔1〕 参见河北省唐山市中级人民法院（2014）唐刑终字第274号刑事判决书。
〔2〕 参见［意］杜里奥·帕多瓦尼：《意大利刑法学原理（注评版）》，陈忠林译评，中国人民大学出版社2004年版，第198页。

行为，主导了危险的发生，因此乙应当为自己的行为负责。第二，被害人同意他人造成的危险。在案例 5 中，乙在乘车时能够认识到甲醉酒驾车的危险，并且有意识地使自己处在危险境地中，意味着乙接受了危险。此外，乙的行为在心理上加强了甲醉酒驾车的意愿，甲、乙对于甲醉酒驾车的行为应当承担同样的责任，所以在这种情况下，应当排除对甲行为的归责。第三，专业人员独立负责领域。当专业人员接管了其负责的领域后，他就应当在职权范围内，履行监督危险源和消除危险的义务，而其他人应当信赖专业人员并且不干涉他们行使职权。当进一步事件的发展完全在专业人员的掌控范围内，我们也就不能对行为人的先前行为进行归责。[1]

如果行为与结果通过了以上三个步骤的考察，就应当肯定行为与结果之间存在因果关系。所以，交通肇事罪的行为是指，行为人违反注意义务、不当降低自己的能力；结果是指，由于行为人违反注意义务而造成的重大交通事故。

2. "责任"的含义

根据《规定》的规定，事故责任的含义是："当事人的行为对发生道路交通事故所起的作用以及过错的严重程度。"而《解释》中的事故责任作为影响刑罚权发动的要素之一，其中的"行为"、"所起的作用"、"过错程度"等要素的认定标准，应当与刑法认定交通肇事罪的标准一致。如果我们按照刑法的标准对"责任"的定义进行重构，以上的定义应该改为：当事人的行为对结果所起的作用大小，以及行为人通过违反交通运输管理法规而不当降低自己能力的程度。由此可以看出，《解释》中的"责任"实际上描述的是：行为人不当降低自己能力的行为对结果的作用大小，或者说是行为人违反注意义务的行为与结果之间的紧密程度。

3. "责任"与构成要件要素

明确了"责任"的含义后，我们不禁要问，《解释》中的"责任"是交通肇事罪的构成要件要素吗？

从"责任"的定义来看，"责任"既不是指行为人违反注意义务的行为本身，也不是指重大交通事故结果本身，更不表明交通肇事罪的行为主体。

---

〔1〕 参见［德］克劳斯·罗克辛：《德国刑法学 总论》（第 1 卷），王世洲译，法律出版社 2005 年版，第 271 页。

进一步思考，"责任"的划分在因果关系的判断上是否发挥了作用呢？换言之，《解释》中同等责任、主要责任、全部责任的划分是否有助于肯定或者否定因果关系呢？

从上述分析中我们可以看出，在客观归责过程中，无论是对行为的判断，还是对结果归属的判断，都是以规范保护目的为内核，围绕交通肇事罪构成要件要素进行分析的，并没有任何需要借助"责任"来判断的地方。通过客观归责理论承认了行为与结果之间的因果关系后，也没有任何理由借助"责任"的划分来阻断因果关系的成立。试想这样一类案例：

案例6：甲、乙分别驾驶同样型号的汽车相向而行，且均以同样的速度严重超速行驶，在会车过程中相撞，乙当场死亡。

案例7：甲、乙分别驾驶同样型号的汽车相向而行，甲只是轻微地违章，例如在限速30千米每小时的路段以32千米每小时行驶，而乙则是严重超速，甲、乙在会车过程中相撞，乙当场死亡。

在案例6中，甲、乙对乙的死亡应当负有同等责任，难道我们会因为乙也超速了，未尽到自己的注意义务，而否定甲与乙的死亡结果之间存在因果关系吗？当然不会。在案例7中，客观上甲只应当承担此次交通事故的次要责任，按照客观归责理论进行判断，我们也不会将乙的死亡结果归责于甲。即，当行为人承担同等以上责任时，根据客观归责理论，行为人的行为也必定与结果存在因果关系；当行为人承担次要责任时，客观归责理论也不会将结果归责于行为人。也就是说，刑法上因果关系的判断在前，《解释》对"责任"的划分在后。因为只有存在因果关系时，我们才能在交通肇事罪的范围内，进一步判断行为人的"责任"是同等、主要还是全部；当因果关系不存在时，行为人就不构成交通肇事罪，对行为人行为的判断就会进入行政法领域，那么就应当依照《规定》的条文进行行政责任的划分。所以，"责任"不是交通肇事罪的构成要件要素。

或许有人认为，在交通肇事罪中，不同的结果的出现，对行为人"责任"的要求可以不同，所以"责任"可以是构成要件要素。按照这种观点，同样是成立交通肇事罪，在造成一人死亡的情况下，行为人至少要负主要责任才能构成犯罪；而在造成三人以上死亡的情况下，行为人只需负同等责任就构成犯罪了。换言之，在行为人同样是负同等责任的情况下，一人死亡的结果不能归责于行为人，而三人以上死亡的结果又可以归责于行为人，这显然是不合逻辑的。如果认为"责任"是构成要件要素的话，就需要回答以下两个问题。第一，构成要件要素需要被行为人认识到，而在交通肇事领域中，行为人对结果的发生都是持过失的态度，那么行为人如何认识到自己不当降低能力的行为对危害结果的作用大小呢？第二，按照《刑法》第133条的规定，交通肇事只要造成一人以上重伤就应当构成犯罪，没有附加任何限制条件，《解释》有权修改交通肇事罪的构成要件要素吗？

或许有人认为，交通肇事罪作为业务过失犯，可以在以上的构成要件要素之外附加其他条件。如前所述，交通肇事罪本质上与过失致人伤亡、过失导致财产损失（我国《刑法》并不处罚过失的财产犯罪）无异。但是作为特殊的过失犯罪，只能在行为主体、行为、结果等构成要件要素方面有特殊的要求，否则就改变了交通肇事罪的违法类型，成为新的犯罪。[1]

所以，我们可以得出如下结论："责任"不是交通肇事罪的构成要件要素，"责任"划分的前提是行为与结果之间存在因果关系。

（二）"责任"与责任要素

既然"责任"不是构成要件要素，那"责任"可能是交通肇事罪的责任要素吗？

责任要素是指，刑法规定成立犯罪所必需的，说明行为人对法益的保护持背反态度的，表明行为可谴责性的各种要素。[2]而《解释》中的"责任"是指，行为人不当降低自己能力的行为对危害结果的作用大小，即行为与结果之间的关联程度。"责任"划分依据是客观的，不随行为人主观意志所改变，没有表明行为人对法益保护的任何态度，所以"责任"不是责任要素。

或许有人认为，"责任"在一定程度上可以反映行为人的主观心态。"责任"程度越重，证明行为人主观对结果发生的疏忽或者自信的程度越高，表明行为人越应该被谴责。首先，客观的"责任"绝对不可能和责任要素画等号，最多也只是主观心态的判断资料。其次，"责任"程度的确有可能反映行

---

〔1〕 参见张明楷：《恶意透支型信用卡诈骗罪的客观处罚条件——《刑法》第196条第2款的理解与适用》，载《现代法学》2019年第2期。

〔2〕 参见张明楷：《刑法学》，法律出版社2016年版，第245~246页。

为人应该被谴责的程度，但是这最多也只能作为法官的量刑情节予以考虑，而绝不可能作为定罪情节影响犯罪的成立。

三、"责任"与客观处罚条件

既然"责任"既不是构成要件要素，也不是责任要素，我们就只能考虑《解释》对"责任"的要求是否是交通肇事罪的客观处罚条件。

通常情况下，行为人的行为成立犯罪时，就应当对行为人发动刑罚权，但在例外情况下，刑罚权的发动还需要满足刑法规定的其他外部事由，即客观处罚条件。[1]也就是说，在阶层犯罪论体系中，只有同时满足违法、有责和客观处罚条件，国家才能发动刑罚权。当客观处罚条件未被满足时，行为人的行为仍然具有应罚性，但是不具有可罚性，所以不能对其适用刑罚。

如果认为《解释》对"责任"的要求是客观处罚条件，那么它是如何影响刑罚权的发动呢？在交通肇事致三人以上死亡的情况下，只要行为违法且有责，无论行为人是负什么"责任"，都可以直接以交通肇事罪定罪处罚，也就是说，在这种情况下，不存在客观处罚条件；但是在交通肇事致人重伤、一至二人死亡、使公私财产遭受重大损失的情况下（以下简称"特殊情况"），除认定行为具有应罚性外，还需要满足行为人"负事故全部或者主要责任"这一客观处罚条件才会成立交通肇事罪。反过来说，在此种情况下，"负事故同等责任"是处罚阻却事由。那么，为什么刑法要在后一种情况下设立客观处罚条件呢？在回答这个问题之前，我们先要解决两个问题：（1）现代社会为什么要设立客观处罚条件；（2）"责任"划分的理论依据是什么。

（一）客观处罚条件的设立理由

通过考察客观处罚条件在可罚性要件中的地位，我们不难发现，客观处罚条件的判断位于责任之后，也就是说，客观处罚条件无须被责任涵盖，表现为责任主义原则的例外。那么，为什么刑法要创造这些例外，其存在的合理根据在哪里？

---

〔1〕 参见［日］大塚仁：《刑法概说（总论）》，冯军译，中国人民大学出版社2003年版，第313~314页。

"刑法例外的存在理由无法从例外出现以前的既存刑法原则中得到说明。"[1]事实上，刑法例外现象对刑法基本原则的突破，不可能是评价者在刑法基本原则或者规范体系内逻辑演绎的结果，而是现代刑法体系基于法益保护和人权保障机能，去适应不断变迁的现实需求自我调整的结果。客观处罚条件正是在现代刑法向功能主义刑法体系转型的背景下和风险社会公共政策的语境中应运而生的。[2]随着现代化的进程不断推进，人们除了要面对传统社会固有的风险外，还需要面对由现代科技带来的一些难以被感知的、整体的、不确定的现代风险。诚如德国社会学家乌尔里希·贝克所言，工业社会由其自身系统制造的危险而身不由己地突变为风险社会。[3]一方面，单纯的回顾性与报应性的惩罚难以适应风险社会的需求，刑法体系需要将刑事政策的预防目的纳入其中，以便更好地发挥刑法的机能；[4]另一方面，风险意识加剧了民众的不安感，刑法应当适应社会的变化，承担起控制风险的责任，将控制风险以安抚民众的公共政策一并纳入刑法体系的考量范围内。[5]

考察国外关于客观处罚条件的规定，我们不难发现，客观处罚条件的设立理由同样是以上两点：（1）基于刑事政策的考量，即不满足客观处罚条件的行为不具有预防的必要性；（2）基于公共政策的考量，即通过公共政策限制处罚范围。[6]例如《德国刑法典》第138条[7]规定，知情不举构成犯罪。但第139条第3款又规定，行为人对其亲属的犯罪行为虽未告发，如已真诚努力阻止犯罪的实施或者避免犯罪结果的发生，不负刑事责任。在这种情况下，行为人没有一般预防和特殊预防的必要性，所以也无须处罚；再如，《日

---

〔1〕　储槐植：《刑法例外规律及其他》，载《中外法学》1990年第1期。

〔2〕　参见梁根林：《责任主义原则及其例外——立足于客观处罚条件的考察》，载《清华法学》2009年第2期。

〔3〕　参见〔德〕乌尔里希·贝克：《世界风险社会》，吴英姿、孙淑敏译，南京大学出版社2004年版，第102页。

〔4〕　参见劳东燕：《刑事政策与功能主义的刑法体系》，载《中国法学》2020年第1期。

〔5〕　参见劳东燕：《公共政策与风险社会的刑法》，载《中国社会科学》2007年第3期。

〔6〕　参见张明楷：《恶意透支型信用卡诈骗罪的客观处罚条件——《刑法》第196条第2款的理解与适用》，载《现代法学》2019年第2期。

〔7〕　《德国刑法典》第138条第1项规定，对下列犯罪的计划或实施，在犯罪的实施或者犯罪结果仍可避免时，已确实知道而不向官署或者受威胁者告发的，处五年以下自由刑或罚金刑。

本刑法》第 197 条第 2 项〔1〕规定事前受贿罪构成犯罪，但是只有当行为人满足"事后成为公务员"这一客观处罚条件时，才能处罚。承认客观处罚条件这一概念的学者一般认为，客观处罚条件的规定无关违法性和有责性，只是基于公共政策的理由来限制处罚范围。〔2〕

（二）"责任"划分的理论依据

考察我国刑法分则的条文，除了交通肇事罪以外，没有哪一个犯罪的成立区分同等责任、主要责任、全部责任。那么，"责任"的划分的理论依据是什么呢？

不同学者给出了不同的答案。有学者认为"责任"的划分实际上引入了民法中过失相抵理论，也有学者认为"责任"的划分引入了犯罪学中被害人责任的概念，还有学者认为"责任"的划分引入了信赖原则。〔3〕但是在这些学者的论述中，"责任"的体系性地位不是客观处罚条件，甚至不是一个独立的要素，而只是因果关系的判断因素。对比"责任"和因果关系的定义，我们不难发现，它们的概念极为相似，都是依据事物之间的客观联系判断行为与结果之间的关联程度。但是如前所述，"责任"划分的前提是行为与结果之间存在因果关系，那么进一步划分"责任"的理论依据又在哪里呢？

现代社会，技术进步与风险增多相伴相生，人们在享受工业化带来的便利的同时，也面对着随之而来的风险，而且这类风险往往随着生产生活效率的提高而升高。在工业化风险日常化的现代社会，法律的目标不可能是消灭一切风险，而只能是控制不可欲的风险，并设法公平地分配风险。〔4〕而风险

---

〔1〕《日本刑法》第 197 条第 2 项规定，将要成为公务员的人，就其将来担任的职务，接受请托，收受、要求或者约定贿赂的，事后成为公务员的，处 5 年以下惩役。

〔2〕参见 [日] 西田典之：《刑法总论》，弘文堂 2010 年版，第 88 页；[日] 山口厚：《刑法总论》，有斐阁 2016 年版，第 204 页；[日] 井田良：《讲义刑法学·总论》，有斐阁 2008 年版，第 71 页，转引自张明楷：《恶意透支型信用卡诈骗罪的客观处罚条件——〈刑法〉第 196 条第 2 款的理解与适用》，载《现代法学》2019 年第 2 期。

〔3〕参见刘东根：《道路交通事故责任与交通肇事罪的构成》，载《中国人民公安大学学报（社会科学版）》2005 年第 2 期；童伟华：《交通过失基本犯构造论纲——以中日两国比较为视点》，载《法学论坛》2010 年第 3 期；王玉珏：《信赖原则在中日交通肇事罪中适用之比较》，载《法学》2002 年第 3 期。

〔4〕参见劳东燕：《公共政策与风险社会的刑法》，载《中国社会科学》2007 年第 3 期。

如何分配，很大程度上是由政策决定的。例如，在现代交通工具出现之初，机动车的出现大大增加了行人被撞伤的风险，为了控制这种新型风险，法律把风险全部分配给驾驶人，通过要求驾驶人谨慎地履行注意义务来控制风险；但是，随着机动车的普遍化，人们很快就认识到这种分配方式使得生产生活效率一直处于低水平，不利于社会发展，法律转而要求行人也需要承担部分风险，用以平衡社会发展与风险增多之间的不协调。

而如何分配风险，实质上是在探讨如何分配注意义务，因为注意义务通常是和风险是否允许的判断联系在一起。而注意义务违反又是刑法进行归责的前提。所以，立法者如何分配风险这一命题，通过注意义务这一纽带，最终直接影响着客观层面的归责。当某种风险是被允许的，就意味着行为人并未被科以相应的注意义务，也就是说，在此范围内的危害结果应当被容忍，行为人也无须为此结果负责；当某种风险是不被允许的，就意味着行为人应当谨慎地履行自己的注意义务，否则就可能承担由此造成的不利的刑法后果。[1]而具体到交通运输领域，是否归责、怎么归责取决于相关的法律法规，尤其是交通运输管理法规的规定，而这些规定也受着政策的影响。例如，在后车追尾的案件中，根据《道路交通安全法》第43条的规定，后车应当承担全部责任，除非前车也存在过错。这就意味着在行驶过程中，法律要求后车驾驶人应当时刻注意，以保证自己与前车之间的距离足以采取紧急制动措施。也就是说，立法者基于对各种因素的考量，最终决定将更多的风险和注意义务分配给了后车。所以，在交通运输领域，归责的判断不再是简单的自然意义上的引起与被引起的关系，而必定会受到评价者的主观认识与价值取向的影响，成为规范层面的价值判断。

如果行为和结果之间的客观关联程度可以用0~10之间的数值表示，0意味着行为和结果之间完全没有关系，而10意味着行为和结果之间存在必然关系。如果评价者认为，行为和结果之间的联系只有达到10才能被承认的话，在风险社会，这种因果关系几乎不可能被确认；如果评价者认为2或者3就足够承认行为和结果之间存在因果关系的话，那么在交通事故原本就频发的现代社会，会有更多的人因为交通肇事罪而受到刑法处罚，人人都不敢开车

---

[1] 参见劳东燕：《风险分配与刑法归责：因果关系理论的反思》，载《政法论坛》2010年第6期。

上路，这样的规定显然不利于社会高效有序地运行。[1]所以，评价者必定会在0～10之间恰当地选取一个数值，以确保既能处罚违反注意义务以致发生重大交通事故的行为人，又不"伤及无辜"，确保交通运输秩序与社会生活效率维持在良好水平。而《解释》中"责任"的区分，正是在评价者确认存在因果关系之后的细分。比如，评价者认为关联程度达到7的时候危害结果就应当归责于行为人，那么7～10之间就存在同等责任、主要责任、全部责任的划分。所以，"责任"划分的理论依据同因果关系的理论依据一样，本质上都是注意义务的分配，并且都受着政策的影响。

（三）客观处罚条件之理解

明确了客观处罚条件的存在理由和"责任"划分的理论依据后，我们再来分析，在特殊情况下，将"（行为人）负事故全部或者主要责任"理解为客观处罚条件有何意义。

首先，这样设置符合刑事政策的目的，可以达到预防犯罪的效果。实际上，当立法者将更多的风险分配给一方当事人时，就意味着该方当事人应当更加谨慎地履行的注意义务，以避免危害结果的发生。这已经达到了一般预防的目的，因为被分配更多风险的当事人知道，如果自己不履行注意义务，不仅不能从中得到好处，反而要承担人身财产损害的不利后果，甚至受到刑法处罚。而已经造成重大交通事故，却只负同等责任的行为人，虽然不用承担刑事责任，但是仍然需要接受行政处罚、承担民事责任。行为人不会因为这次的侥幸而继续疏忽大意或者盲目自信，反而会更加小心谨慎，避免危害结果再次发生，这也达到了特殊预防的目的。

其次，这样设置符合公共政策的目的，可以限制处罚范围。在行为人已经造成重大交通事故，却只负同等责任的情况下，民事赔偿责任和行政责任就足以惩罚行为人，让其不愿再犯，因此也就无须再发动刑罚权，体现了刑法的谦抑性。再者，随着我国机动车数量的增多和交通事业的迅猛发展，近年来全国重、特大交通事故的数量也是逐步攀升，如果不加限制地处罚所有行为人，一方面，不利于交通运输事业的发展；另一方面，扩大处罚范围、

---

[1]　参见黄荣坚：《基础刑法学》（上），中国人民大学出版社2009年版，第192页。

加重处罚程度也与我国在交通肇事领域减轻处罚、广泛适用缓刑的刑事政策不符。

结　语

目前，在我国司法实务中，对交通肇事罪的判断过于依赖交管部门认定的行政责任，失去了刑法判断的独立性，进而影响到刑法机能的实现。而学界对于"责任"的理解大多停于表面，没有对"责任"做出实质解释，以致对"责任"的理解产生了偏差。按照本文的观点，《解释》中的事故责任不是指行政责任，事故责任表明的是行为人违反注意义务的行为与结果之间的紧密程度。

《解释》中的事故责任不是交通肇事罪的构成要件要素和责任要素，其体系性地位应该是客观处罚条件。虽然事故责任与刑法中因果关系的含义极为相似，但是事故责任不是指因果关系，事故责任的划分需要以因果关系的存在为前提。事故责任在一定程度上能够反映行为人的主观心态，但是绝不等同于责任要素。在交通肇事致人重伤、一至二人死亡、使公私财产遭受重大损失的情况下，"负事故全部或者主要责任"是客观处罚条件。在这种情况下，将交通肇事罪中的事故责任理解为客观处罚条件有实质理由，符合刑事政策和公共政策的目的，可以达到预防犯罪和限制处罚范围的效果。

经济法视域下"蚂蚁集团 IPO 暂缓事件"分析

林语哲

摘　要： 随着不断与传统金融机构开展合作，蚂蚁集团对于当今中国金融体系的影响，已不亚于一家大型商业银行，蚂蚁集团的上市计划也纳入了议程表。然而，2020 年 11 月 3 日，基于产生不符合上市要求的"重大事项"的出现，监管层决定暂缓其上市，笔者将对于此"重大事项"进行宏观层面与微观层面分别的剖析，并对于监管层的监管原则与精神进行探究。此次暂缓上市事件，不同视角会得出不同的结论，从经济法的视角观之，笔者认为，应当强化宏观审慎管理，防范系统性金融风险，这也是监管层的核心使命。强化对于互联网金融领域的"功能监管"，对同类业务、同类主体一视同仁，金融活动全面纳入监管。从而稳定我国的金融秩序与市场经济秩序，为我国资本市场的繁荣奠定坚实的基础。

关键词： 蚂蚁集团；信贷业务；金融科技；功能监管；暂缓上市

一、互联网金融异军突起的时代背景

如今，传统的金融行业受到愈加严格的监管，而互联网金融科技企业基于其自身的先发优势，通常会利用其本身所拥有的用户群体基础，转换到其他赛道，形成"马太效应"的局面，获取数倍于传统行业的利润，互联网金融科技自然会成为资本的"宠儿"，并且在资本的加持之下掌握自身独特的盈利点，实现新金融的突破。

蚂蚁集团是当下中国最大的第三方支付平台，最大的线上消费信贷平台、最大的小微经营信贷平台、线上理财服务平台和线上保险服务平台。在金融牌照上，蚂蚁集团拥有银行、小额贷款、基金销售、基金、支付、期货、保险代理等金融领域的牌照[1]，并正在着手组建消费金融公司，并企图进一步抢占金融科技的创新高地。

随着不断与传统金融机构开展合作，蚂蚁集团对于中国金融体系的影响，已不亚于一家大型商业银行，因此，对于蚂蚁集团的上市，监管层抱有很大的希冀与关注，一方面是希望其起到资本市场上的标杆作用，另一方面是对于其上市合规的过程保持必要的关注。

二、蚂蚁集团暂缓上市的来龙去脉

笔者概览梳理了蚂蚁集团原本上市的计划历程：8 月 25 日，上海证券交易所（以下简称上交所）受理了蚂蚁集团 IPO 并在科创板上市的申请；随后，上交所对蚂蚁集团上市进行了两轮审核问询，并于 9 月 18 日召开 2020 年第 77 次上市委员会审议会议，同意蚂蚁集团发行上市；10 月 22 日，证监会作出同意蚂蚁集团首次公开发行股票注册的批复；10 月 24 日，蚂蚁集团实际控制人马云在第二届外滩金融峰会上"炮轰"中国金融及金融监管；11 月 2 日，中国人民银行、银保监会、证监会、国家外汇管理局四部门约谈蚂蚁集团实际控制人马云、董事长井贤栋、总经理胡晓明；11 月 3 日，上交所决定暂缓蚂蚁集团科创板上市，随后蚂蚁集团港交所上市也被宣布暂缓[2]。

关于蚂蚁集团暂缓上市的法律依据的具体条文可参见《上海证券交易所股票发行上市审核规则》第 60 条的规定[3]。

本文所要讨论的是，上交所关于上市条件所要求的"重大事项"，具体包括哪些内容？笔者认为，可以从经济法视域的宏观与微观层面分别对其进行分析。

---

[1] 段久惠：《蚂蚁集团上市重塑 A 股市场权重版图》，载《证券时报》2020 年 10 月 23 日，第 A01 版。

[2] 黎故乡：《"蚂蚁"暂缓上市，"打新"资金怎么办?》，载中国审计报 2020 年 11 月 9 日，第 007 版。

[3] 《上海证券交易所科创板股票发行上市审核规则（2020 年修订）》第 60 条第 1 款规定："中国证监会作出注册决定后至股票上市交易前，发生重大事项，可能导致发行人不符合发行条件、上市条件或者信息披露要求的，发行人应当暂停发行；已经发行的，暂缓上市。本所发现发行人存在上述情形的，有权要求发行人暂缓上市。"

分析之前，笔者先对此事件进行初步的定性：此次是监管层前所未有地对一家机构密集发声，看似针对蚂蚁集团，但其作为金融科技与金融创新的领军企业，监管的发声也强有力地指明了未来金融创新与监管的规则，进一步明确了金融科技行业的方向，可对后续的金融科技创新进行有序引导。

三、宏观层面解构本次事件中上市要求的"重大事项"

笔者将会在后文对于上交所规定的上市条件、信息披露中反映的"重大事项"进行宏观层面与微观层面的解构，其中宏观层面的解构将包含"系统性金融风险控制"、"注册制度建设与完善"、"反垄断规制"的角度，而微观层面的解构将包含近年来有关小额贷款机构所涉及的法律法规，以及这些法律法规对于蚂蚁集团产生的影响，以期由经济法视域对于本次事件进行较为深入的剖析。

（一）系统性金融风险的控制

首先，暂缓上市涉及对于系统性金融风险的控制。

暂缓上市，释放了监管层什么样的信号？这是否代表了未来关于互联网金融监管的一定趋势？笔者认为，此次暂缓最关键的是对于风险的控制，同时，代表的是国家执行制度的决心。暂缓并不等于停止，更不是取消，而是对于上市过程的一个有期限的中止。这昭示了我们资本市场制度的弹性，不矫枉过正，让有潜力的公司有机会改正可能的失误，既保护了市场的主体，也维护了规则、制度的尊严。当出现重大事项后，如果没有相关处理、相关解释、制定相关预案，一旦蚂蚁集团的商业模式需要做出调整，那么企业估值可能发生重大变化，引发的连锁反应便是股价可能出现较大幅度的波动。这不仅会直接影响投资者的利益，对企业的持续发展也会造成不小的冲击。

系统性金融风险的控制的目标在于维护投资者权益与稳定金融秩序。故监管层决定令其暂缓上市的另一个重要因素是为了更好维护金融消费者权益，维护投资者利益，保障资本市场的长期健康发展。当然，也是考虑到企业上市之后能够持续健康发展。应当将重大事项解决好之后再稳妥上市，这样对企业发展更加有利。提前将市场风险、监管风险控制、化解，如此将有助于提升我国互联网公司的透明度、公信力[1]。同时,也会增强我国资本市场投资者的信心。

此次事件中,监管层也提及了巴塞尔协议对于国家金融市场风险防范的重要作用。事实上,自从巴塞尔协议诞生以来,它一直对加强全球大型金融机构风险管控,以及防范全球金融市场系统性风险爆发,避免金融风险交叉传染升级,有着十分重要的"风向标"作用[2]。尤其是在当前全球疫情冲击导致世界经济萎靡不振的情况下,《巴塞尔协议Ⅲ》对银行内部风险管控的严格要求,让整个金融市场对银行经营不善引发破产的忧虑显著减少,这对全球金融市场稳定也有着举足轻重的价值。

(二)蚂蚁集团上市与注册制建设的联系

其次,暂缓上市事件中,另一个值得讨论的问题是蚂蚁集团上市与注册制的关联。注册制在 2019 年的科创板正式开启,而其所代表的信息披露制度也与过去的制度截然不同[3],其对待企业的态度与潜力评估自然也与曾经的核准制具有较大的差异。

注册制的核心之一是增强包容性,让更多具有潜力的新兴企业脱颖而出,但与此同时也必须始终强调运用市场化、法治化手段加强监管。因此,发行监管链条必须完整,否则极易发生"木桶效应",给众多投资者的合法权益带来损害。企业上市前,不仅是企业自身还是制度环境都处于动态变化之中,可能会发生影响发行的重大事项,因此相应的信息披露义务也就不可或缺,"会后事项制度"正是针对这些情况确立的机制。虽然蚂蚁集团一直在去金融化,转型数字科技,但是不可忽视的是其信贷版块在其主营业务的绝对占比和极高的杠杆率,这些客观存在一直被监管部门和资本市场所重点关注。

蚂蚁集团实际控制人及董事长、总经理被有关部门联合进行监管约谈,表明其所处金融科技监管环境亦在发生变化。暂缓上市,正是这一系列情况

---

[1] 胡光志、周强:《论我国互联网金融创新中的消费者权益保护》,载《法学评论》2014年第 6 期。

[2] 宋士云、宋博:《三个版本的〈巴塞尔协议〉与中国银行业监管》,载《理论学刊》2019 年第 1 期。

[3] 张萍:《我国科创板注册制改革下信息披露制度研究》,载《海南金融》2019 年第 5 期。

触发了"会后事项制度"的结果，这也是注册制度体系应对新情形、实现良性运转的一个体现。透过此事件的表象看本质，也可以发现此次监管充分体现了保护投资者利益、维护资本市场长期健康发展的思路。总而言之，暂缓上市有助于给市场情绪降温，避免先前估值过高而哄抬股价，最终使投资者利益受损，这也是"去泡沫"的一个过程。

（三）蚂蚁集团在平台经济中存在的垄断现象

本事件中，蚂蚁集团的另一大不可忽视的风险是垄断，这也是监管层所关注与警觉的，这一类风险的存在也让监管层下定决心暂缓蚂蚁集团上市。所谓垄断，是指市场上的经营者为了谋取更大的利益而采取措施排除竞争和限制竞争的行为。蚂蚁集团在上市的过程中，监管予以规制的原因也正是在于价格市场上存在的"信息不对称"。蚂蚁集团作为上市主体，其企业内部人掌握了投资者所不具有的关于交易方面的信息，形成信息优势，而正因如此，后续的不正当行为便有可能衍生，且蚂蚁集团体量庞大，触角遍及社会的众多领域，在某些领域更是一家独大的存在，由此便引发了监管层的担忧。

蚂蚁集团在此次暂缓上市过程中被监管层认定涉及"垄断和不公平竞争"。首先，大型互联网企业凭借技术上的优势掌握大量用户数据，辅之以互联网科技的综合应用，很容易形成市场主导地位。大型互联网企业从事金融业务不但使其原有业务市场主导地位得以巩固，更使其新开辟的金融业务领域更容易获得数据、信息和客户资源，从而获得传统行业难以比拟的竞争优势。[1]

其次，上述竞争优势可使得大型互联网企业在资源配置中集中权力，并逐渐强化为市场垄断。大型互联网企业可通过大量注资的方式，从抢流量、抢客户入手，实现占领市场的目的，利用直接补贴或交叉补贴[2]，先使自己成为局部行业胜出者，再通过并购、收购等商业手段兼并其他规模较小、实力较弱的竞争者，最终造成"赢者通吃"、"马太效应"的竞争局面。

更进一步的是，大型互联网企业还可能导致"维护市场公平竞争"的传统措施失效。过去应对市场过度集中的有效做法是放松市场准入，但现在一

---

〔1〕 熊鸿儒：《理性看待互联网平台垄断》，载《经济日报》2019年6月24日，第12版。

〔2〕《平台企业滥用垄断地位亟待监管整治》，载《第一财经日报》2020年11月12日，第A02版。

旦放松某一领域的准入门槛，允许大型互联网企业进入，他们就会利用先发优势迅速抢占市场，挤垮竞争对手。

基于上述的分析，关于金融科技行业的反垄断规制，笔者得出以下结论：应当防止金融科技诱导过度金融消费，防止金融科技成为规避监管、非法套利的手段[1]，防止金融科技一家独大，获取"赢者通吃"的垄断地位。

更为具体来说，这里的垄断有两点值得深究：一是特许经营权，一些领域的经营权在众多平台经济中唯其独有；二是对私有数据的垄断[2]，蚂蚁最大的优势是大数据，但是大数据中的个人数据的所有权并不属于蚂蚁集团，它实际上应是 10 亿用户的私人资产。蚂蚁集团无偿地利用私人数据获得金融优势，有可能引发数据市场扭曲。如图 1 所示，蚂蚁集团最大的收入来源确实是借贷业务，占其总收入的 39.41%。蚂蚁集团主要收取的是借贷产生的技术服务费，其费用也是源于银行的利息分成。

理性与历史告诉我们，任何社会存在，皆需要秩序，市场作为社会存在的一种，自然也需要秩序，而监管就是秩序的维护者。任何企图打破秩序的市场主体，包括蚂蚁集团，都将会在监管的规制下成为"秩序"的一员。

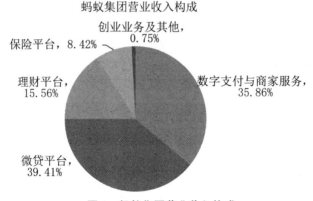

图 1　蚂蚁集团营业收入构成

资料来源：蚂蚁集团《招股说明书》。

---

〔1〕　邹卫国：《如何理解"金融科技监管环境发生变化"》，载《经济观察报》2020 年 11 月 9 日，第 8 版。

〔2〕　袁昊：《新兴权利视域下互联网平台数据垄断的法律规制》，载《西北民族大学学报（哲学社会科学版）》2020 年第 5 期。

四、微观层面解构本次事件中上市要求的"重大事项"

以上是从宏观的"系统性金融风险控制"、"注册制度建设与完善"、"反垄断规制"的角度探究暂缓上市的原因；而若从微观层面来论及蚂蚁集团上市暂缓，则不得不提及近年来有关小额贷款机构所涉及的法律法规，其中又以近期中国银保监会会同中国人民银行发布的《网络小额贷款业务管理暂行办法（征求意见稿）》（以下简称《办法》）最为关键，本《办法》将作为笔者的重点内容分析。

在蚂蚁集团上市前夕，11 月 2 日，中国银保监会会同中国人民银行发布了《办法》，此《办法》对蚂蚁的业务进行了严格的规制[1]。

信贷业务，是各金融科技巨头的流量变现的重要手段之一。本次《办法》的出台，对全国不到 250 家网络小贷公司造成了巨大的影响，甚至给网络贷款市场带来了不小的撼动[2]。

在监管体制方面，本次《办法》明确了网络小贷的管理框架。将跨省开展业务的网络小贷机构的监管职责从地方监督管理部门上升至国务院银行业监督管理机构，更加符合"管理权限"与"业务实质"相匹配的监管原则，即地方监管的网络小贷公司仅在地方开展业务，全国性的网络小贷公司由银保监会和中国人民银行监管，把管理权限进行统一安排，进而使得网络小贷公司长期的监管套利将成为历史。

后文笔者将重点分析，上述管理办法如果出台，对蚂蚁集团产生的具体影响：

（一）注册地的规制与监管区域划定

第一，是关于注册地的规制。《办法》开篇第 2 条第 2 款规定："小额贷款公司经营网络小额贷款业务应当主要在注册地所属省级行政区域内开展；未经国务院银行业监督管理机构批准，小额贷款公司不得跨省级行政区域开

---

〔1〕 赵鑫：《防范金融风险 为网络小额贷款戴上"紧箍咒"》，载《深圳特区报》2020 年 11 月 10 日，第 B01 版。

〔2〕 杨帆：《指明网络小贷供给侧改革之路》，载《中国银行保险报》2020 年 11 月 11 日，第 005 版。

展网络小额贷款业务。"

第 4 条第 3 款规定:"对极个别小额贷款公司需要跨省级行政区域开展网络小额贷款业务的,由国务院银行业监督管理机构负责审查批准、监督管理和风险处置。"

按照规定,蚂蚁集团如需跨省级行政区域开展网络小额贷款业务,则需由国务院银行业监督管理机构负责审查批准、监督管理和风险处置,且办法明确跨省级行政区域开展网络小额贷款业务的为"极个别"小额贷款公司。因此,蚂蚁集团是否能顺利取得跨省级网络小贷的经营资质影响到其业务结构的调整。根据蚂蚁集团《招股意向书》,支付宝 APP 服务超过 10 亿用户和超过 8000 万商家,依托支付宝 APP 的花呗、借呗,必然会涉及跨省经营甚至跨境经营,根据上述规定,必须要取得国务院银行业监督管理机构批准。

《办法》第 9 条第 1 款第 3 项规定:"(3)互联网平台运营主体的注册地与该小额贷款公司的注册地在同一省、自治区、直辖市行政区域内。"

综合《办法》规定与蚂蚁集团《招股意向书》的内容,可得知微贷科技平台的运营主体主要是重庆市蚂蚁商诚小额贷款有限公司和重庆市蚂蚁小微小额贷款有限公司,两家公司的注册地均在重庆市。而运营支付宝 APP 的支付宝(杭州)信息技术有限公司的注册地在杭州市。[1] 蚂蚁集团旗下网络小贷公司注册地与互联网平台公司的注册地不在同一省,根据规定的要求,未来需要变更注册地来满足监管要求。

开展网络小贷业务需要投入大量的研发、技术、时间和试错成本,而网络小贷的优势就是通过大量的客户群和业务量将前期的成本投入不断摊薄,进而形成利润空间。如果小额贷款公司的网络小贷业务只能在注册地开展,机构就需要重新考虑收益和成本之间的平衡问题,即本地网络小贷的业务规模与营收能力是否能够支撑起人工成本与技术迭代升级的庞大支出,如果二者使得其不再盈利,那么这些网络小贷公司将会逐渐退出。

而在 3 年过渡期内未取得批准之前,只能将经营规模控制在存量规模之内,不能再度扩张。这对追求规模扩张的上市公司将产生不利影响。而且,根据规定第四条中"极个别"的表述,蚂蚁集团能否取得跨省经营资质,尚

---

〔1〕 戴辰:《杭州市互联网金融产业集聚影响因素研究》,北京交通大学 2017 年硕士学位论文。

且不确定。如蚂蚁集团最终未获得跨省经营资质，其只能将其运营公司拆分设立到各个省，原本的统一运营实体被分割，由各省公司在各自区域内部运营，各地的资源也不再像之前那般统一调配，而是各自为政，难以再度统筹运行，因此这将会极大增加运营成本。

对于蚂蚁小贷而言，这是"严监管"的元年，这昭告着它从此将被正式纳入银保监会的监管框架。银保监会的非现场监管报表。杠杆比例、资本管控、现场检查和相关处罚等，也将紧随而至。

笔者推测，蚂蚁集团的消费信贷业务区域将可能进一步向重庆集中，因为其两家小贷公司和新获批筹建的消费金融公司均注册在重庆。

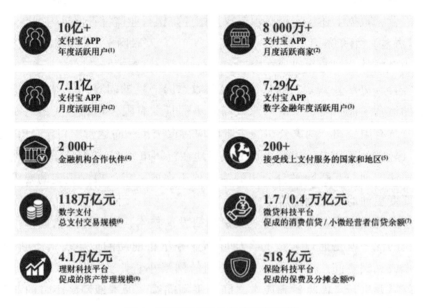

图2　蚂蚁集团的业务来源与规模

资料来源：蚂蚁集团《招股说明书》。

（二）联合贷款方面的规制降低蚂蚁集团杠杆率

第二，是有关联合贷款方面的规制。有关联合贷款方面的规定，将直接降低蚂蚁集团网络小贷公司的杠杆率。

根据披露的信息，蚂蚁集团自营放贷主体为"重庆市蚂蚁小微小额贷款有限公司"和"重庆市蚂蚁商诚小额贷款有限公司",注册资本分别为 120 亿元和 40 亿元[1]。截至 2020 年 6 月底,前述 2 家公司发放贷款和贷款余额合计为 362 亿元,而蚂蚁集团目前共计信贷金额 21 540 亿元,这说明蚂蚁集团大部分的资金均来自合作银行和资产证券化。(见表 1)

表 1 蚂蚁集团子公司:重庆的两家小贷公司

子公司名称	主要经营地/注册地	业务性质	表决权比例
支付宝(中国)网络技术有限公司	中国	属于发行人的数字支付与商家服务板块,主要向商家和消费者提供数字支付及相关业务	100%
重庆市蚂蚁商诚小额贷款有限公司	中国	属于发行人的数字金融科技平台板块中的微贷科技平台,主要开展小额贷款及相关技术服务	100%
重庆市蚂蚁小微小额贷款有限公司	中国	属于发行人的数字金融科技平台板块中的微贷科技平台,主要开展小额贷款及相关技术服务	100%

何为联合贷款?究其本质,是由两家或数家银行一起对某一项目或企业提供贷款,一般只有一家银行担任代理行,负责同其他银行的联系,并对贷款进行管理。联合贷款,可以作为助贷模式的一种,简单来说,就是两家持牌机构,共同出资、共同承担风险和共同分享收益。[2]

实际上,蚂蚁集团平台促成的信贷金额中,由金融机构合作伙伴进行实际放款或"已证券化"的比例合计约为 98%,由蚂蚁集团子公司直接提供信贷服务的表内贷款占比约为 2%。这意味着,蚂蚁集团仅仅使用 2%的自有资金,就可以撬动数十倍的资金杠杆,并在信贷业务中牟取利差,并将这部分利益囊括为己有,这种包裹着科技外衣的所谓"金融创新",实际上将对于我国的金融市场造成不利的影响,尤其是当这些信贷资金都流向众多没有一定

---

[1] 于秀娟:《蚂蚁花呗资产证券化案例研究》,云南财经大学 2019 年硕士学位论文。

[2] 顾雷:《商业银行互联网贷款迎新规》,载《金融博览》2020 年第 11 期。

偿还能力的"长尾人群"而不是流向真正迫切需要资金的实体经济之时，那么在金融市场上造成的连锁反应就有可能重蹈美国次贷危机的覆辙。以史为鉴，这种情形不能不引发监管层的重视与警醒。

因此，监管层针对此方面进行了纠偏，根据《办法》第 15 条的规定，网络小额贷款公司开展联合贷款业务，在单笔联合贷款中，网络小额贷款公司的出资比例不得低于 30%。按照原先 2% 的比例，21 537 亿元的消费信贷规模只需要蚂蚁集团自身主体放贷 431 亿元即可，但是在 30% 的要求下，消费信贷规模仅能做到 1437 亿元，可见本《办法》的出台将导致其撬动资金的能力大幅下降。

"杠杆率"是指资产负债表中总资产与权益资本的比率，杠杆率是衡量公司负债风险的指标，在另一个方面反映出公司的还款能力。杠杆有利有弊，当企业盈利时，增加杠杆能扩大盈利，但是加得过多，风险自然就会上升。因此高杠杆带来收益的同时也放大了风险。[1]

基于上述杠杆率的描述，可以预见的是，未来蚂蚁集团开展业务必然要投入更多资金，用更多的自有资金来出借才能满足监管要求。在监管部门的高杠杆约束下，蚂蚁集团后续消费信贷业务的规模空间势必会被大幅压缩，而其在消费信贷的投放利率也会相应下降[2]。如蚂蚁集团联合贷款部分的杠杆率降低，则其总信贷金额很可能会随之大幅下降，这对蚂蚁集团的主营收入额也可能产生重大不利影响，资本的补充压力会比较大。可见，监管对于联合贷款方面的调整，使蚂蚁集团正在从事的"表外高杠杆业务"正在受到显著限制。

(三) 蚂蚁集团对外融资规模的限制

第三，是对于蚂蚁集团对外融资规模的限制。具体来说，体现为对外融资规模挂钩"净资产规模"，间接增大蚂蚁微贷科技平台融资成本。

《办法》第 12 条第 1 款规定："经营网络小额贷款业务的小额贷款公司通

---

〔1〕 孙海涛：《企业杠杆率、宏观因素与企业的风险承担问题研究》，浙江财经大学 2015 年硕士学位论文。

〔2〕 赵立文：《我国金融、企业和政府部门的杠杆率及其风险问题研究》，吉林大学 2018 年博士学位论文。

过银行借款、股东借款等非标准化融资形式融入资金的余额不得超过其净资产的1倍;通过发行债券、资产证券化产品等标准化债权类资产形式融入资金的余额不得超过其净资产的4倍。"

该规定将网络小贷公司"对外举债规模"与"公司自身净资产规模"挂钩,限制蚂蚁集团微贷科技平台举债规模,增加对外举债的成本。所以,实际上按照这种规制条款,如果后续平台要向银行借款200亿元,必须要有200亿元净资产规模,否则将无法完成借贷。

根据蚂蚁集团《招股意向书》,重庆市蚂蚁商诚小额贷款有限公司2020年6月30日的净资产规模约为182亿元,重庆市蚂蚁小微小额贷款有限公司约为176亿元。如果《办法》正式出台,这两家公司向银行举债的额度分别限制在182亿元和176亿元以内,这是不利于扩张发展规模的。贷款金额的上限规定,将导致蚂蚁集团的小贷公司的部分客户流失,小贷平台的业务也可能会受到一定的冲击。

将蚂蚁集团对外融资的规模进行限制,根据网络信贷的特质,可以有针对性地得出如下结论:第一,防止几个网络小贷联合贷款做大单笔贷款规模,从而确保网络小贷的"小额""分散";第二,防止网络小贷将大量信贷资产风险转嫁给银行、消费金融公司等金融机构合作方,从而实现对网络小贷的有效约束,稳定这一系列金融市场上的锁链。

值得关注的是,2020年9月7日发布的《中国银保监会办公厅关于加强小额贷款公司监督管理的通知》,已明确提出与《办法》相同的对外融资限制性条件,《办法》的本项规定,可以视为对于此前基本精神的重申与强调,从中笔者亦可体会到监管层监管精神的持续性与稳定性。

(四)蚂蚁集团控股数量的限制

第四,是关于蚂蚁集团控股数量的限制。《办法》中要求只能控股1家跨省经营公司的限制,将导致蚂蚁旗下2家小贷公司必须合并。

《办法》第20条规定,同一投资人及其关联方、一致行动人作为主要股东控股跨省经营网络小额贷款公司的数量不得超过1家。其中的"一致行动人",表示的是投资者通过协议、其他安排,与其他投资者共同扩大其所能够支配的一个上市公司股份表决权数量的行为或者事实的人〔1〕。

根据蚂蚁集团《招股意向书》，微贷科技平台的运营主体主要是"重庆市蚂蚁商诚小额贷款有限公司"和"重庆市蚂蚁小微小额贷款有限公司"，这两家公司均为蚂蚁集团 100%持股的公司。新规出台后，将导致蚂蚁集团不得不将两家公司合并为一家。

如果《办法》正式出台，蚂蚁集团将需要花费较多的时间与精力来进行整改，以满足监管要求。而这一系列的影响，也将可能会削弱蚂蚁集团的增长速度和动力。

（五）总结蚂蚁集团业务前景

整体上，《办法》明确了网络小贷公司的经营范围、控股数量、杠杆率、联合贷款规模、对外融资规模等，将直接影响蚂蚁集团的"花呗"、"借呗"，进而影响目前占据重要部分的"微贷业务"。由此观之，相应的金融风险也会被控制在一定限度内，蚂蚁集团的相关业务也从此得到了限制与实质严格监管。这也将有助于我国金融系统的平稳运行。

基于上述分析，《办法》如顺利出台，则蚂蚁集团的业务结构、财务状况、经营成果、展业能力和发展前景将可能产生较大的不利影响，对于蚂蚁集团本身是盈利点方面需要克服的挑战，而对于社会整体和广大投资者来说却是真切的权益维护与保障。

五、金融科技行业的"功能监管"精神

本次暂缓上市事件，体现了监管层对于金融科技行业的"功能监管"的态度。而《办法》的出台，也深刻表明监管机构将金融科技纳入严监管的决心与态度，相信未来会有更多文件贯彻国务院金融稳定发展委员会的精神——"对同类业务、同类主体一视同仁，金融活动全面纳入监管"〔2〕。

功能监管的精神主要包含的实质部分是什么？国务院金融稳定发展委员

---

〔1〕 袁钰菲：《上市公司股东之间一致行动关系认定的法律问题研究》，载《证券法苑》2017 年第 1 期。

〔2〕《一视同仁对待金融活动防监管套利》，载《第一财经日报》2020 年 11 月 3 日，第 A02 版。

会对此的回应是：对同类业务、同类主体一视同仁，这是功能监管的灵魂，也是国务院金融稳定发展委员会核心的使命之一。因为国内机构监管的现状导致不同金融牌照做同类业务时，面临的监管要求不同，金融监管套利便有了潜滋暗长的根基。而从"机构监管"向"功能监管"过渡，则是监管对当下金融创新蓬勃发展做出的规制新调整。机构监管在互联网金融面前显得捉襟见肘，功能监管强调跨产品、跨机构、跨行业的监管，使得监管机构不只局限于各自监管行业内部风险，还能够关注到同一金融机构或金融集团从事不同业务的整体风险[1]，有效避免"监管真空"与"重复监管"。这将会是今后金融科技行业监管的基本原则。

那么，中国的金融行业与科技行业当下的时局处于什么状况？明晰当下金融科技的局面，对于我们充分认识金融科技创新会有更好的借鉴作用。2020 年 10 月 31 日，国务院金融稳定发展委员会召开专题会议，从这场会议中我们可以充分体会到当下金融科技监管的态度。会议指出，当前金融科技与金融创新快速发展，必须处理好金融发展、稳定和安全的关系。既要鼓励创新、弘扬企业家精神，也要加强监管，依法将金融活动全面纳入监管，有效防范风险。这预示着金融科技与金融创新同样需要纳入监管，而且需要具有与传统金融行业略有不同的监管思路，强化"功能监管"，以避免潜在的系统性金融风险隐患的发生。[2]

互联网金融虽然是互联网新业态，但归根结底还是"金融"，而金融的本质是对风险的精准把控[3]，如果一味追求发展和速度，没有法律的指引，无视监管的桎梏，只会导致市场上盲目投机行为的增多，肆意投机横行，金融投资市场变为"赌场"，最终将会使得系统性危机的爆发不可避免。

六、宏观视角与微观视角下的未来金融科技监管方向展望

此次暂缓上市事件，不同视角将会得出不同的结论，从经济法的视角观之，笔者认为，应当强化宏观审慎管理，防范系统性金融风险，这也是监管

---

[1] 廖凡：《金融市场：机构监管？功能监管？》，载《金融市场研究》2012 年第 1 期。

[2] 《国务院金融稳定发展委员会召开专题会议》，载《中国信用卡》2020 年第 11 期。

[3] 杨东：《互联网金融的法律规制——基于信息工具的视角》，载《中国社会科学》2015 年第 4 期。

层的核心使命。科技巨头进入到金融科技领域并发展成为"大而不能倒"的系统重要性互联网企业巨头，最先应明确其金融企业属性，抓住"主要矛盾"，强调其主要特质，并且应将其径直纳入金融控股公司监管结构[1]。

根据与本文类似的分析框架，可以建立一套适用于监管大型互联网企业巨头的微观上和宏观上的审慎监管指标体系，在与当前对"系统重要性金融机构"的相应审慎监管标准总体一致的前提下，强化对大型互联网企业巨头的技术安全、反垄断、融资杠杆、信息披露、注册地点、联合贷款限度等其他附加监管要求，根据宏观与微观层面监管的基本原则，对于互联网金融进行规制。对于金融业务经营收入超过一定比例的，对其所有的金融业务进行严格的穿透式监管，从而稳定我国的金融秩序与市场经济秩序，为我国资本市场的繁荣奠定坚实的基础。

---

[1] 许多奇：《互联网金融风险的社会特性与监管创新》，载《法学研究》2018 年第 5 期。

可撤销公司决议的裁量驳回标准研究

李　伦

摘　要：我国现行公司法区分决议瑕疵程度不同分别规定可撤销和无效两种模式，而针对程序瑕疵案件，部分实务判例和司法解释认为如果决议仅有轻微瑕疵，且对决议未产生实质影响的，法院应该驳回股东所提起的决议撤销之诉，学理上称此为裁量驳回制度。但实务界和理论界对如何进行裁量驳回都没有明确的标准，本文以权衡决议撤销制度和裁量驳回制度的制度价值为出发点，分析了针对裁量驳回问题的现有理论——因果关系理论、假设交易模型理论、裁量驳回否定说、相关性理论，并在参考了前述理论的基础上提出了一个更加清楚的裁量驳回判断标准，最后用具体的程序瑕疵展示了本文理论的适用。

关键词：决议撤销之诉；裁量驳回；轻微瑕疵；利益衡量

绪　论

《公司法》第22条中规定了公司决议的撤销制度："股东会或者股东大会、董事会的会议召集程序、表决方式违反法律、行政法规或者公司章程，或者决议内容违反公司章程的，股东可以自决议作出之日起六十日内，请求人民法院撤销。"对于程序瑕疵，法条只是笼统地说违反法律、行政法规或者公司章程的就可以撤销，没有程度上的区分，是一个较为硬性的规定，而司法实践中有法官考虑到了某些瑕疵十分轻微，不应该因为如此轻微的瑕疵就撤销公司决议，于是没有支持相应的撤销诉讼。如会议通知未在公司章程规定的时间内发出，但法院认为股东持股较少（1.12%）不足以影响决议结果，认定程序瑕疵显著轻微，决议有效。[1] 又如，股东会未在《公司法》规定的期限内发出会议通知，但法院认为股东仍有充分时间准备且股东实际行使了表决权时，认定程序瑕疵轻微，决议有效。[2] 2017 年，《最高人民法院关于适用〈中华人民共和国公司法〉若干问题的规定（四）》（以下简称《公司法解释四》）颁布，其中第 4 条对此问题进行了规定："股东请求撤销股东会或者股东大会、董事会决议，符合民法典第 85 条、公司法第 22 条第 2 款规定的，人民法院应当予以支持，但会议召集程序或者表决方式仅有轻微瑕疵，且对决议未产生实质影响的，人民法院不予支持。"该司法解释正式规定了裁量驳回制度，但此规定依然不够细致：如何认定"轻微瑕疵"与"产生了实质性影响"？裁量驳回的标准如何确定？这些问题并不像法条中所规定的那样清楚明了，理论上与实践中都没有明确、统一的标准，这给法官处理这些案件带来了阻碍。

本文首先从决议撤销制度与裁量驳回制度的关系开始展开，之后讨论针对裁量驳回标准现有观点的不足，并提出本文所认为的更加合理的判断标准，最后结合实践中的撤销事由，展示本文所提出标准的具体适用。

一、决议撤销与裁量驳回的制度价值

公司决议，包括股份公司的股东大会决议与董事会决议，以及有限公司的股东会决议与董事会决议。正如李建伟教授所说：虽然股东大会决议和董事会决议在表决机制和方法上有所不同，但基本原理相通。股份公司的股东大会决议与有限公司的股东会决议的效力瑕疵也并无区别，但在现代公司

---

〔1〕 参见福建省高级人民法院（2017）闽民申 40 号民事裁定书。转引自南玉梅：《公司瑕疵决议诉讼中裁量驳回规则的建构与适用——兼评法释〔2017〕16 号第 4 条》，载《法学评论》2018 年第 6 期。

〔2〕 参见上海市第一中级人民法院（2015）沪一中民四（商）终字第 1160 号民事判决书；上海市第一中级人民法院（2015）沪一中民四（商）终字第 510 号民事判决书；上海市第二中级人民法院（2016）沪 02 民终 940 号民事判决书；广东省广州市中级人民法院（2017）粤 01 民终 16215 号民事判决书；江苏省徐州市中级人民法院（2017）苏 03 民终 1615 号民事判决书；山东省淄博市中级人民法院（2013）淄商终字第 424 号民事判决书。转引自南玉梅：《公司瑕疵决议诉讼中裁量驳回规则的建构与适用——兼评法释〔2017〕16 号第 4 条》，载《法学评论》2018 年第 6 期。

"两权"分离与"资本多数决"的背景下，研究股份公司的股东大会决议的瑕疵及其救济更有典型意义。[1]所以本文主要研究的是股东大会的决议裁量驳回制度，希望对此问题的尝试厘清，也能为其他公司决议有着参考与启发意义。

股东大会决议是"资本多数决"规则的产物，作为一项单一团体的意思，其本质是资本多数出资者的意思决定。股东大会决议的作成在于程序（包括股东大会的召集和决议方法）以及内容两个方面，只有股东大会决议程序和内容均合法、公正，才能不至于损害少数派股东和公司的利益。相反，如果决议程序或内容上有瑕疵，就不能认为是正当的团体意思，应对其效力作否定性的评价。这就是所谓股东大会决议瑕疵制度。[2]而从效力瑕疵上来划分，公司决议可以分为不成立的决议、可撤销的决议和无效的决议（三分法），或者仅分为无效的决议和可撤销的决议（二分法）。本文不去讨论两种分类的合理性，但无论是哪种划分方式，都肯定了决议撤销制度与决议无效制度的合理性。

决议可撤销与决议无效之根本区别，在于二者的价值理念和法律精神不同。相对来说，决议的无效是由法律对决议作出直接的否定性评价，与当事人的意志无关，其侧重于保护法的安定性以及交易安全；而决议的撤销是因为决议中存在不公正的因素，法律给予受到不公平对待方相应的救济措施，其着眼点在于保护受到不公平对待方的利益，法律将是否否定该决议效力的权利赋予受到不公平对待方，而不是主动干预其效力，其更侧重于效率，其更多体现了公司法的私法本质。[3]可以看出，决议撤销制度的价值，一方面是为了保护受到不公平对待的一方，另一方面也来源于对效率的追求。公司作为商事领域的重要主体，其在行为时，以利益、效率为重，故决议中一些不公正因素，当其未达到使决议"无效"之程度，如果当事人不主动提出来，法院应当选择忽略，尊重公司的意思。

决议撤销制度两方面的价值，似乎表明此时对效率的追求和对公平的追求存在一定的冲突：程序的意义之一就是为了保证公平，所以在程序出现瑕

---

〔1〕李建伟：《公司决议效力瑕疵类型及其救济体系再构建——以股东大会决议可撤销为中心》，载《商事法论集》2008 年第 2 期。

〔2〕钱玉林：《股东大会决议瑕疵的救济》，载《现代法学》2005 年第 3 期。

〔3〕李建伟：《公司决议效力瑕疵类型及其救济体系再构建——以股东大会决议可撤销为中心》，载《商事法论集》2008 年第 2 期。

疵时，往往也意味着公平没有得到很好的保障，这时我们给予了遭受不公平的一方撤销决议的权利；[1] 但问题是，程序的瑕疵不一定对实质的结果有着必然的影响，特别是当程序瑕疵非常轻微时，不加区分地赋予相应主体撤销决议的瑕疵，可能会影响公司的正常运行，这并不是一个经济的做法，所以此时出现了裁量驳回制度——法院并不会不加区分地支持每一个撤销决议的诉请。裁量驳回的标准的确定，目的就是平衡这两个制度的价值冲突，一方面，我们需要利用正规程序保证每一个股东尤其是中小股东的权利，他们因为持股比例相对较少，在公司中话语权较弱，很容易在公司决议时遭到忽略，此时规范的程序能让股东们的合法权利得到保证；另一方面，我们不能不假思索地过分地以程序为重，也需要考虑决议的价值，公司作出决议本身就是需要成本的，在商事领域，决议的时效性有着重大的价值，决议形成后的 60 日内公司可能基于此决议从事了很多商事活动、建立了相应的法律、利益关系，而决议一旦被撤销，公司不仅需要按照正常程序重新作出决议，而且很可能丢失了商机，公司自己和交易相对人的信赖利益都可能受到损害。我们既需要尊重程序的价值，也需要关注决议的成本，所以作为均衡这两方面价值的裁量驳回制度，其需要回答的问题是：如何判断决议撤销之诉应该被支持还是应该被驳回？如何认定"轻微瑕疵"和"产生了实质性影响"？理论上对于这些问题的回答，有因果关系理论、假设交易模型理论、裁量驳回否定说和相关性理论，然而在本文看来，前三者有着较大的缺陷，相关性理论则相对较好地回答了上述问题。本文接下来将会具体介绍与分析这三种理论，并尝试给出相应的完善与补充。

二、现有理论解决裁量驳回问题的不足

（一）因果关系理论及其缺陷

因果关系理论认为，如果某个召集程序或者表决方式存在瑕疵，但如果没有该程序瑕疵不会导致不同的决议结果，即此时该程序瑕疵与决议结果之

---

[1] 本文之所以特别强调程序瑕疵而不是内容瑕疵，是考量了《公司法》第 22 条以及《公司法解释四》第 4 条的表述差异："决议内容违反公司章程的"属于可撤销事由，但不能作为裁量驳回的依据，即仅仅只有程序上的瑕疵才能适用裁量驳回制度、内容瑕疵则不行。

间没有因果关系，法院就可以驳回该决议撤销之诉。因果关系理论表面上很符合人们对《公司法解释四》第4条中"对决议未产生实质影响的"的理解，即如果在有此瑕疵和没有此瑕疵的两种情况下，最后的决议结果都一样，那为什么法院还需要支持撤销该决议的诉讼呢？

因果关系理论曾长期主宰德国学术界和司法界，是早期的主流观点。[1]在我国，也有很多学者支持通过这种因果关系判断来分析是否应该进行驳回的理论。[2]但这种观点在德国逐渐遭到了批判，本文也认为这种观点是不可取的，原因是用因果关系进行判断可能会使股东大会的程序性规定被架空而处于多数股东的任意支配之下。虽然该理论在个案衡量中的确有着一定的正当性，即如果某瑕疵不足以影响决议结果的话，那么法官就应该忽略该瑕疵，让这个无论如何也会通过的决议继续实施下去，保证决议内外部的稳定性，维护依此决议可能产生的信赖利益，但是局部最优解并不一定是整体最优解，尽管在个案衡量中实现了利益最大化，但这种衡量中所传递出的信息是：只要是影响不到决议结果的小瑕疵，公司今后就可以不用在意，可以不按照正常的程序进行，比如开会作出决议时，只通知几个控股股东，利用"资本多数决"的制度进行决议，而直接架空小股东相应的参与权利，毕竟小股东所持股份有限，无法改变决议结果，那么其提起诉讼也完全不会被支持。综上所述，表面上合理的因果关系理论易使公司程序性规定被架空，不利于保护中小股东的利益。

（二）假设交易模型理论及其缺陷

假设交易模型理论认为要让法官来考虑如果交易者拥有完整的信息，不会面对高额的交易成本和对所达成的协议的履行充满信心，他们会进行什么交易。法官既要从"个人化"的角度来看，如考虑某些公司参与者之间的特殊关系，也要从"一般化"的角度来看，即某一类型的大多数公司参与者会

---

〔1〕 丁勇：《股东大会决议撤销之诉中程序瑕疵与决议撤销的关系——基于德国联邦最高法院两个案例的分析》，载《判解研究》2008年第5辑。

〔2〕 如赵旭东主编：《公司法学》，高等教育出版社2015年版，第291页；王雷：《公司决议行为瑕疵制度的解释与完善——兼评公司法司法解释四（征求意见稿）第4~9条规定》，载《清华法学》2016年第5期；徐银波：《决议行为效力规则之构造》，载《法学研究》2015年第4期；黄学武、葛文：《股东会召集程序瑕疵与撤销———则申请撤销股东会决议纠纷案评析》，载《法学》2007年第9期。

如何处理影响他们的事项。也就是说，法官应将自己置于诉讼当事人的地位，尽量猜测当事人在被破坏的程序或条件得以恢复时，会如何行动及股东大会可能作出的决议，然后以该决议结果作为裁判的基础进行裁量。据此理论，倘若有证据表明，一旦恢复其一切程序性权利，则该股东有能力、有条件也有意愿来改变股东会决议，则法院应当撤销该股东会决议。反之，如果法官在经过交易模型假设后，认定程序瑕疵的性质及其程度都不足以改变决议结果，即决议结果已经成为不可撼动的事实，股东大会程序的瑕疵是完全可以被忽略的，法官可以驳回当事人的撤销请求。[1]

本文认为假设交易模型理论也是不妥当的，首先该判断方法给了法官过大的裁量权，即便该理论中有着"一般化"与"个人化"的视角，但对公司行为的判断仍然是从法官自身的角度出发，在诉讼双方都没有具有压倒性优势的证据时，是否驳回诉讼几乎完全可以由法官一人做主。进一步说，在标的额往往较大的商事案件中，赋予法官过大的权力有着滋生腐败的风险。其次让法官去进行商事判断的做法并不妥当，既给了法官过大的工作量与工作难度，又有违背私法自治原则之嫌。商事主体的行为不同于民事主体的行为，因为商事行为中本身就蕴含着较大的风险，即使是一个精明的、谨慎的理性商事主体，也难以保证做出的每一个行为、通过的每一个决议都能让自己从中获得预期利润，不同的理性商事主体在面对同种情况时，也很有可能会做出不同的选择，而假设交易模型理论将复杂的商事判断交给法官来进行，无疑超出了法官的能力范围；而且商事主体有着自己的意志，其对短期利益、长期利益、自身未来的走向有着个性化的规划，其自己最了解自己经济实力，最能做出符合自己规划的行为，让法官越俎代庖地去进行商事判断，有违背私法自治原则之嫌。最后，和因果关系理论一样，该理论仍然只能实现个案正义而不利于建立起公司对正当程序的重视以及对中小股东合法权利的保护，据此理论，如果法官在经过交易模型假设后，认定程序瑕疵的性质及程度都不足以改变决议结果，则可以驳回当事人的撤销请求，尽管在此理论下，法官所考虑的因素更多，但此思考方式的本质仍然是考虑了程序瑕疵与决议效力的因果关系，正如前所述，如果仅因为中小股东的持股比例不高、影响力

---

[1] 丁绍宽：《股东会瑕疵决议的效力研究》，载《法学》2009 年第 6 期。

小就认为其没有能力、条件来改变股东会决议，在本次判决中当然是有效率的，但传递出来的信息即是即便公司忽略了小股东、不履行正常程序，只要这些股东无力影响结果，公司的做法就是被法院认可的，长此以往，会架空法律法规和章程中所涉及的保护中小股东利益的程序。

（三）裁量驳回否定说之不足

前述以因果关系作为裁量驳回判断核心的理论，都因为过于重视个案利益而导致程序被无视，也使中小股东的权利难以得到保障，所以有观点认为裁量驳回制度根本就不应该存在，只有如此才能保证对程序的尊重，有学者认为，即使在股东会瑕疵程度较轻场合，权利也应配置给中小股东一方。[1]本文暂且将此种观点称为"裁量驳回否定说"，这种观点特别注重对中小股东的权利保护，其认为参加股东会是中小股东参与公司事务、行使权利的重要途径，这既是法律的明文规定，也满足了现实需要，至于能否实质影响股东会的最后决议，这非法律所能及，但亦不排除某些中小股东是有超强劝说能力的天才（他只要出席股东会，就能凭借该能力改变决议结果）或采取诸如表决权征集之类的行为。法律为每一个股东提供顺畅的参与渠道，保证程序公正，不能以其利益没有实质受损以及没有实质影响到股东会决议而无视甚至剥夺中小股东的此项权利，否则，没有人愿意做中小股东，既受大股东的"多数决压迫"，又无实质的程序公正保障。[2]

对裁量驳回制度的彻底否定来源于对规则程序的尊重，例如正常的 18 岁的人和 17 岁 360 天的人，从社会学、生物学等角度上看的确没有什么差别，但我们均承认他们在民法上的行为能力截然不同。但如后文所言，程序的制定最终指向的是效率，本文认为我们当然要注重对权利的保护，然而至少在处理决议撤销问题时死守程序并不是一个最佳的选择，[3]除了前文中所提到

---

〔1〕 姚涛：《股东会决议程序瑕疵情形效力探析——以科斯法律经济学分析为视角》，载《东南大学学报（哲学社会科学版）》2011 年第 S1 期。

〔2〕 姚涛：《股东会决议程序瑕疵情形效力探析——以科斯法律经济学分析为视角》，载《东南大学学报（哲学社会科学版）》2011 年第 S1 期。

〔3〕 本文认为程序的制度都是以效率为导向的，在前述以 18 岁作为成年标准的例子中，法律之所以如此简单地用年龄划线规定，背后也是出于效率的考虑——法官无须在个案中去具体衡量当事人的行为能力，而直接以年龄作为参考即可，从总体上节约了司法成本。

的裁量驳回的制度价值外，过于死板的程序执行也给予了股东滥诉的可能。如果公司的决议中只有一个特别轻微的瑕疵而股东就可以随意诉讼撤销该决议的话，可能会导致股东利用这种"权利"去要挟公司，以此作为把柄影响公司的正常经营，这样的话虽然加强了对股东的权利的保护，但我们又走向了另一个极端，使得股东的权利过于强大了。这也正是《公司法解释四》颁布实施之前《公司法》第22条的缺陷，所以无论是实务判决还是司法解释都引入了裁量驳回制度来回应此问题。

（四）相关性理论及其弱点

相关性理论是现在德国学术界和司法实践中的通说，其认为在进行裁量驳回的判断时，有决定意义的不应当是程序瑕疵和决议结果间的因果关系，而是程序性规定的目的，其真正目的在于保证各个股东能够公平地参与多数意思的形成以及获取对此所需的信息。相应地，程序性瑕疵只要没有具体侵犯股东的参与权和信息权就不应当因此而撤销决议。[1]相较于因果关系理论和假设交易模型理论而言，相关性理论更加注重了公平与保护中小股东，它并没有局限于个案中的利益衡量，而是从保护权利的角度设定裁量驳回的标准，所以相对而言，此种理论下能达到撤销标准的事由比因果关系理论和假设交易模型理论中的事由更多。例如在召集阶段，低于规定的召集期限、召集地点或时间不符合规定、少数股东召集时未表明法院相关授权、公告的议事日程内容不充分尤其是由未按法律规定组成的董事会准备决议建议以及违反相关的通知义务等召集瑕疵，如按照因果关系理论或者假设交易模型理论，其所要求的召集瑕疵与决议结果间的因果关系在很多情况下恰恰很难证明从而会损害撤销权人的正当权利，而相关性理论认为，鉴于这些程序规定的性质，对其违反通常就意味着对股东参与权和成员权的侵犯，因此原则上应当构成相关的违法侵害，除非是在比如明显的书写错误或者其他对股东成员权

---

[1]　Zöllner, in: Kölner Kommentar zum Aktiengesetz, §243Rn.76f.；RG, 65, 242；90, 208；103, 6；108, 322；110, 14；167, 151, 165；BGHZ14, 267；36, 121, 139. 转引自丁勇：《股东大会决议撤销之诉中程序瑕疵与决议撤销的关系——基于德国联邦最高法院两个案例的分析》，载《判解研究》2008年第5辑。

几乎没什么影响的瑕疵才应该排除撤销。[1]本文认为扩大可被支持的撤销的范围并无不妥,这是保证股东诉权、维护股东权利的当然结果,相关性理论不局限于个案中的利益衡量,而是从全局视角出发,维护了程序价值、保证程序目的的实施,这些值得我们学习与借鉴,但本文并不能完全赞成相关性理论的部分表述,相关性理论从维护程序的目的也就是保护股东权利的角度来进行裁量驳回的判断,但对权利的侵害也有程度之分,如果只需认定对权利的侵害的有无而不论证其程度就直接进行裁量驳回的判断的话,过分追求程序价值可能会走向另一个极端,即导致裁量驳回制度基本失去其适用的可能,德国学者也认识到了这一点,所以他们也承认相关性理论应当受到一般性的比例原则的限制,比如在程序瑕疵非常轻微且非基于故意或重大过失从而使得撤销决议显得很不合适时就应当限制对决议的撤销,或者说程序瑕疵如果例外地在理性判断者看来与撤销决议作为惩罚间不存在合适的关系时就应当否认程序瑕疵的相关性。[2]但比例原则的引进、类似"非常轻微"这样的表述,似乎又让问题回到了原点:究竟什么才是可以被驳回的"轻微瑕疵"?

相关性理论通过引入程序目的所保护的权利作为判断标准,的确有着自己的创新之处以及实践意义,相对于以因果关系作为判断依据的理论,相关性理论也一定程度上减少了公司中相应程序被架空的风险,在理论和实践上都很有意义,但如果站在一个仅以权利是否被侵害为判断标准、而不考虑权利的实质保障、程序与权利的具体关系的立场上来理解相关性理论,则会使得判断趋于机械,此时需引入比例原则才能自圆其说,这导致我们在判断"轻微瑕疵"的标准上又回到了问题原点。

三、本文理论介绍及其提倡

总览上述观点,本文认为最值得学习的核心表述是相关性理论中的"程

---

〔1〕 丁勇:《股东大会决议撤销之诉中程序瑕疵与决议撤销的关系——基于德国联邦最高法院两个案例的分析》,载《判解研究》2008 年第 5 辑。

〔2〕 Zöllner, in: Kölner Kommentar zum Aktiengesetz, §243 Rn. 104. Hüffer, in: Geßler/Hefermehl/Eckardt/ Kropff Aktiengesetz, §243 Rn. 32. 转引自丁勇:《股东大会决议撤销之诉中程序瑕疵与决议撤销的关系——基于德国联邦最高法院两个案例的分析》,载《判解研究》2008 年第 5 辑。

序性规定的真正目的在于保证各个股东能够公平地参与多数意思的形成以及获取对此所需的信息。"尽管相关性理论对于"轻微瑕疵"没有给出具体的判断标准，但我们在正确考察程序瑕疵与权利保护的关系后，自然能对"轻微瑕疵"给出较为明确的标准。本文在考察前述理论的优缺点后，以既尊重程序又注重效率为目标，在相关性理论的基础上进行了一定补充说明，尝试为相关性理论的适用提出更加清楚的标准、进一步解释其价值取向，希望能对实践中判断裁量驳回起到一定的启发作用。

本文认为，如果股东的实质权益因程序瑕疵遭到了侵害，则应该支持决议撤销的诉讼。但如果程序瑕疵未能影响到股东的实质权益，则该瑕疵应该被认为是轻微瑕疵。本文判断标准的总体要求是，一次正当的驳回，其要使得公司不能以此次驳回为依据架空相应的程序进而损害相关权益。例如 A 公司在一次股东大会中未通知一个持股比例很小（小到仅从持股比例上来看其完全不可能影响该决议结果）的股东，如果该股东撤销此决议的诉讼被驳回，那么 A 公司今后可能会肆无忌惮地忽视这类小股东，因为其提起撤销的话没有胜诉的可能性，这种对程序的践踏会使得股东的参与权名存实亡，如前所述，这也是仅以因果关系为判断依据的理论的致命缺陷。需要注意的是，本文认为要保障程序所对应保护的权利的实质内容，但不一定需要死守程序，即便某次对撤销的驳回可能导致公司以后会以此次判决为依据忽视相应的程序，但只要不影响该程序所保护的权利之实质内容，则该驳回的判决也是没有问题的。例如 B 公司章程规定，召开股东大会需要提前二十天通知股东会议召开的时间、地点和审议的事项，但 B 公司在某次股东大会召开前仅提前了十九天通知相关的内容，此时本文认为，如果股东能够证明这一天的缺少影响到了其对参加会议的准备（例如恰好这一天其与他人协定好了会议当天出国进行合同谈判，涉及利益重大，而如果提前通知有会议召开其就不会做出此决定），损害了其利益，则法院应该支持该股东对 B 公司提起的决议撤销之诉；如果此一天的时间对于股东准备材料、参加会议等活动没有任何影响的话，那么法院可以驳回此决议撤销之诉。首先此处我们保护的不是程序本身，而是程序所保护的权利实质，此处程序天数所影响的是股东能否在一定期限内做好参加会议的准备，如果时间太短，当然会损害股东的权益，而此案中 B 公司虽然并未完全按照要求提供相应的时间，但股东做好准备的权利并没有受到实质性的侵害，本文认为这即属于"轻微瑕疵"。这也是本文在相当性理论的基础上进行的修正，在相关性理论中，程序被违反后直接认为股东的相应权利遭到了损害，而本文认为此处应该对权利的保护进行更为实质的判断，要考虑程序的目的是否得到了实现。其次，本文可能需要回应的质疑是，对此诉讼进行裁量驳回后，那么公司岂不是在以后每次召集程序中都能减少通知时间吗？这是否违背了本理论的初衷？本文对这种质疑的回应是，首先，如果程序瑕疵影响到了股东实质上的权益，那么法院是需要支持这决议撤销之诉的，所以公司在选择不依照相应的程序办事时，是具有风险的——即如果这次程序瑕疵未对股东的权利造成实质性的影响，则此决议的效力得到法律支持，但一旦这次程序瑕疵对股东的权利造成了实质性的影响，那公司就可能需要接受决议被撤销的后果，换句话说，一个决议能否被撤销并不完全取决于公司如何违反了程序，还取决于此程序的违反在具体个案中是否损害了股东的实质权益，所以在上述案件中，如果公司仅提前一天做出通知，股东能很轻易地证明自己正是因为通知时间短而无法参加会议的话，对此决议的撤销当然是要得到支持的。其次，在此标准下，公司的确可以架空一些难以对股东造成实质性影响的程序，比如上述 B 公司如果每次仅提前十九天做出相应的通知，股东的确很难证明自己有相应的权益损失，但本文认为这种架空并无不可，因为这时此程序所希望保护到的实质利益并没有受损，如果一些对程序的微调不会影响实质利益的话，我们甚至可以去怀疑该程序本身是不是过于机械——当然公司对程序的改变也仅限于这种"微调"，因为一旦调整过多，侵犯了股东实质性权利的话，仍然有着决议被撤销的风险。

本文的判断标准对相关性理论的补充，一是更加注重权利的实质性，对程序的违反并不一定会使得相关的权利受到实质性的侵犯，所以此时我们不应该刻意去注重程序；二是强调了理论的总体目标，是不能给予公司架空相应的程序进而损害相关权益的便利，这需要法官在适用理论时秉持"向前看"的思想，不局限于个案中的利益衡量，而要考虑到一次驳回对长远的可能影响。从总体上把握理论的意义，让法官在面对疑难案件时，能更加从容地应对。

不可否认的是，无论是相关性理论还是本文对其的补充，都会导致被驳回的决议撤销之诉的比例减小，可能的质疑是，这样的理论是否有过度注重公平而忽略效率之嫌呢？首先，本文理论中已明确表明，在进行裁量判断时，我们并不是死守程序，一个程序只有在其对相应权利有实质性影响时，才会被考虑到。其次，程序的制定是效率导向的，效率和公平在长远来看其实并不矛盾，本文理论的出发基础本质上正是经济学视角的利益衡量关系，是在一种"向前看"的视角下进行利益衡量，如果仅注重每一个案件中公司因做出决议、把握商机、信赖利益等产生的成本就去忽略股东权利的话，长此以往，公司的程序被践踏、中小股东的利益难以通过法律得到保护，则会使得公司在治理、运作上趋于混乱，造成更大的不利益，且彼时调节整个市场中的公司的运行生态的成本也是难以想象的。公平的存在正是让整个社会更有序、更高效，我们不应杀鸡取卵、鼠目寸光，而应该在每一个司法判决中承担对社会与未来的责任，让大家重新认识程序、尊重公平。

四、本文理论的可行性：基于实例的检验

《公司法解释四》第4条后半句规定："但会议召集程序或者表决方式仅有轻微瑕疵，且对决议未产生实质影响的，人民法院不予支持。"正当的召集程序和表决方式是股东大会作出有效决议的基础，本文将利用前述理论，尝试对召集程序以及表决方式中的部分程序瑕疵进行裁量驳回分析，进一步明确本文理论的适用。

（一）召集程序瑕疵

1. 召集权瑕疵

根据《公司法》第101条的规定，原则上股东大会会议由董事会召集。召集权瑕疵可以分为无权召集、越权召集和表见召集。其中，无权召集和越权召集属于对公司组织机构权力层级的僭越，表面上属于程序瑕疵问题，但是实质上属于主体瑕疵问题。[1]所以此时应该认定决议不成立。但表见无权召集则略有不同，因为其召集的主体为法定有权召集的主体，只是缺乏了前置性程序。商事行为推崇外观原则，强调商事主体在商事行为中基于外在表

---

〔1〕 徐银波：《决议行为效力规则之构造》，载《法学研究》2015年第4期。转引自何秉泽：《公司决议撤销之诉的裁量驳回研究》，中国政法大学2020年硕士学位论文。

现而做出判断保护优先性，所以股东对召集权外观的合理信赖也应当受到尊重。[1]从本文的理论来看，表见无权召集并未侵犯股东具体的权利，股东的参与权、表决权均得到了尊重，该决议结果应该得到尊重，至于对此种广义上的无权召集的处理，则是不涉及本文的讨论。

2. 召集通知程序瑕疵

常见的召集通知程序瑕疵有召集通知方式不合规定、召集通知或公告期限不合规定、召集通知中未按照规定载明召集事由和议题、召集对象有遗漏。[2]如前所述，召集通知的程序价值是让股东有充足的时间了解会议的情况，以决定是否出席会议、作出何种投票的意思表示。如果此类程序瑕疵侵犯到了股东的实质性权益，应当支持相应的撤销之诉；反之，如果股东的上述权益在个案中未得到损害——例如虽然公司未按照章程要求的方式进行通知或者通知时漏掉了部分股东，但这些股东较早地了解到了此次通知——则应当认定为"轻微瑕疵"。这些召集通知瑕疵中比较特殊的是"召集通知中未按照规定载明会议议题"，一般来说这样的瑕疵大概率导致了股东实质性的权利受到侵害，因为股东很难知道相关人员刻意隐瞒的部分会议议题，特别对缺席股东而言，其参与权与表决权都受到了侵犯，故此处应该属于决议不成立还是决议可撤销在学界不无争议。但即便此程序瑕疵属于可撤销的类型，在本文的理论下，其也很难适用裁量驳回制度。

(二) 表决方式瑕疵

1. 无表决权人参与表决

唯有股东及其代理人有权参与股东大会并表决，非股东、非股东代理人或者无表决权股东参与表决的，构成表决方式违法。此时如果无表决权人持股比例较大，影响了决议的结果，法院当然应该支持撤销决议。反之，无表决权人的表决对决议没有影响的，则可以适用裁量驳回制度。这里本文对于无表决权人表决的处理和因果关系理论并无差别，原因是如果无表决权人的投票不足以影响判决，其也无法在个案中对股东的权利造成实质性的影响，

---

〔1〕 何秉泽：《公司决议撤销之诉的裁量驳回研究》，中国政法大学 2020 年硕士学位论文。

〔2〕 李建伟：《公司决议效力瑕疵类型及其救济体系再构建——以股东大会决议可撤销为中心》，载《商事法论集》2008 年第 2 期。

可能的问题是，如果公司有关人员利用此漏洞，在每次股东大会时都将无表决权人纳入投票中，尽管其可能无法影响决议结果（如果影响了的话，股东可以直接撤销该决议），但这些无表决权的人未对公司出资却享受和股东一样的权利，难谓公平。针对此问题的解决，本文认为应该通过其他制度加以解决，而不是选择去撤销未受到实质影响的决议，毕竟决议撤销制度也有其适用的边界。

2. 主持人无主持权

股东大会主持人（主席）有主持会议、负责确认出席股东、维护会议秩序等权力，对股东大会决议的作出常具有或直接或间接的影响。主持人不合格，可能会影响决议的公正性。《公司法》第 102 条规定股东大会一般由董事长主持，个别情况下可由副董事长或者推举的其他董事主持。李建伟教授认为，这些规定属于强行性规定，违反之构成决议可撤销的事由。[1]从本文的理论出发，大会的主持人只要是按照相应的正当流程主持了会议，即使其流露出对决议结果方向的偏好也无伤大雅，因为会议原本的目的之一就是大家对问题展开讨论，只要主持人不滥用程序权利影响决议结果，就不会对股东的实质性权利造成影响，此时可以适用裁量驳回制度。即便是公司利用这一点在后续决议中也选用无主持权的主持人，但只要会议程序流程是正当的，也没有对股东利益的损害。

结　论

本文在相关性理论的基础上进行了一定的完善与补充，确定裁量驳回的标准要考虑到程序的目的，即该程序所保护的实质权益。同时整体要求是保证程序得到尊重，不能因为追求个案利益最大化而让程序面临被架空的风险。按照本文的理论，会有更多的决议撤销之诉被支持，本文认为这是法治建设的进步，我们正应该鼓励股东用司法武器维护自己的权利，鼓励公司依法治理、尊重程序，鼓励市场在法治的模式下运行。个案中决议的撤销对不在乎程序的公司而言可能意味着利益损失，但只有经历过这个阵痛期，我们才能期待公司对股东权利的保护落到实处，才能展望一个依法而治的商事环境。

---

[1] 李建伟：《公司决议效力瑕疵类型及其救济体系再构建——以股东大会决议可撤销为中心》，载《商事法论集》2008 年第 2 期。

论举报人原告资格的认定

——基于双层结构的分析

王玉瑛

摘　要：举报人原告资格判定是行政举报案件中的核心问题。指导案例77号对公益举报和私益举报进行了区分，刘广明案则引入保护规范理论。举报人原告资格的认定应符合双层结构，首先举报人自身合法权益受损，其次自身合法权益受损和行政行为之间具有因果关系。尽管理论为实务问题的解决提供指引和框架，现行司法实践对于行政举报类案件的原告资格判定存在说理不清、逻辑混乱、标准不一等问题。如何在放宽起诉要求、保障举报人诉权和节约司法资源、避免全民诉讼之间寻求平衡点尤为重要。

关键词：举报人；原告资格；合法权益受损；双层结构

一、问题的提出

《行政诉讼法》第 25 条第 1 款规定，行政行为的相对人以及其他与行政行为有利害关系的公民、法人或者其他组织，有权提起诉讼。《最高人民法院关于适用〈中华人民共和国行政诉讼法〉的解释》（以下简称《行政诉讼法司法解释》）第 12 条规定，有下列情形之一的，属于行政诉讼法第二十五条第一款规定的"与行政行为有利害关系"：为维护自身合法权益向行政机关投诉，具有处理投诉职责的行政机关作出或者未作出处理的。[1]判断举报人是

---

[1]　《行政诉讼法司法解释》（2018 年 2 月 8 日）第 12 条。

否具有原告资格，关键在于判断举报人与行政行为是否具有利害关系。关于利害关系标准判断，学者众说纷纭〔1〕，争议不断。章剑生教授就曾指出，利害关系是一个具有主观性特征的不确定法律概念〔2〕；王天华教授也指出，原告是否与行政行为有利害关系，即原告的合法权益是否受到行政行为的实际影响，只能用"我以为"来表达〔3〕。学说的观点不同是理所应当的，但众说纷纭的局面，易导致司法实践对起诉人是否具有原告资格难以达成一致认识的结果〔4〕，更甚者，则陷入同案不同判的司法困境。因此，若学说和判例过于隔阂，这对于法律共同体来说是没有意义的〔5〕。而实践中，又到底是何情形？

2016年最高人民法院发布77号指导案例，明确私益举报人具有行政诉讼原告资格。〔6〕最高人民法院认为，举报人具有原告资格需满足自身合法权益受到损害这一要件，依此逻辑，公益举报人被排除在原告资格范围之外。〔7〕

2017年最高人民法院在刘广明案中指出，只有主观公权利，即公法领域权利和利益受到损害，且受损结果是因行政行为导致，此时当事人与行政行为才具有法律上的利害关系，才具有原告资格。〔8〕至此，保护规范理论被明确引入司法实践，"公益举报人"和"私益举报人"作为原告资格的判定标准开始瓦解〔9〕，即使举报人是因私益受损而向行政机关举报，也不必然地具有行政诉讼的原告资格。

诸多学说和最高人民法院判例为司法裁量提供了框架和方向，司法实践

---

〔1〕 例如"直接联系论""实际影响论""自由裁量论"等。

〔2〕 章剑生：《行政诉讼原告资格中"利害关系"的判断结构》，载《中国法学》2019年第4期。

〔3〕 王天华：《有理由排斥保护规范理论吗?》，载《行政法学研究》2020年第2期。

〔4〕 沈岿：《行政诉讼原告资格：司法裁量的空间与限度?》，载《中外法学》2004年第2期。

〔5〕 王天华：《有理由排斥保护规范理论吗?》，载《行政法学研究》2020年第2期。

〔6〕 罗镕荣诉吉安市物价局物价行政处理案，最高人民法院指导案例77号（2016年）。

〔7〕 黄锴：《行政诉讼中举报人原告资格的审查路径——基于指导案例77号的分析》，载《政治与法律》2017年第10期。

〔8〕 刘广明与张家港市人民政府行政复议案（再审），最高人民法院第三巡回法庭行政裁定书，（2017）最高法行申169号。

〔9〕 赵宏：《保护规范理论在举报投诉人原告资格中的适用》，载《北京航空航天大学学报（社会科学版）》2018年第5期。

整体又呈何情形？笔者于北大法宝进行司法判例检索，设定审结日期为"2018.1.1-2020.11.1"，案由为"行政"，全篇关键词为"举报人""原告资格"，检索结果为935篇。关键词变更为"举报人""原告资格""利害关系"，检索结果为892篇。关键词变更为"举报人""原告资格""主观权利"，结果为49篇。关键词变更为"举报人""原告资格""保护规范理论"，检索结果为6篇。由此窥得，近两年来，法院在判定举报人是否具有原告资格所依据的仍然是传统的利害关系标准，保护规范理论在2017年刘广明案后逐渐被各地法院适用，但数量较少。

笔者试图选取若干个案例，依据法院适用的法条和理论，分析其论证思路，以及思考判决中出现的论理不足、标准不一等问题，并探究其原因。

二、举报人原告资格认定的"双层结构"

根据《行政诉讼法》第25条、《行政诉讼法司法解释》第12条第5款规定，当事人拥有原告资格必须是自身合法权益受到了行政行为的损害，此又可进一步解释为"双层结构"，第一，当事人的自身合法权益受损；第二，当事人合法权益受损受到了行政行为的损害，即二者之间具有因果关系。若无自身合法权益，因果关系无从谈起，因此第二层结构以第一层结构为基础。举报人具有行政诉讼原告资格需同时满足双层结构。

第一，当事人具有原告资格需满足自身合法权益受损的条件。

首先，当事人的自身合法权益受损的前提是"具有"自身的合法权益。根据保护规范理论，当事人应当具有主观公权利。[1]当事人只有在自身的主观公权利可能受行政行为侵犯之际，才可进一步探讨其权利受损和行政行为之间是否具有因果关系。所谓"公权利"，即公生活关系上的以公法为依据的权利。[2]而主观权利，则是由法制所承认和保护的针对益或者利益[3]的人的意志权力。只有当某个益或者利益的意志权力被法律承认时，相应的权利

---

[1] 丁国民、马芝钦：《行政诉讼中原告"利害关系"的司法审查新标准——以"保护规范理论"的规范化适用为中心》，载《河北工业大学学报（社会科学版）》2020年第1期。

[2] 上官丕亮：《论公法与公权利》，载《法治论丛（上海政法学院学报）》2007年第3期。

[3] 客观上表现为益的事物，在主观上成为利益。参见［德］格奥格·耶利内克：《主观公法权利体系》，曾韬、赵天书译，中国政法大学出版社2012年版，第40页。

才能被个人化。[1]在德国公法中，主观公权利首先表现为公民在公法尤其是行政法上的实体请求权。[2]此即言，举报人请求行政机关为或不为一定行为，需基于该举报人对行政机关享有的公法上的请求权。权利对应义务，举报人对行政机关的公法请求权，对应行政机关的作为义务，若举报人对行政机关无公法上的请求权，其请求行政机关为或不为一定行为的依据则无从谈起。

其次，举报人请求权所对应的行政机关作为义务保护的主体范围是特定的。若主体范围不特定，则易陷入公共化的范围。而所有对公共利益的保护必然保护了无数的个人利益，因而对于公共利益不必创设主观权利[3]。此外，公共化易走向全民诉讼，导致滥诉滋生。而起诉资格的设计是为了防止滥诉，以确保司法审查职能的正确执行，使司法审查成为解决争端、保证行政机关合法行使职权、尊重个人权益的工具。[4]显然，全民诉讼会成为妨碍行政的绊脚石。因此，举报人的权利需"个人化"而非"公共化"，即举报人的权利（抑或权利对应的行政机关作为义务）所对应的主体范围是特定的。

最后，当事人属于行政机关作为义务所保护的特定主体范围之内，并且利益区别于他人。若上述两个条件在于对案件链接的实体法规范进行选择和解释，第三个条件则更具有程序法的色彩，更接近于原汁原味的程序性原告资格审查[5]。若当事人不属于行政机关作为义务所保护的特定主体范围内，则当事人与本案并无利害关系，即当事人非行政行为的相对人，也非行政行为的相关人，自然不具有原告资格。

---

　　[1]　[德]格奥格·耶利内克：《主观公法权利体系》，曾韬、赵天书译，中国政法大学出版社 2012 年版，第 41 页。

　　[2]　赵宏：《主观公权利的历史嬗变与当代价值》，载《中外法学》2019 年第 3 期。

　　[3]　[德]格奥格·耶利内克：《主观公法权利体系》，曾韬、赵天书译，中国政法大学出版社 2012 年版，第 41 页。

　　[4]　王名扬：《美国行政法》（下），北京大学出版社 2016 年版，第 459 页。

　　[5]　有学者认为，根据《行政诉讼法》的规定，只要原告认为具体行政行为侵犯其合法权益，就当然获得原告资格，因此，起诉阶段的原告资格审查仅仅是形式审查；也有学者认为，原告资格的审查是实质审查，只有得到肯定结论后，诉讼方可继续进行。此处当事人落于行政机关保护的特定主体范围之内，更类似于前者，即程序上的形式审查。参见王克稳：《论行政诉讼中利害关系人的原告资格——以两案为例》，载《行政法学研究》2013 年第 1 期。

第二，当事人合法权益受损和行政行为之间具有因果关系。因果关系分为法律上的因果关系和事实上的因果关系。若当事人的合法权益受损和行政行为仅有事实上的因果关系，法院往往对原告资格作出否定判断。然何为法律上的因果关系亦无定论。[1]因此，对于法律上因果关系的判断仍需基于个案审慎判断。

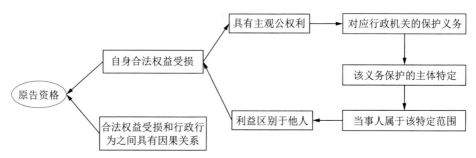

图 1 举报人原告资格判定的逻辑链条

三、自身合法权益受损：对公益举报人的剔除

（一）罗某某案：公益举报与私益举报的区分

公益举报人和私益举报人（或称自益性举报）是司法实践中形成的概念。[2]二者的区分与举报人向行政机关举报的"目的"有关。私益举报是举报人为了自身利益向行政机关举报，通常具有原告资格。公益举报则是举报人与行政机关没有直接的利害关系而向行政机关进行举报，公益举报人通常不具有原告资格。[3]

2016 年最高人民法院发布的 77 号指导案例对公益举报人和私益举报人进

---

〔1〕 越来越多的学者和学者组织表达了对法律上的因果关系的反对，理由是法律上的因果关系仅仅是发挥了限缩责任范围的功能，而非责任认定的功能。对法律上的因果关系全盘否定应属不当，但相关争议不得不让我们持以审慎的态度来分析和运用这一概念。参见刘海安：《法律上因果关系的反思与重构》，载《华东政法大学学报》2010 年第 4 期。

〔2〕 彭涛：《举报人的行政诉讼原告资格》，载《行政法学研究》2019 年第 2 期。

〔3〕 余韬：《举报人不服行政机关答复行为的可诉性》，载中国法院网，https://www.chinacourt.org/article/detail/2016/03/id/1818527.shtml，最后访问日期：2020 年 11 月 25 日。

行了明确的区分，并将公益举报人从行政诉讼原告资格范围中剔除。[1]在该案中，法院肯定了罗某某的原告资格，理由为，吉安市物价局作出的举报答复没有说明对罗某某举报事项的处理结果，因此未能履行保护举报人的财产权的法定职责，侵害了罗某某的自身合法权益。因此，罗某某与举报处理行为具有法律上的利害关系，具有行政诉讼原告资格。

最高人民法院在本案中的论证逻辑可归纳为：

罗某某自身合法权益受损→罗某某为维护自身合法权益向行政机关举报→行政机关的举报处理行为与罗某某的自身合法权益息息相关→罗某某与举报处理行为具有法律上的利害关系→罗某某具有原告资格。

这一逻辑推论的反面是"不具有原告资格→自身合法权益未受损"。[2]因此，举报人自身合法权益未受损的不具有原告资格，换言之，公益举报人不具有原告资格。这一裁判思路随后也被2018年颁布的《行政诉讼法司法解释》第12条第5款的规定所印证。

（二）实务中对公私益的判断与区分

不可否认的是，公共利益必然包含个体利益，公益受损必然意味着私益受损。因此，公益举报和私益举报皆具有当事人一定利益[3]受损的情形，若无利益受损，当事人自然不会关心和过问，所谓的"争议"也就不复存在。

然而，即使公益包含私益，也不能推断出公益举报人有原告资格。最高人民法院将公益举报人剔除出行政诉讼原告资格的范围具有一定的法理基础。首先，公共利益并非个体利益的简单总和，不能随意地将公共利益分割为数个独立的个体利益。公共利益概念本身即意味着其内部不同个体利益的权

---

〔1〕 罗某某诉吉安市物价局物价行政处理案，最高人民法院指导案例77号（2016年）。该案基本案情为，原告罗某某向被告吉安市物价局邮寄申诉举报函，对第三人吉安电信公司收取首次办理手机卡卡费20元进行举报，其要求被告对第三人采取措施，包括退还原告卡费等。为此，被告仅作出告知性答复，原告不服，遂诉至法院。

〔2〕 黄锴：《行政诉讼中举报人原告资格的审查路径——基于指导案例77号的分析》，载《政治与法律》2017年第10期。

〔3〕 此处的"利益"指最广义、最一般的利益，而非法律上的利益，换言之，该利益受损并不会产生法律上（公法上）的请求权。

衡。〔1〕若公共利益可以分割为个体利益，公共利益则失去其独特的含义，也无存在之必要。其次，行政诉讼虽有一定的公益性，却不能演变为公益诉讼。公益诉讼易导致全民诉讼，而我国目前只有法律规定的机关和组织有权向人民法院提起公益诉讼。〔2〕现行《行政诉讼法》在确定原告主体资格问题上，总体坚持主观诉讼而非客观诉讼理念。〔3〕概言之，我国行政诉讼法的诉讼定位和理念决定了公益举报人尚不具有原告资格。

将公益举报人剔除出行政诉讼原告资格的范围本身不具有异议，最高人民法院的论证思路也在之后的案件中被各级法院所效仿。然而，公益和私益并非泾渭分明，有时二者边界模糊，难以判断。〔4〕实践中，法院常以个案涉及的实体法规范的保护目的和宗旨来区分"公益"和"私益"，这样的论证思路值得推敲。

1. 以整个实体法规范的利益保护指向来判断举报人是否具有私益

在"翟某某诉承德市生态环境局案"〔5〕中，原告翟某某为涉案房产购房人。第三人承德大地营造房地产开发有限公司因占用河道、未取得环评手续，造成涉案房屋大面积拆除，翟某某认为第三人的违法行为严重侵害其权益，遂向生态环境局举报，后不服生态环境局的答复处理，诉至法院。

承德市中级人民法院认为翟某某并不具有原告资格，理由是，案件涉及的实体法规范为《环境保护法》，而环境保护法维护的是公共利益〔6〕，而非举报人自身的合法权益。因此环境生态局的答复处理行为并不会损害翟某某

〔1〕 龙非：《行政诉讼中"受害者"原告资格之反思——以德国法作为比较》，载《法律适用（司法案例）》2017年第22期。

〔2〕《民事诉讼法》（2017年修正）第55条。

〔3〕 赵宏：《保护规范理论在举报投诉人原告资格中的适用》，载《北京航空航天大学学报（社会科学版）》2018年第5期。另参见刘广明与张家港市人民政府行政复议案（再审），最高人民法院第三巡回法庭行政裁定书，（2017）最高法行申169号。

〔4〕 例如在环境侵害案件中，在对环境公益造成损害的同时，个人人身和财产安全也往往被危及。公私益交织的案件不胜枚举，在举报人行政诉讼中亦不例外。参见张旭东：《环境民事公私益诉讼并行审理的困境与出路》，载《中国法学》2018年第5期。

〔5〕 翟某某诉承德市生态环境局滦平县分局案（二审），河北省承德市中级人民法院行政裁定书，（2020）冀08行终139号。

〔6〕 法院在此处引用的是《环境保护法》第57条第1款，该款规定了公民对于污染环境和破坏生态的行为具有举报的权利。法院基于此条款径直得出《环境保护法》维护的是公共利益，因而不保护举报人的个人利益。

的自身合法权益，翟某某不具有原告资格。

2. 以法律的第一条来判断举报人是否具有私益

在"熊某、国泰公司诉湖南省衡阳政府案"[1]中，衡阳市政府将"江山盛筵"项目土地划拨给雁城公司，国泰公司为该项目的主要出资人。后雁城公司在未办理相关手续的情况下，擅自开工建设和对外出售该项目房产。国泰公司向衡阳市住建局寄送申请书，要求住建局对雁城公司未取得相关许可擅自建设和销售的违法行为进行调查处理，后不服衡阳市住建局的处理，向衡阳市政府提出行政复议申请，请求确认衡阳市住建局对于"江山盛筵"项目违法行为未履行法定职责，并要求立即履行法定职责，并赔偿经济损失3000万元。衡阳市作出不予受理该行政复议申请的决定。熊某、国泰公司不服，一直诉至最高人民法院。

最高人民法院认定国泰公司不具有原告资格，理由是国泰公司的投诉举报并非基于自身合法权益。最高人民法院认为，本案涉及的两个实体法规范为《建筑法》和《城市房地产管理法》，但这两个法律皆旨在保护公共利益，而非出资人的个体利益。在进一步解释两个实体法规范不保护个体利益而在保护公共利益时，最高人民法院援引了《建筑法》的第1条[2]和《城市房地产管理法》的第1条[3]，说明二者保护的是工地安全和房地产市场秩序，而非当事人的个人利益，以此佐证本案举报人不具有"私益"。

通过案涉实体法规范整体的利益保护指向，或者通过案涉法律的第一条（第一条往往是立法目的和宗旨），来判断举报人是否具有自身的合法权益，这样的论证思路在法院的判决中比比皆是。[4]对此论证方式，有如下方面值得推敲。

---

〔1〕 熊某、国泰公司诉衡阳市人民政府案（再审），最高人民法院行政裁定书，（2019）最高法行申 2677 号。

〔2〕《建筑法》（2011 年修正）第 1 条规定："为了加强对建筑活动的监督管理，维护建筑市场秩序，保证建筑工程的质量和安全，促进建筑业健康发展，制定本法。"

〔3〕《城市房地产管理法》（2009 年修正）第 1 条规定："为了加强对城市房地产的管理，维护房地产市场秩序，保障房地产权利人的合法权益，促进房地产业的健康发展，制定本法。"

〔4〕 除上述两个案例，另参见河北大午农牧集团种禽有限公司诉国家畜禽遗传资源委员会案（二审），北京市第三中级人民法院行政裁定书，（2020）京 03 行终 723 号；游义海诉重庆市人民政府案（再审），重庆市高级人民法院行政裁定书，（2019）渝行申 199 号等。

第一，实体法规范的目的和宗旨，是否决定了案涉条款维护的是公共利益还是个体利益，是否因此排除了举报人的原告资格？以"余某某诉慈溪市国土资源局案"[1]为例，原告余某某以第三人违法建房侵犯其通风采光权为由，向被告慈溪市国土资源局投诉举报，国土资源局认定第三人行为属于违法建设行为，但未作出行政处罚。原告认为被告不履行法定职责，遂诉至法院。在该案中，原告诉请的相邻权属于物权[2]，而物权法显然属于私法[3]，其目的在于"保护权利人的物权"[4]，维护个体利益。按照前述案例的逻辑，本案中余某某当然不具有原告资格。然而在判决中，法院不仅肯定了余某某的原告资格，甚至其并没有直接引用物权法，而是引用《土地管理法》，显然后者更具有维护公共利益的公法特征。

第二，即使前述问题得出肯定的答案，实体法规范保护的利益以何为据？是法律的第一条，还是其他条款，抑或结合所有条文综合判断。不同案例涉及不同的实体法规范、不同条款，该问题显然不可一概而论。

第三，即使实体法规范旨在维护公共利益，举报人自身合法权益是否还有受该实体法保护的空间？换言之，公法规范是否必然不包括对私权保护的条款？答案是否定的，当代公私法的交叉与汇合，在行政法领域有诸多体现，甚至于个别法律关系已经很难用纯粹的公与私来加以区分。[5]此外，"公共利益"一词本身具有不确定性，公私法之区分也得属于哲学、国家学、政治学之层次，因此理论上对公私的区别标准争议颇多。[6]

概言之，判断举报人是否具有自身的合法权益，需以案涉的实体法规范的具体条款为基础，进一步考察该条款旨在保护个人的合法权益还是公共利益。这需要同时结合实体法规范的立法目的和宗旨，以及案涉条款本身加以

---

[1] 余某某诉慈溪市国土资源局案（一审），浙江省慈溪市人民法院行政判决书，（2007）慈行初字第 11 号。

[2] 《物权法》（已失效）第 89 条规定："建造建筑物，不得违反国家有关工程建设标准，妨碍相邻建筑物的通风、采光和日照。"

[3] 物权法中的一些条款亦有公法属性，但是物权法毋庸置疑属于私法。

[4] 《物权法》（已失效）第 1 条规定："为了维护国家基本经济制度，维护社会主义市场经济秩序，明确物的归属，发挥物的效用，保护权利人的物权，根据宪法，制定本法。"

[5] 杨寅：《公私法的汇合与行政法演进》，载《中国法学》2004 年第 2 期。

[6] 翁岳生：《行政法》（下册），中国法制出版社 2002 年版，第 114 页。

综合分析和判断，而非如实务中"一刀切"地引用法律的第一条径直得出案涉实体法规范旨在保护公共利益的结论，进而认定举报人不具有自身合法权益、否定举报人的原告资格。

四、主观公权利：实体法的选择与解释

（一）刘某某案：保护规范理论的引入

在刘某某案中，最高人民法院首次明确引入了保护规范理论。该案案情为，张家港市发展和改革委员会向第三人金沙洲公司作出 823 号通知，该通知设计项目名称、选址、功能等。原告刘某某拥有承包经营权的土地被纳入其中。刘某某认为该通知存在重大违法情形，遂向张家港市人民政府提起行政复议，要求确认 823 号通知违法并撤销。张家港市人民政府认为 823 号通知和刘某某不具有利害关系，遂驳回了刘某某的复议申请。刘某某不服，诉张家港市人民政府至法院。一、二审均否定了刘某某的原告资格，刘某某向最高人民法院申请再审。[1]

最高人民法院认为，举报人只有基于主观公权受损，即以公法为依据、请求行政机关保护其合法权益的权利受损，且该合法权益受损和行政行为之间具有因果关系，方具有原告主体资格。

对于保护规范理论的引入，学界尚有争议。支持者认为，我国的行政诉讼原告资格的认定标准一直处于暗箱状态，保护规范理论要求起诉人具有实体法规范的请求权基础，对实践而言具有较强的参考价值等。[2]反对者认为，保护规范理论适用的前提是主观诉讼，而我国行政法的诉讼功能定位本身尚不清晰，且该理论限制了司法保护范围等。[3]

且不论保护规范理论的学说争议，受刘广明案影响，该理论被司法实践

---

〔1〕 刘某某与张家港市人民政府行政复议案（再审），最高人民法院第三巡回法庭行政裁定书，（2017）最高法行申 169 号。

〔2〕 参见王天华：《主观公权利的观念与保护规范理论的构造》，载《政法论坛》2020 年第 1 期；赵宏：《保护规范理论的误解澄清与本土适用》，载《中国法学》2020 年第 4 期。

〔3〕 参见成协中：《保护规范理论适用批判论》，载《中外法学》2020 年第 1 期；杨建顺：《适用"保护规范理论"应当慎重》，载《检察日报》2019 年 4 月 24 日，第 07 版。

引入已是不争的事实。从前述案例即可看出，虽然判决书中并没有"保护规范理论""主观公权利"等字眼，各级法院却或多或少地参考了刘广明案中适用保护规范理论的论证思路。

（二）实务中对实体法的选择与解释

根据保护规范理论，举报人具有原告资格的前提是具有主观公权利，即以实体法规范为依据，请求行政机关保护举报人合法权益的权利。换言之，根据该实体法规范，行政机关具有保护当事人合法权益的义务。在行政实体法中，法律明文规定的权利极为罕见，因此，主观公权利主要来源于推定的法律上的权利。[1]"推定"即意味着对实体法的选择与解释。而司法实务在法规范的选择和适用上存在选择碎片化、解释主观和偏狭化的问题。[2]

1. 未链接任何实体法规范，根据行政诉讼法径直得出结论

在"任某诉平原县住房和城乡建设局案"[3]中，原告任某为平原一工地工人，其发现该工地在非法施工，为避免非法作业过程中脚手架脱落对其造成事故，其向平原县住房和城乡建设局举报，后其认为住房和城乡建设局不履行法定职责，遂诉至法院。两审法院均否定了任某的原告资格，理由是"根据《最高人民法院关于适用〈中华人民共和国行政诉讼法〉的解释》第25条第1款，行政诉讼是受害人之诉，只有维护自身合法权益才能成为行政诉讼的原告，本案中工地非法施工与任某自身的合法权益没有关系"。

本案涉及的实体法规范应当是《安全生产法》，然而，二审法院没有对实体法规范进行选择和解释，而是根据行政诉讼法径直得出了结论。此类"直接得出结论"的情形在司法实践中并不鲜见。[4]

---

［1］ 李晨清：《行政诉讼原告资格的利害关系要件分析》，载《行政法学研究》2004年第1期。

［2］ 赵宏：《保护规范理论的误解澄清与本土适用》，载《中国法学》2020年第4期。

［3］ 任某诉平原县住房和城乡建设局案（二审），山东省德州市中级人民法院行政裁定书，（2020）鲁14行终240号。

［4］ 此类案例不胜枚举，另有何某某诉南通市自然资源和规划局案（二审），江苏省南通市中级人民法院行政裁定书，（2020）苏06行终300号。

2. 仅以"举报权"条款来否定诉权

在"马某某诉西宁市城中区自然资源局案"[1]中，原告马某某的涉案房屋被违法强拆（已通过其他判决书确认），后第三人城辉公司在原被拆房屋的土地上进行施工，马某某向被告城中区政府举报，要求被告对第三人的行为进行查处。因未接到被告回复，遂诉至法院。两审法院均否定了马某某的原告资格，理由是根据《城乡规划法》第9条第2款，公民有权向城乡规划主管部门等举报违反城乡规划的行为，但是基于该规范，举报人只有举报权，而不具有诉权，因此不具有原告资格。

本案中，法院选择《城乡规划法》作为案涉实体法规范，但却只引用了该法的"举报权"条款，并以此得出当事人只有举报权而不具有诉权的结论。这不仅没有解决举报人是否真正受实体法规范保护的问题，更是在逻辑上就已经不能自洽。这样的论证模式在司法实践中亦不鲜见[2]。事实上，诸多法律都包含了举报权条款[3]，仅通过"举报权"条款来得出该实体法规范"没有规定诉权"，即没有施以行政机关保护个人合法权益的义务，这样的结论是难以让人接受的。

五、因果关系：因民事途径而切断

（一）司法实务对因果关系的否定：以民事途径的存在为由

当举报人原告资格认定的第一层结构"自身合法权益受损"得出肯定的结论，则接下来需要考察举报人"自身合法权益受损"和"行政行为"是否具有因果关系。因果关系的标准本身就是一个世界性难题。[4]然而，实务中对于因果关系的否定并非关注因果关系本身，不曾对因果关系进行深入、全

---

[1] 马某某诉西宁市城中区自然资源局案（二审），青海省西宁市中级人民法院行政裁定书，(2020) 青 01 行终 51 号。

[2] 另参见，曲某某诉营口市住建局案（二审），辽宁省营口市中级人民法院行政判决书，(2020) 辽 08 行终 109 号。

[3] 例如《消费者权益保护法》第 15 条，《城乡规划法》第 9 条，《反不正当竞争法》第 16 条，《环境保护法》第 57 条等。

[4] 甘文：《主张、权利和因果关系——重新界定行政诉讼的原告资格》，载《人民司法》2004 年第 12 期。

面的说理，而是倾向于通过民事途径的存在，来否定因果关系，进而否定举报人的行政诉讼原告资格。

早在 2010 年的"黄某某等人不服金华市工商行政管理局工商登记行政复议案"〔1〕判决书中，即含有"民事途径否定行政途径"的论证思路。在该案中，原告黄某某等人和第三人签订商品房买卖合同用于商铺经营，后第三人采取"强制"措施对商品房进行改装，侵害了原告的合法权益，原告向被告工商管理局提起复议申请后被驳回，原告不服，遂诉至法院。二审法院认为，双方的纠纷系合同纠纷，应通过民事途径解决，故上诉人和行政机关之间不存在"利害关系"。

该案的裁判思路为最高人民法院所肯定，最高人民法院认为，原告以第三人存在民事侵权行为为由提起行政复议，行政机关可不予受理，原告以此提起诉讼，法院亦可驳回。〔2〕有学者认为，最高人民法院肯定了这一论证思路、裁判规则，但是并未揭示出背后的判断逻辑和方法。〔3〕概言之，这样的裁判思路是"有道理"的。但为什么"有道理"，以及如何使其成为一项可推广适用的技术性规范，并没有结论。而这样的"直接说理式""直接否定式"的论证方法延续至今，唯一的改变是由原来的"否定利害关系"到"否定因果关系"。

在"王某某诉双城市城乡规划局、哈尔滨市双城区城市管理行政执法局案"〔4〕中，原告王某某认为第三人双城市房产管理局于 1995 年违反锅炉安全管理规定，在其房屋不足半米处建造锅炉房。由于设备质量差、管理不精，该锅炉房漏水导致王某某房屋严重受损，王某某多次请求被告规划局、城管局拆除锅炉房，但行政机关拒绝履行相关职责，王某某诉至法院。黑龙江省

---

〔1〕 黄某某等人不服金华市工商行政管理局工商登记行政复议案（二审），浙江省金华市中级人民法院行政判决书。徐建新、贺利平：《民事合同一方不能对相对方的工商登记行为提起行政复议》，载《人民司法（案例）》2012 年第 24 期。

〔2〕《黄某某等人不服金华市工商行政管理局工商登记行政复议案》，载《中华人民共和国最高人民法院公报》2012 年第 5 期。

〔3〕 王贵松：《行政法上利害关系的判断基准——黄陆军等人不服金华市工商局工商登记行政复议案评析》，载《交大法学》2016 年第 3 期。

〔4〕 王某某诉双城市规划局、哈尔滨市双城区城市管理行政执法局案（再审），黑龙江省高级人民法院行政裁定书，（2019）黑行申 430 号。

高级人民法院认为，锅炉房漏水和锅炉房地点不具有必然的联系，换言之，即使锅炉房取得合法手续，锅炉房漏水侵权仍然需要承担民事侵权责任，因此王某某的合法权益受损与规划部分是否履行职责不具有法律上的因果关系。

在本案中，法院并没有径直地、绝对地否认行政行为和王某某房屋损害之间的因果联系，而是通过原告应当寻求民事途径的救济来否认因果关系。

法院背后真正的逻辑并非因果关系，而是通过民事救济途径的存在否认行政救济途径，进而否认举报人的行政诉讼原告资格。这样的情形在实务中也并不少见。[1]

（二）民事途径和行政途径的关系与选择

毋庸置疑，民事诉讼和行政诉讼各有其权利救济的特点和功能，二者应当分工明确。若本该通过民事途径解决的纠纷大量涌入行政诉讼，这不仅偏离了行政诉讼的功能定位，更造成了大量司法资源的浪费。在前述"熊彪、国泰公司诉衡阳市人民政府案"中，最高人民法院认为，建设项目实际出资人投资权益的保护，"主要且应当"通过民事法律规范予以保护。因此，纠纷本质为民事纠纷的，应当通过民事途径解决。行政途径虽然并非绝对不允许，但其不能成为权利救济的一般常态。[2]

但在判决书中，对优先适用民事途径的结论应当如何去认定？显然，直接以民事途径为由否认行政途径不符合法律也不符合常理，在存在双重救济途径的情形下，起诉人当然地具有选择的权利。于是，司法机关多以"因果关系"为包装和媒介，来论证民事途径的存在切断了行政行为和举报人自身权益受损之间的因果链条，因而举报人不具有行政诉讼的原告资格。这一论证模式值得推敲。事实上，民事途径的存在往往表明当事人主张的权益是民事权益，而举报人拥有民事权益是否等于拥有原告资格认定的第一大步骤中的主观公权利，是值得法官去判断的。

---

〔1〕 例如，在"袁某某诉南通市规划局案"中，法院认为"原告享有的权益是民事权益，不属于公法权益，与行政机关是否履行职责不具有因果关系"。参见袁正平诉南通市规划局案（二审），江苏省南通市中级人民法院行政裁定书，（2018）苏06行终306号。

〔2〕 龙非：《行政诉讼中"受害者"原告资格之反思——以德国法作为比较》，载《法律适用（司法案例）》2017年第22期。

结　论

在举报人原告资格的判定上，结合传统的利害关系学说和新引入的保护规范理论，应遵循双层结构：首先，判断举报人是否有自身合法权益受损的情形，具体而言，则需判断举报人是否具有主观公权利、是否具有区别于他人的特定利益；其次，判断举报人的合法权益受损和行政行为之间是否具有因果关系。当二者都得出肯定结论，则举报人具有原告资格。

司法实践在个案适用这一逻辑链条时存在若干问题，包括不进行任何说理径直得出结论，公私益的主观和偏狭判断，实体法选择和解释不清，因果关系的任意切断。

而举报人原告资格的认定是行政举报案件的核心问题。一方面，当代立法的趋势是放宽原告起诉资格的要求，使得更多的人能对行政机关的行政行为提起诉讼，扩大公民对行政活动的监督和自身利益的维护[1]，举报人的起诉资格亦不例外。另一方面，行政机关首先是为公共利益服务，为人民的共同利益而履行职责[2]，过于放宽起诉要求则易导致大量本不该诉的案件涌入行政诉讼的大门，给本已十分紧张的司法资源雪上添霜。因此，如何把握两者之间的"度"尤为重要。正如《最高人民法院关于进一步保护和规范当事人依法行使行政诉权的若干意见》[3]指出的，司法机关应当保障当事人的诉权，同时也要正确引导当事人依法行使诉权。

---

〔1〕　王名扬：《美国行政法》（下），北京大学出版社 2016 年版，第 460 页。

〔2〕　龙非：《行政诉讼中"受害者"原告资格之反思——以德国法作为比较》，载《法律适用（司法案例）》2017 年第 22 期。

〔3〕　《最高人民法院关于进一步保护和规范当事人依法行使行政诉权的若干意见》（2017年 8 月 31 日）。

论商品房买卖预约合同的效力认定及违约责任

陈　今

　　摘　要：本文以学理概念为基础，结合有关预约合同的法律条文及司法判决，将商品房买卖预约合同拆分为"效力"及"违约责任"两个维度加以深入分析。在效力认定部分，本文拆分为"效力"和"认定"两个层次，同时引入"边界"的概念加以区分"意向书"、本约与预约；并由此总结出有效预约合同应该具备的要件。在探究商品房买卖预约合同的违约责任部分，本文坚持商品房买卖预约合同的违约责任以实际履行为原则，损害填补为例外；且损害赔偿范围应该介于本约的信赖利益与履行利益之间的立场，从商品房买卖预约合同的现实违约情况出发，界定了预约合同违约的界限，并从定金、实际履行以及赔偿范围和数额三方面深入探讨了预约合同的违约责任。

　　关键词：商品房买卖；预约合同；合同效力；违约责任

绪　论

　　预约合同，是约定将来订立本约合同的合同；本约合同，是为了履行预约合同而订立的合同。因此可以说预约合同是一种债权合同，以嗣后订立本约合同为其债务内容[1]。因此可以说，预约合同既是一个独立于本约合同的合同类型，又与本约合同紧密相关。在当今的社会生活中，周围环境的多变性、缔约条件的复杂性促使人们对待合同十分慎重；当事人不直接订立本约合同的主要原因是存在事实上或者法律上的障碍，致使订立本约合同的条件

----

　　〔1〕　参见王泽鉴：《债法原理》，北京大学出版社 2013 年版，第 168 页。

尚未成熟[1]，于是多采取先行订立预约合同的办法，使对方受到预约合同的约束，来保障债权人在此之后订立本约合同的权利[2]。

在当前中国，预约合同颇为普遍，仅在中国裁判文书网，可以检索到39 143 篇有关"预约合同"的文书；而其中"买卖合同预约"占比高达三分之一，共计 10 715 篇，其中主要的"房屋买卖预约"共计 6 179 篇。

在房地产市场日益繁荣的当下，商品房买卖双方常常将订立商品房买卖预约合同作为订立正式商品房预售和现售合同的前置程序。商品房买卖预约合同数量众多的根源在于我国商品房建设时间长，价值高，针对房地产开发规范众多[3]，很多房地产开发商由于相应手续缺失，未能及时取得商品房预售许可证。商品房预售合同以及正式的买卖合同受到法律明确规制，要求以取得相应的商品房预售许可证为前提，否则所签订的预售和现售合同会归于无效。即商品房买卖双方不能直接签订商品房预售或者现售合同的原因是客观上欠缺相应的条件，比如虽然开发商已立项、规划、进行审批，但是没有完全缴纳土地出让金等[4]。而签订商品房买卖预约合同不用以取得相应的许可证等为前提，限制少，仅仅将取得预售许可证作为履行条件之一，不影响合同有效性。因此实践中房地产开发商常常把签订"认购书"等看作签订预售以及现售合同的前阶段，以此提升销售房产的效率。

与此同时，我国商品房买卖预约合同双方极易产生纠纷，司法判决也由于相应立法空白的存在而颇为混乱。我国住房和城乡建设部、工商总局专门印发了《商品房买卖合同示范文本》以规制商品房的预售和现售，但是对于商品房买卖预约合同没有进行此种详细规范；两部司法解释[5]对于预约合同的规制又过于粗糙。因此，在立法对于商品房买卖预约合同的效力认定

---

[1] 崔建远：《合同法》，法律出版社 2021 年版，第 29 页。

[2] 参见白玉、牟宪魁：《预约合同若干法律问题探析》，载《齐鲁学刊》2009 年第 4 期。

[3] 包括《城市商品房预售管理办法》（2004 修正）《最高人民法院关于审理买卖合同纠纷案件适用法律问题的解释》《最高人民法院关于审理商品房买卖合同纠纷案件适用法律若干问题的解释》《商品房销售管理办法》等一系列法律法规及司法解释。

[4] 最高人民法院民事审判第一庭编著：《最高人民法院关于审理商品房买卖合同纠纷案件司法解释的理解与适用》，人民法院出版社 2015 年版，第 69~70 页。

[5] 即《最高人民法院关于审理买卖合同纠纷案件适用法律问题的解释》和《最高人民法院关于审理商品房买卖合同纠纷案件适用法律若干问题的解释》。

及违约责任仍不明确的情况下，一方面，我国商品房买卖预约合同以"购房意向书""认购书"等多种形式出现，形无定制，十分混乱；另一方面，由于在司法中欠缺具体明确的法律规范，导致法官解释空间过大，多凭自身对于房地产交易市场的主观感知进行裁判，导致"类案不同判"的现象十分常见。

因此，本文着眼于"商品房买卖预约合同"，从"效力认定"和"违约责任"两个维度对其进行分析，以期为终结当前与此相关的混乱提供有价值的思路。

一、商品房买卖预约合同的效力认定

（一）商品房买卖预约合同的效力

预约合同的效力，主要指预约合同对当事人的约束力以及当事人不履行预约合同在法律上可以发生的效果[1]。

1. 预约合同对当事人的约束力

预约合同作为独立的债权合同类型，其使行为人负担未来订立本约合同的义务。买卖双方通过签订预约合同所享有的权利性质上是债权，不需要通过登记等方式确定效力，仅仅约束预约合同双方，不能够对抗第三人。即如果商品房买卖预约合同签订后，开发商将合同所涉商品房出卖给第三人，购房者也不能够主张该预约合同无效[2]。

从《民法典》第 495 条即可看出，预约在实践中形式外观名称多样，但是其通常均约定所要订立买卖合同（本约合同）的标的物及价金的计算标准，目的都是在将来签订正式的买卖合同（本约合同），即预约合同双方均负有在约定期限内订立买卖合同（本约合同）的义务。域外法典如《墨西哥

---

〔1〕 韩世远：《合同法总论》，法律出版社 2018 年版，第 91~96 页。

〔2〕 梁慧星：《对买卖合同司法解释（法释〔2012〕8 号）的解读和评论》，载中国法学网，http://iolaw.cssn.cn/zxzp/201305/t20130530_4622053.shtml，最后访问日期：2023 年 8 月 29 日。即台湾最高法院 1957 年台上字第 1500 号民事判决："不动产买卖预约虽已成立，而买主之物权尚未移转，仅发生一种请求订立正式契约之债权关系。倘预约之卖主将预约标的之不动产另卖与第三人时，该预约之买主，除得对于预约之卖主请求赔偿其损失外，要不能对于该第三人主张其已成立之买卖契约为无效。"

民法典》〔1〕、法国民法、日本民法规定存在"买卖单方预约"与"买卖双方预约"，但是在此显而易见，该条解释所谓"预约"，非指一般的预约，仅指"买卖预约"，且属于"双方预约""双务预约"〔2〕。尤其在商品房买卖领域中的预约，均是合同缔约双方经过磋商后合意的体现，双方愿意受到该预约的约束，负担未来缔结预售合同乃至正式买卖合同的义务。

实践中，为确保当事人在未来订立本约，商品房买卖预约通常在约定未来订立本约之外还会附带立约定金条款。该立约定金实际上是当事人在形成预约后，就本约的订立而设的担保。实际上强化了预约对当事人在将来订立本约的约束力。

2. 不履行预约合同的法律后果

学界对于预约的履行指向本约的订立没有争议，但是对于合同一方不履行预约在法律上会发生何种效果学界众说纷纭，大体上主要有四种学说观点："强制缔约说"、"继续磋商说"、"区分说"和"视为本约说"〔3〕。其中"强制缔约说"与"继续磋商说"为最主流的观点。"强制缔约说"为我国台湾地区法院所采用的观点，意指预约合同双方有着订立本约合同的义务，一方违约时，守约方可以请求履行，法院应该判决违约方做出签订本约合同的意思表示，如果违约方不为该意思表示，那么就认为自判决之日起已经有订立本约合同的意思表示。本约合同成立后，本约合同的债权人可以请求具体给付，而且基于诉讼经济原则，债权人在请求订立本约合同时可以一并请求债务人履行本约合同〔4〕。"继续磋商说"与之相反，指的是虽然交易双方在签订预约合同后，均负有嗣后为了订立本约合同而进行磋商的义务；但是当时也仅仅负有磋商的义务，即只要当事人为了订立本约合同进行了实际的磋商就算是履行了预约合同的义务，是否最终缔结本约合同非其所问〔5〕。"区分说"介

〔1〕 《墨西哥民法典》规定，人们可以用合同方式承担于将来订立一个合同的义务，缔结合同的允诺或者其他预备协议，可以是单方的或双方的。

〔2〕 梁慧星：《对买卖合同司法解释（法释〔2012〕8号）的解读和评论》，载中国法学网，http://iolaw. cssn. cn/zxzp/201305/t20130530_ 4622053. shtml，最后访问日期：2023年8月29日。

〔3〕 最高人民法院民事审判第二庭编著：《最高人民法院关于买卖合同司法解释理解与适用》，人民法院出版社2016年版，第54~55页。

〔4〕 王泽鉴：《债法原理》，北京大学出版社2013年版，第170页。

〔5〕 韩强：《论预约的效力与形态》，载《华东政法学院学报》2003年第1期。

于"强制缔约说"与"继续磋商说"之间，意指应当依照预约合同中所涵盖的本约合同中必备条文的完善程度划分其效力。如果必备条文不充分，那么需要运用"必须磋商说"；如果必备条文都具备了，那么应该运用"强制缔约说"[1]。在守约方请求违约方实际履行时，本约合同并非立即订立，而需要诉请法院判决是否能够缔结本约合同[2]。"视为本约说"即认为，如果在实际上，预约合同已经具备本约合同的主要内容而不需要另行订立本约合同，那么该预约合同应视为本约合同[3]。

理论上，从《最高人民法院关于审理商品房买卖合同纠纷案件适用法律若干问题的解释》（以下简称《商品房买卖合同司法解释》）第5条即可以看出，关于商品房买卖预约合同的违约处理，最高人民法院支持"视为本约说"，即司法解释起草小组[4]在对预约制度设立的法律价值、现行司法解释中隐含的意思以及对实务的可操作性等角度进行综合考量后，认为"继续磋商说"由于对于固定双方当事人交易机会的作用几乎无法显现，存在严重缺陷；认为"区分说"由于要求探明合同双方真实的意思表示，缺乏实务操作性，尚且还不能和我们现如今的司法状况与司法水平相适应；还认为现行司法解释隐含着"强制缔约说"的含义，即预约合同双方需要秉持诚信进行磋商，除不可归责于双方的事由外，应当订立本约合同，否则将承担违约责任[5]。除此之外，商品房买卖预约合同一方如果不签订本约合同，那么即违反了合同义务，可能会构成根本违约。守约方可以依据《民法典》第577条关于违约责任的规定，追究违约方之违约责任；亦可依据《民法典》第563条的规定，解除相应的预约合同并主张损害赔偿[6]。

---

〔1〕 韩强：《论预约的效力与形态》，载《华东政法学院学报》2003年第1期。

〔2〕 王利明：《合同法研究》（第一卷），中国人民大学出版社2015年版，第48页。

〔3〕 最高人民法院民事审判第二庭编著：《最高人民法院关于买卖合同司法解释理解与适用》，人民法院出版社2016年版，第55页。

〔4〕 最高人民法院民事审判第二庭编著：《最高人民法院关于买卖合同司法解释理解与适用》，人民法院出版社2016年版，第55~58页。

〔5〕 最高人民法院民事审判第二庭编著：《最高人民法院关于买卖合同司法解释理解与适用》，人民法院出版社2016年版，第58页。

〔6〕 梁慧星：《对买卖合同司法解释（法释〔2012〕8号）的解读和评论》，载中国法学网，http://iolaw.cssn.cn/zxzp/201305/t20130530_4622053.shtml，最后访问日期：2023年8月29日。

但是在实践中，从大量有关商品房预约合同的裁判案例〔1〕我们不难看出，法院反对"继续磋商说"，但是对于"强制缔约说"和"视为本约说"的使用均慎之又慎。可能出于保护当事人意思自治与缔约自由的考量，多数情况下法院仅限于认可不履行预约合同的违约方应相应承担违约责任，同时根据《民法典》第588条适用定金罚则附加一定的损失赔偿来填补受损害方的损失；却鲜少依据《民法典》第510条与第511条对于预约条款进行补充解释，强制订立本约合同，也鲜少将条款完备的预约认定为本约。

可见，商品房买卖预约合同作为最典型的预约合同，系买卖双方对于未来订立本约合同合意的体现，对于当事人均具有约束力。该种预约合同不履行时司法解释理论上应强制缔结本约合同，或将条文完备的预约合同认定为本约合同，但是实践中法院多仅判决违约方适用定金罚则加之适当的损失赔偿承担相应的预约违约责任。

(二) 商品房买卖预约合同的认定

1. 不成立预约合同的两种情况

预约合同有少一分则落入不成立之困局，多一分则成为本约之处境〔2〕。在笔者看来，商品房买卖预约的认定像是在天平上加减砝码进行衡平，预约有两个边界，"不达边界"是由于缺少合同相应要件因而欠缺法律拘束力的"意定书"；而"超出边界"则是合同具备正式商品房买卖合同的主要内容，导致在特定情形下可以直接被认定为本约合同。

(1) 不达边界——意定书和预约合同的关系。由于在实践中，不同于商品房预售和现售合同有专门印发的"示范文本"进行规制，我国住房和城乡建设部等部门没有对商品房买卖预约合同专门印发"示范文本"，因此房地产买卖中的预约合同的命名、形式多样。"意向书"是实践中应用最为广泛的协议形式，一般都将其认为是预约；但是其中也会间杂着不具备预约合同条件的

---

〔1〕 包括"仲某某诉上海市金轩大邸房地产项目开发有限公司合同纠纷案""张某与徐州市同力创展房地产有限公司商品房预售合同纠纷案"等在内的最高人民法院公报案件。

〔2〕 孙森焱先生认为，预约内容倘未具体约定，例如约定将来订定房屋买卖契约而未订明价金且无从确定其价金者，为契约不成立，纵然认预约成立，亦因标的不确定而无从强制其订立本契约也。参见孙森焱：《民法债编总论》(上册)，法律出版社2006年版，第45页。

"意向书"或"意定书"，光看名字不审查实质内容的情况下，极易与真正的预约合同相混淆[1]。《民法典》第495条所列举的预约合同的情况[2]有解释空间，即法院进行实质审查后，仅符合预约合同要件的意向书才应认定为预约合同；并非所有冠以"意向书"的文件都一概认为是预约合同。

预约合同通常应具备合意性、约束性、确定性和期限性四个要件[3]。但是表明订约意向的意向书的四个要件均有所欠缺。

首先，合意性要求是双方意思表示，而意向书成为预约合同的最大障碍在于，很多意向书欠缺作为任何合同都必不可少的明确的意思表示或合意。比如房地产买卖中，如果交易双方在相关协议中使用"考虑购买"等词汇，即表明双方欠缺明确的、受其拘束的意思表示，谈判过程还在继续；如果将该种意向书作为预约合同，那么合同双方的权利、义务将变得完全不确定[4]。

其次，不构成预约合同的意向书也缺乏必要的约束性。预约合同应当具有合同双方愿意受合同约束的意思表示。合同的拘束力不仅来源于法律，而且来源于缔约双方的意思表示，可谓当事人意志与法律意志之合一。因此，预约合同中合同双方默示或者明示受其约束的意思表示，是预约合同的必要条件[5]。而意向书作为交易双方用于表示交易意愿的载体，更近似于一种要约邀请，有表示价值，但是没有法律拘束意思，所以不构成一个完整、明确的意思表示。意向书仅仅表达继续进行磋商的意向，交易双方尚未就嗣后签订本约合同达成合意，因此没有签订本约合同的义务[6]。该种欠缺法律约束

---

[1] 诚如王利明先生所言，凡是当事人之间达成的希望将来订立合同的书面文件都可以称为意向书，但未必所有的意向书都是预约合同，只有那些具备了预约条件的意向书才能认定为预约合同。参见王利明：《合同法研究》，中国人民大学出版社2015年版，第39页。

[2] 即"当事人约定在将来一定期限内订立合同的认购书、订购书、预订书等"。

[3] 最高人民法院民事审判第二庭编著：《最高人民法院关于买卖合同司法解释理解与适用》，人民法院出版社2016年版，第51~52页。

[4] 韩强：《论预约的效力与形态》，载《华东政法学院学报》2003年第1期。

[5] 最高人民法院民事审判第二庭编著：《最高人民法院关于买卖合同司法解释理解与适用》，人民法院出版社2016年版，第51页。

[6] 王利明：《预约合同若干问题研究——我国司法解释相关规定述评》，载《法商研究》2014年第1期。

力的意向书既不是本约合同，也并非预约合同〔1〕。

再次，预约合同的内容应当有确定性，以免合同当事人在本约合同缔约阶段陷入谈判的僵局，致使预约合同丧失存在的必要。虽然囿于"事实和法律上的障碍"，商品房买卖预约合同中有大量的缺失条款和不确定条款，但是如果就此认为其欠缺核心条款将失之偏颇〔2〕。就不具有任何法律拘束力的意向性协议而言，其具体的交易条件尚不明确，仅仅体现出一种缔约的初步意向，仅使当事人有继续诚信磋商的义务，而该种义务并不能形成严格的拘束；相反，预约合同则由于存在订立本约合同的义务具有拘束力〔3〕。此外，恶意违反意向书所要承担的责任，是缔约过失责任，守约方仅能主张未能订立预约合同的信赖利益损失；不同于预约合同的违约责任。

最后，预约合同具有期限性。如果当事人约定应当订立本约合同，但是对于某个具体时间或者某个期间内订立并没有进行明确约定，将难以认定预约合同的成立，只能视为对于何时订立合同并无时间限制的意向书。

但是司法实践中由于购房者往往支付购房意向金或定金表明其嗣后缔结本约的意图，"意向书"中也有明确约定签订正式商品房买卖合同的期限条款，且认定为"意向书"更有利于保护在商品房买卖中处于弱势的买受人，因此实践中更多把冠以"意向书"之名的文件解释认定为一种预约合同，而不是不具有法律拘束力的意向性协议。譬如"仲某某诉上海市金轩大邸房地产项目开发有限公司合同纠纷案"〔4〕中，上海市第二中级人民法院认为案涉意向书不是普通不具法律效力的意向性协议。首先，案涉意向书具有合意性，当事人双方经过磋商已就嗣后在条件达成时进行商铺买卖达成合意，且明确了双方的权利和义务，不同于意见尚不一致的初步意向。其次，该意向书具有确定性，约定了所涉商铺的价款计算、认购时间等条款，具有内容上的确定性和现实履行基础。最后，该意向书具有约束性，一方面通过支付购房意向金

〔1〕 崔建远：《合同法》，法律出版社2021年版，第30页。

〔2〕 最高人民法院民事审判第二庭编著：《最高人民法院关于买卖合同司法解释理解与适用》，人民法院出版社2016年版，第52页。

〔3〕 王利明：《预约合同若干问题研究——我国司法解释相关规定述评》，载《法商研究》2014年第1期。

〔4〕 《仲某某诉上海市金轩大邸房地产项目开发有限公司合同纠纷案》，载《中华人民共和国最高人民法院公报》2008年第4期。

对仲某某嗣后优先认购行为进行约束，另一方面金轩公司也负有通知仲某某优先认购的义务，双方都有受其拘束的意思表示，不再是"初步意向"[1]。

（2）超出边界——本约合同和预约合同的关系。关于预约合同和本约合同的关系，从各国判例学说来看，迄今为止主要有以下三种观点：①合同更新说；②同一合同说；③两个合同说[2]。在笔者看来，既不是本约出现以后预约就因合同更新消失不见；也不是说本约就是预约，预约就是本约。"合同更新说"和"同一合同说"无疑否认了预约合同的独立性，认为预约乃是本约的附庸。与此相反，"两个合同说"维护了预约和本约彼此的独立性，尊重了当事人在预约阶段"仅订立预约，非订立本约"的意思自治，同时也表明了双方当事人在两个合同中有不同的权利义务。因此"两个合同说"，即认为预约和本约相互联系又彼此独立的观点最为合理。

理论上对于预约本约，大多数学者都支持"两个合同说"，坚持预约合同的独立性；但是在实践中，商品房买卖双方对于合同性质各执一词的情况下，如何认定合同为预约还是本约乃难点所在。

林诚二先生强调预约和本约的区分应探寻该合同是否包含本约所具备的全部要素，是否直接可以履行[3]。王泽鉴先生强调订金的收受可以认为成立合同，但是应该进一步解释当事人的真意[4]。最高人民法院认为依照《商品房买卖合同司法解释》第5条[5]之规定，将商品房买卖预约合同认定为商品

---

〔1〕《仲某某诉上海市金轩大邸房地产项目开发有限公司合同纠纷案》，载《中华人民共和国最高人民法院公报》2008年第4期。

〔2〕 王利明：《合同法研究》（第一卷），中国人民大学出版社2015年版，第42页。

〔3〕 林诚二先生认为，当事人间虽使用之文字为"不动产预定买卖契约书"，亦即不论冠以何名称，但实际上其约定内容已具备本约之要点，且有关具体权利义务之意思表示已一致者，应视为本约，而非预约；又当事人订立之契约为本约或预约，应就当事人之意思定之，当事人之意思不明或有争执时，应通观契约全体内容是否包含契约之要素，及得否依所订之契约即可履行而无须另订本约等情形决定之。参见林诚二：《民法债编总论——体系化解说》，中国人民大学出版社2003年版，第46页。

〔4〕 王泽鉴先生认为，当事人由他方受有订金，依第248条规定，应视为成立之契约，究为本约抑系预约，应依其情事，解释当事人之意思定之，不得谓凡有定金之授受者，概视为已成立本约。参见王泽鉴：《债法原理》，北京大学出版社2013年版，第136页。

〔5〕《商品房买卖合同司法解释》第5条规定："商品房的认购、订购、预订等协议具备《商品房销售管理办法》第16条规定的商品房买卖合同的主要内容，并且出卖人已经按照约定收受购房款的，该协议应当认定为商品房买卖合同。"

房本约合同，应当有两个条件：一是预约合同具备《商品房销售管理办法》第16条所规定的主要内容；二是房地产开发商已依约收取购房款。[1]笔者赞同其第一个条件，但是对其说明的第二个条件持否定态度，认为出卖人是否按照约定收取购房款是一个本约合同权利的实现形式，但是并不是预约和本约之间最大最核心的区别。

首先，立约定金和购房款之间金额不定、界限不明。因为在实践中，预约合同常附带缴纳一定数额的定金，该立约定金与本约合同的购房款都以金钱给付的形式存在。预约合同上约定的定金条款，有些要求缴纳几千元，有些要求缴纳几万元；现实商品房交易中，由于看房时买房人不可能带很多现金，所以还有采取先下"小定"再下"大定"的形式[2]。各地的商品房交易习惯有所不同，对于立约定金金额的范围国家层面也并没有一个明确的规定。而对于"购房款"的缴纳，实践中买受人支付房款的方式有三种；一是一次性付清全款，二是分期付款，三是以个人住房贷款的方式付款。近年来，我国房价涨幅大，房价高，一次性付清购房款全款占比小；实务中，购房者主要采取分期付款的交易方式，首付一般不低于房价总款的10%。余款一般在房屋交付使用后一段时间内付清，最长期限可达30年[3]。不难看出，无论是立约定金还是购房款都没有一个明确的数额限定，可能在某些情况下会出现立约定金等于首付的情况，难以区分两者。

其次，立约定金可能嗣后转变为购房款。根据《民法典》第587条之规定，预约合同中的立约定金可以在本约阶段抵作价款。如此一来，"出卖人是否按照约定收取购房款"并不是预约合同和本约合同的核心区别，在司法实践中如果仅凭此来区分商品房买卖预约合同和本约合同，可操作性十分有限。

因此，定金的收取不是区分预约和本约的关键；定金条款的内容规定才是关键。即如果在商品房销售中，双方约定购房者（通常是给付定金的一方）"不订立预售/现售合同"，将丧失定金，而开发商（通常是收取定金的一方）

---

〔1〕 最高人民法院民事审判第一庭编著：《最高人民法院关于审理商品房买卖合同纠纷案件司法解释的理解与适用》，人民法院出版社2015年版，第70~71页。

〔2〕 参见沈某与上海某房地产有限公司房屋买卖合同纠纷一案一审民事判决书〔（2008）青民三（民）初字第378号〕。

〔3〕 最高人民法院民事审判第一庭编著：《最高人民法院关于审理商品房买卖合同纠纷案件司法解释的理解与适用》，人民法院出版社2015年版，第71页。

"不订立预售/现售合同"，需双倍返还定金，那么该合同属于商品房买卖预约合同。如果约定购房者"不履行合同义务则丧失定金"，开发商"不按时交房应双倍返还定金"，此时该合同属于正式的商品房买卖合同[1]。

因此在笔者看来，预约合同和本约合同的核心区别有二：

第一，在于缔约双方是否有嗣后订立正式买卖合同的意向。因为预约和本约缔约目的差别显著：交易双方订立预约合同的是为了预先规划正式合同的有关事项，意义主要在于为缔约双方设定了在公平原则、诚信原则基础上嗣后进行磋商以缔结本约合同的义务；而本约合同则是交易双方对彼此特定的权利、义务进行明确约定。所以实践中，在商品房买卖预约合同中可以找到诸如"乙方需按以下时间缴付房款""乙方须在××××年××月××日前携本认购书、定金收据、本人身份证及复印件和首期楼款亲临××销售中心签署商品房买卖合同"[2]的内容，此类表示当事人双方愿意嗣后订立本约的用语或完整条款。除此之外，如果在合同中，交易双方明确约定当所涉商品房预售条件具备时还应当缔结相应的预售或者现售合同的，则该合同也应认定为商品房买卖预约合同。

第二，区分预约和本约，在于合同的条款是否完整，即是否具备13项"商品房买卖合同"的主要内容[3]，或者合同文本是否符合《商品房买卖合同示范文本》（分为预售和现售）。但是在实际交易中，一般而言商品房买卖预约合同中不可能存在上述完整内容，因为在商品房还没有开建或者完工的预约阶段，合同双方很难就供热、供水、供电、绿化、道路等配套基础设施何时交付进行明确承诺，也难以明确有关权益和责任分配，通常在预约合同中交付使用的条件和日期表现为不确定条款[4]。所以司法实践中，只要认购书等具备了交易双方的姓名或名称，商品房的基本情况、价格范围、付款时间、交付条件和日期时，就可以认定已经是正式的商品房买卖合同；反之，

---

[1] 参见梁慧星：《对买卖合同司法解释（法释〔2012〕8号）的解读和评论》，载中国法学网，http://iolaw.cssn.cn/zxzp/201305/t20130530_4622053.shtml，最后访问日期：2020年11月1日。

[2] 出自《广东省东莞市中信凯旋城楼宇认购书》。

[3] 13项"商品房买卖合同"主要内容出自《商品房销售管理办法》第16条。

[4] 最高人民法院民事审判第一庭编著：《最高人民法院关于审理商品房买卖合同纠纷案件司法解释的理解与适用》，人民法院出版社2015年版，第70页。

则应认定为商品房买卖预约合同。在"张某与徐州市同力创展房地产有限公司商品房预售合同纠纷案"[1]中，双方签订的预订单对于双方的姓名或名称，商品房的基本情况、单价等进行了约定，但是因为该预订单订立时作为买卖标的物的房屋还在规划而尚未进行实际施工，被告房地产开发商也没有取得商品房预售许可证；所以双方对所涉房屋的交付时间、违约责任等直接影响双方权利义务的诸多重要条款尚未明确约定，未决条款数量多，亟须在将来订立正式商品房买卖合同时进一步协商；因此该案中法院认定案涉预订单属于预约合同。

综上，若商品房买卖双方在合同中没有嗣后订立买卖合同的条款，合同的条款也具备"商品法买卖合同"的主要内容，那么即为本约，反之即为预约。

2. 认定为预约合同的必备因素

在什么情况下一个合同可以被认定为一个有效的预约合同？是需要定金条款，还是需要合同的命名如《民法典》第495条列举的那样为"认购书""意向书"等？笔者认为，定金条款仅是预约合同内容中常涵盖的一部分，各种命名也只是预约合同外在的"马甲"，对于预约合同乃至商品房买卖预约合同的认定还应该从预约合同的实质核心入手进行认定。

合同的构成实际上是"三素"的组合，即①要素（意思表示）+②常素（标的物质量、数量等）+③偶素（合同特点）。

正如吴从周先生所说："当事人订立之契约，究为本约或系预约，应就当事人之意思定之，当事人之意思不明或有争执时，应通观契约全体内容是否包含契约之要素、得否依所订之契约即可履行、无须另订本约等情形决定之[2]"。我们在谈论预约合同的特点前，先要明确"预约合同"首先是一个"合同"，需要具备一般合同的成立、生效要件，即在缔约主体有相应的民事行为能力，意思表示真实无瑕疵，标的合法不违反公序良俗的情况下才能认定合同成立且生效。按照《民法典》第470条以及参照原《最高人民法院关于适用〈中华人民共和国合同法〉若干问题的解释（二）》第1条之规定，

---

[1] 《张某与徐州市同力创展房地产有限公司商品房预售合同纠纷案》，载《最高人民法院公报》2012年第11期。

[2] 吴从周：《论预约：探寻德国法之发展并综合分析台湾最高法院相关判决》，载《台大法学论丛》，2013年11月出版，第767~845页。

在一般情况下，合同的成立基础应该具备当事人的名称或者姓名、标的和数量。王利明先生认为："一般而言，预约合同的成立需要具备当事人、标的以及未来订立本约合同的意思表示这三个必备要素。[1]"但是，预约合同指向将来订立本约合同，而不是指向标的物交付，因此在笔者看来，在预约合同的语境下，"标的"和"未来订立本约合同"同义，因此认定商品法买卖预约合同成立、生效最基础的要素和常素有三：一是有交易双方的基本信息，二是有未来订立本约的意思表示（标的），三是有所涉商品房基本的地点、面积、定价、数量等信息。

对于商品房买卖预约合同的"偶素"，基于该预约合同是为嗣后当事人能据此订立本合同，笔者认为除上文所述"合意性、约束性、确定性和期限性"的四要求外，还应该有愿意继续磋商的意思表示，对于订立正式买卖合同的日期有所约定。而且通常而言，商品房买卖预约合同中也应当约定交易房屋大致面积、坐落位置等基本情况和价金的计算标准，以此作为将来订立买卖合同的依据。

以立约定金条款担保本约合同的订立也可以认为是商品房买卖预约合同的"偶素"。因为实践中，商品房买卖预约合同常会附带立约定金条款，约定相应的定金罚则，以此作为嗣后订立本约合同的担保。从预约合同的理论上讲，由于许多购房者奋斗一生就为了获得一套属于自己的房产，且商品房交易标的额大，所以商品房买卖中从缔结预约合同开始就应该慎之又慎，其缔约条件应当比一般预约合同更为严格——这要求在商品房预约合同中不但具备拘束力的核心条款，而且一方面所涉房地产项目已开工建设，另一方面购房者需缴纳一定的定金进行担保，以此增强该预约合同的稳定性，减少不确定因素[2]。

对于预约合同是否需要"要式"这一特别成立要件，王泽鉴先生认为应分法定及约定两种情形而定：①在本约采取法定形式的情况下，如果法律对本约的形式为强制性要求，不得以预约迂回规避法律，即预约必须采取与本

---

〔1〕 王利明：《预约合同若干问题研究——我国司法解释相关规定述评》，载《法商研究》2014年第1期。

〔2〕 最高人民法院民事审判第一庭编著：《最高人民法院关于审理商品房买卖合同纠纷案件司法解释的理解与适用》，人民法院出版社2015年版，第69~71页。

约相同的形式[1]；②在要式是为了保全证据时，交易双方可以自行约定预约合同的形式，预约和本约不必要采用同样方式；但是如果要式是为了促使交易双方慎重其事，那么预约合同和本约合同都应该为要式。准此以言，关于不动产买卖的预约，亦应有第 166-1 条[2]规定的适用[3]。

在笔者看来，大陆的民法中对于要式或者要物等特别成立要件的特殊合同在法律条文中会有明确规定，在法条没有规定的情况下，奉行"意思自治"原则，合同双方可以自行协商合同的形式。虽然根据《商品房销售管理办法》第 16 条第 1 款之规定[4]，正式商品房买卖合同需要书面形式；但是预约合同系独立的合同，在《民法典》及原《合同法》相关司法解释等法律规范中，都没有对于预约合同的形式有所规定。由此可以说明：在我国，预约合同无须要式，仅当事人双方约定即可。作为典型的预约合同的商品房买卖预约合同，也应该形式自由，可以书面可以口头。但是在实践中，由于商品房买卖预约合同涉及高价的不动产交易，要体现预约合同缔约双方为将来订立正式商品房买卖合同所尽"最真诚的努力"，加之预约合同中常附带立约定金作为担保，出于促使合同双方慎重缔约的考量，商品房买卖预约合同也应当采用书面形式为其"偶素"。譬如，从海南省高级人民法院指导意见[5]第 8 条[6]中即可见，在司法实务中，法院即以商品房买卖预约合同要式为基准，在当事人提交认购书等书面合同后，方可认定该预约合同成立。

除此之外，按照最高人民法院的看法，商品房买卖预约合同中必然存在大部分不确定性条款，但是其中还应该约定将来商品房买卖的核心条款（如坐落位置，房屋的面积范围等），且条款应该具备面向未来的"可履行性"。

---

[1] 黄立：《民法债编总论》，中国政法大学出版社 2002 年版，第 50 页。

[2] 我国台湾地区"民法"第 166-1 条规定，契约以负担不动产物权之移转、设定或变更之义务为目标者，应由公证人作成公证书。

[3] 参见王泽鉴：《债法原理》，北京大学出版社 2013 年版，第 136 页。

[4] 即"商品房销售时，房地产开发企业和买受人应当订立书面商品房买卖合同。"

[5] 《海南省高级人民法院关于办理商品房买卖合同纠纷案件的指导意见（试行）》。

[6] 《海南省高级人民法院关于办理商品房买卖合同纠纷案件的指导意见（试行）》第 8 条第 1 款规定："开发商已取得商品房预售许可证，或当时虽未取得但起诉前已取得商品房预售许可证，拟购房人仅向开发商交纳认购金、订购金、诚意金等，并未与开发商订立认购协议、预购协议及意向书等，事后要求与开发商订立商品房买卖合同的，不予支持"。

即认购书只有对正式商品房买卖合同中的核心条款作出规定，其才能算是一个成立且生效的预约合同。如果一个开发商在开发项目尚未立项时就通过认购书等销售房屋，那么该认购书所有条款没有根据，并非针对特定项目，缺乏商品房买卖的现实基础，应当被认定为无效，开发商该行为也无异于非法融资[1]。

二、商品房买卖预约合同的违约责任

（一）预约合同的违约

如前文所述，预约合同的缔约目的是在将来订立本约合同；在房地产交易中，商品房买卖预约合同即为了购房者和开发商在一切障碍消除后，缔结正式的商品房预售或现售合同。

但是，近年来我国房价飞速上涨，在购房者和开发商签订"认购书"和订立商品房现售合同的时间差内，房价可能翻了好几番[2]。在房地产泡沫的作用下，出现了大量"投机的炒房者"和"逐利的开发商"。在商品房买卖预约合同作为房地产销售实践中公认的预售和现售合同的"前置程序"情况下，受商品房前后价值大范围波动等因素影响，"投机的炒房者"和"逐利的开发商"违反预约合同的情况屡见不鲜。

由此可见，商品房买卖预约合同的违约即当事人一方或双方受预约合同之外的异常因素影响，不正常履行缔结本约合同的义务，或者履行合同义务不符合约定。

但是，在司法实践中，预约合同当事人是否违约以及如何救济向来是案件的重要争点和司法判决的难点。从对司法裁判文书的归纳总结中可以得知，房地产买卖预约合同纠纷主要涉及：①对于合同属于预约还是本约的效力认定不明；②双方在本约条款难以协商达成一致时是否构成违约；③是否可以适用定金罚则；④是否可以要求强制缔约、实际履行；⑤违约的赔偿范围。

---

〔1〕 最高人民法院民事审判第一庭编著：《最高人民法院关于审理商品房买卖合同纠纷案件司法解释的理解与适用》，人民法院出版社 2015 年版，第 71~72 页。

〔2〕 在"沈某与上海某房地产有限公司房屋买卖合同纠纷一案"〔（2008）青民三（民）初字第 378 号〕中，仅在 2007 年下半年，案涉房产价值即从 6 398 000 元上涨到 12 699 600 元以上，前后价差在 6 301 600 元以上，房价翻了近两倍。

对于合同属于预约还是本约的性质的认定已在上文有所论述，以下将解决余下的涉及预约合同的主要纠纷问题。

(二) 预约合同违约的界限

预约合同违约的界限在哪里？合同双方在约定期限内协商未果、不能够顺利订立本约就构成违约吗？从我国台湾地区"民法"第 249 条[1]、《奥地利民法》第 936 条[2]，以及我国《商品房买卖合同司法解释》第 4 条之规定可知，如果有"不可归责于双方当事人的事由"存在，则并非预约合同违约，反之则构成违约。

首先，"不可归责于当事人双方的事由"包括双方在本约的缔约阶段，就预约合同条款未约定而本约合同中应有的条款无法达成一致。

在商品房买卖实践中，大多数情况下，房地产交易双方并不是就相关的预售或现售合同条款仔细打磨，反复协商；相反，开发商为了提高买卖的效率，预约合同乃至现售合同均是制式合同，其中有很多房地产开发商预先设置好的格式条款。购房对于中国人来说是一件很重要的大事，因此慎重的购房者对于格式条款不满意，与开发商无法协商达成一致，在约定订立本约的时间仍未成功订立，此时易被认为是违约。

但是在笔者看来，实践中由于交易双方订立商品房认购书（预约合同）时，商品房还处于在建状态，故认购书囿于事实和法律障碍，有许多缺失条款和不确定条款，一般只就认购房屋的基本位置信息、认购价格、付款方式等可以事先明确的内容有所约定；而远无法涵盖《商品房销售管理办法》第 16 条中的 13 项内容。因此，并不是说在开发商取得预售许可证等行政许可后，本约合同即可以全然照搬预约合同的条款而不必再加以细化补充。事实上，无论是本约还是预约都是独立的合同，虽然预约的目的就是订立本约，但是，实际上只是增加了订立本约的可能性，如果当事人为订立本约进行了"真挚的努力"，就合同中的各项条款提出相应的意见，平等、诚信协商，则不应当认定为违约。

---

[1] "契约因不可归责于双方当事人之原因，致不能履行时，定金应返还之"。

[2] 《奥地利民法》第 936 条规定，明确规定预约合同适用情事变更，即预约合同订后，如果由于环境变迁致使当事人缔约目的已无法实现，或一方当事人对其相对人失去信赖时，订立本约合同的义务即告消灭。

即虽然有关于预约合同中已经定下的诸如房屋价格、房屋位置等商品房买卖信息会照搬入本约中，但是在本约的订立中，有关于销售的具体内容，大到如供水、燃气、通信的交付，小到空调外挂机的位置都仍然需要购房者和开发商本着诚信原则进行进一步协商。如果商品房预约合同双方已经按商品房认购书中的约定，在约定的时间和地点履行本约合同洽谈的义务，就预约合同中的条款将作为正式合同的条款达成共识，并且磋商时没有恶意；即使就预约合同未有而本约合同应有的条款未能达成合意，也应该视为已然正确履行了预约合同约定的义务。

在司法判决中法官也秉持着预约和本约乃是两个独立合同的观点，对于一方当事人为订立本约经过"真挚努力"予以认可，并不认定为违约。譬如在"戴某某诉华新公司商品房订购协议定金纠纷案"[1]中，在约定本约合同订立的日期内，原告对于被告格式合同中"样板房仅供参考"的条款持有异议，在未能协商一致的情况下希望与被告择期继续协商，但被告认为原告违约遂没收其定金。苏州市中级人民法院二审[2]认为，在本案中"未能订立商品房预售合同的原因是双方当事人磋商不成，并非哪一方当事人对订购协议无故反悔"，因此法院判决被告返还定金，对于双倍返还定金也不予支持。同样，在"吕某诉北京德高房地产经纪有限公司、北京富河房地产开发有限公司案"[3]中，原告与被告在订立本约时，就是否可以在外墙安装空调室外机的条款未能达成一致，未能签订房屋买卖合同，彼此就对方是否违约产生了纠纷，一审法院审查后认为，原、被告双方出于个人利益或整体利益的考量对是否安装空调室外机持赞同或反对态度都并无不可，"双方均履行了就订立

---

〔1〕 《戴某某诉华新公司商品房订购协议定金纠纷案》，载《中华人民共和国最高人民法院公报》2006 年第 8 期。

〔2〕 苏州市中级人民法院认为，在继续进行的磋商中，如果一方违背公平、诚信原则，或者否认预约合同中的已决条款，或者提出令对方无法接受的不合理条件，或者拒绝继续进行磋商以订立本约，都构成对预约合同的违约，应当承担预约合同中约定的违约责任。反之，如果双方在公平、诚信原则下继续进行了磋商，只是基于各自利益考虑，无法就其他条款达成一致的意思表示，致使本约不能订立，则属于不可归责于双方的原因，不在预约合同所指的违约情形内。这种情况下，预约合同应当解除，已付定金应当返还。

〔3〕 高亭言：《因不可归责于当事人双方的事由未能订立房屋买卖合同的立约定金不适用定金罚则》，载北京市高级人民法院编：《合同法新型疑难案例判解》，法律出版社 2007 年版，第 267~270 页。

合同进行洽谈的业务，虽合同最终未能订立，但并非双方过错"，因此法院判决"收取定金的一方应返还定金"，也并不支持原告请求双倍定金赔偿的主张。

其次，"不可归责于当事人双方的事由"还包括在预约合同到本约合同的过程中发生的不可抗力、情事变更。如房地产买卖中，认购书订立后到预售或现售合同缔结前，开发商的主体资格丧失，开发项目被政府行政决定撤销、缓建，自然灾害、战争导致开发项目灭失等都构成不可抗力或情事变更[1]。

综上所述，可以说当事人违反公平、诚信磋商的义务是其承担预约合同违约责任的前提。即针对商品房买卖预约合同中的已决条款，在订立本约合同时，非经双方协商一致不得更改，否则构成对预约合同的违约。双方在预约合同所约定的时间内为订立本约合同就预约合同未决条款进行协商，没有不签订预售或现售合同的恶意，就算是正确履行了就商品房预约合同诚信磋商的义务；即使最后因未能协商一致或因不可抗力未能达成本约，也不可归责于任何一方当事人，双方均不构成违约。

（三）预约合同的违约责任

1. 关于定金

根据《民法典》第587条和《商品房买卖合同司法解释》第4条规定可知，在商品房买卖中，预约合同中常附带的定金/意向金/认购金条款属于立约定金兼备违约定金，相应的定金在订立预约后即由购房者交给开发商，起到担保本约有效订立的作用。如果是由于前述"不可归责于当事人双方的事由"致使最终商品房预售或现售合同未能订立的，由于不存在违约方，故定金应该"原路返还"购房者处。但是如果购房者出现了在订立预售或现售合同时恶意磋商或是放弃订立正式合同，那么其所缴纳的相应定金会被开发商没收；反之如果开发商由于房价飞涨，捂盘惜售，拒绝订立预售或现售合同，那么应该双倍返还定金。

通常而言，定金罚则能够适用于商品房买卖预约合同，自无争议；但有关其中定金的数额等问题，需要进一步明确。

有学者认为，"在一般情形下，定金和法定损害赔偿不能并用"。诚然，

---

〔1〕 最高人民法院民事审判第一庭编著：《最高人民法院关于审理商品房买卖合同纠纷案件司法解释的理解与适用》，人民法院出版社2015年版，第63页。

在一般合同的情况下，合同标的额是确定的数额，为保障交易的公平，可以依照《民法典》第 586 条第 2 款之规定，定金数额受到"不得超过主合同标的额的 20%"的限制，也不可以并用定金和损害赔偿。但是，具体问题具体分析，商品房买卖预约合同很显然不是"一般情形"下的普通合同。

首先，由于预约合同指向订立本约合同，因此在商品房买卖实践中，预约订立时，买卖双方通常不会直接约定一个精确的购房价格，而是会约定案涉房产每平方米的均价，以及一个合理的价款波动幅度[1]。而且在预约合同缔约时，大多数情况下商品房还处于建设状态，本约合同标的额很可能也尚未明确。因此，对于定金数额 20% 的限额只能适用于可以计算合同标的额的情况[2]。即在对商品房买卖预约合同定金数额的约定上，不应受定金数额不得超过主合同标的额的 20% 的限制[3]。

其次，虽然商品房买卖预约合同涉及的定金数额不再受法定约束，但是仍然应该并用定金和法定损害赔偿。因为在房地产买卖实践中，定金虽然在买卖双方订立本约后会被抵作价款，但是其仍与正式的购房款（如首付）大有不同。因为该种立约定金的金额一般不会太高，实践中多在 1 万元以下，相比几百万元乃至几千万元的购房款来说显得微不足道。而近十年来房价涨幅大，在预约和本约的时间差内，房价常常会出现翻番的情况，价差可能高达到几百万元，这本应该是开发商承担的必要的商业风险，但是在高额利润的驱使下，很多开发商宁愿违约依照定金罚则双倍返还定金，也不愿意按照预约中的价款约定订立正式的商品房买卖合同。该种行为不仅违背了民事责任中的"禁止得利原则"，而且往往使得购房者损失巨大，负担了高昂的机会成本；因此也应该根据《民法典》第 588 条第 2 款之规定，在定金之外，另外赔偿相应的违约损失。当然，在少数商品房买卖预约合同约定的定金过高的情况下，司法实践中还应考虑公平原则。

---

[1] 如在"仲某某诉上海市金轩大邸房地产项目开发有限公司合同纠纷案"中，原告仲某某与被告金轩大邸公司签订的《金轩大邸商铺认购意向书》中确定案涉商铺的销售均价为每平方米 7000 元，可能有 1500 元左右的浮动。

[2] 参见最高人民法院民事审判第二庭编著：《最高人民法院关于买卖合同司法解释理解与适用》，人民法院出版社 2016 年版，第 64 页。

[3] 参见王利明：《预约合同若干问题研究——我国司法解释相关规定述评》，载《法商研究》2014 年第 1 期。

综上，商品房买卖预约合同的中定金数额不应受"定金数额不得超过主合同标的额的 20%"的限制；同时在多数违约情形下还应该并用定金罚则和损害赔偿来弥补守约方的损失。

2. 关于实际履行

在上文提及对于不履行预约的效果有四种学说，即"强制缔约说"、"继续磋商说"、"区分说"和"视为本约说"。其中"强制缔约说"被德国、日本以及我国台湾地区所采用。在德国和我国台湾地区，当预约合同一方违约时，守约方得诉请履行，法院将命令双方对缔结本约合同达成合意，或直接在判决时视为违约方与守约方已经就本约合同缔结达成合意；而且基于诉讼经济原则，守约方可以同时请求订立以及履行本约合同[1]。在日本，交易双方的预约完结权得到承认，即当一方在预约合同基础上发出订立本约合同的要约时，无须相对方的承诺就可以成立本约[2]。在大陆地区的法律和司法解释中，对于预约合同违约是否可以允许强制、实际履行语焉不详，回避了这一问题[3]。对于该处"违约责任"是否能像《民法典》第 577 条所言承担包括继续履行在内的违约责任并不明确。

对于预约合同是否可以要求违约方实际履行，订立本约，诸多大陆学者所言不一[4]，有以梁慧星先生为代表的学者认定强制缔约有违当事人意思自

〔1〕 王泽鉴：《债法原理》，北京大学出版社 2013 年版，第 137 页。

〔2〕 最高人民法院民事审判第二庭编著：《最高人民法院关于买卖合同司法解释理解与适用》，人民法院出版社 2016 年版，第 60 页。韩世远：《合同法总论》，法律出版社 2008 年版，第 58 页。

〔3〕 在我国《最高人民法院关于审理买卖合同纠纷案件适用法律问题的解释》（法释〔2012〕8 号）中也只是把一方违约不履行订立买卖合同义务的后果概括为"对方请求其承担预约合同违约责任或者要求解除预约合同并主张损害赔偿的，人民法院应予支持。"

〔4〕 以梁慧星先生代表的学者认为，依据合同法关于合同自由原则的规定，当事人对于是否订立合同有完全的自由，不受他人和组织的强制。如法院强制当事人订立买卖合同，将剥夺当事人的意思自由，而与合同自由原则相悖。因此，强制订立本约，属于原《合同法》第 110 条第（1）项所谓"法律上不能履行"，或认为此次司法解释就能否强制缔约问题并未表态，这意味着在司法实践中法院应当征求双方当事人的意愿，若一方不同意缔结本约，则另一方无权要求继续履行预约合同，认定强制缔约有违当事人意思自治与民法原则不符。但是，也有王利明先生为代表的学者认为，既然认定预约是独立的合同，就应当赋予其与其他合同相同的效力，在违约的情况下，违约责任的形态包括了实际履行。因此，对于违反预约合同的责任，显然也可以适用实际履行的方式。梁慧星：《对买卖合同司法解释（法释〔2012〕8 号）的解读和评论》，载中国法学网，http://iolaw.cssn.cn/zxzp/201305/t20130530_ 4622053.shtml，最后访问日期：2023 年 8 月 29 日。

治与民法原则不符，反对在预约合同违约责任中的实际履行；也有以王利明先生为代表的学者认为实际履行可以适用于预约合同的违约责任。

在房地产泡沫快速膨胀的当下，商品房的价格水涨船高，90%的司法判决一审原告都是商品房的买方，且主要的诉求都是希望法院认定商品房预约合同系有效的商品房买卖合同，请求房地产开发商履行交房义务；或是赔偿正式商品房买卖合同违约的履行利益。虽然法律和司法解释为违反预约合同后的强制/实际履行留下了运用的空间，学界讨论也未有定论；但是在地方司法文件中，有地方法院明确反对在预约合同违约情况下对房屋买卖合同的强制缔结，如广东省高级人民法院《指引》[1]中第5条即规定："当事人一方无正当理由不履行预约合同约定的签约义务，守约方请求人民法院判决强制签订房屋买卖合同的，不予支持"。即使地方司法文件没有明确规定违反预约合同后是否可以强制履行，综观现有的司法判决，也会发现包括"戴案"[2]"仲案"[3]等最高人民法院公报案例在内，司法判决中几乎没有法院会支持原告"请求继续履行/强制履行"的诉求[4]，对于"实际履行"在预约合同违约责任中的适用非常慎重。多数情况下，法院认为由于案涉房产已经另行销售给第三方或尚未取得预售许可证，"履行不能"，因而只判令违约方进行金钱赔偿[5]。

笔者支持预约合同违约可以要求合同方实际履行，理由有以下五个：

第一，在商品房买卖预约合同的订立中，通常都采用书面形式，就基本价款、房屋面积等内容作了约定，有双方当事人的签字盖章，而且常附带定

---

〔1〕 文件全称为《关于审理房屋买卖合同纠纷案件的指引》。

〔2〕 全称为"戴某某诉华新公司商品房订购协议定金纠纷二审案"。

〔3〕 全称为"仲某某诉上海市金轩大邸房地产项目开发有限公司合同纠纷案"。

〔4〕 在"四川省射洪县长兴房地产开发有限责任公司西藏分公司与郜某某商品房预约合同纠纷案"中［案号：(2019)藏01民终635号］，一审法院认为，双方之间签订的《商品房预约协议（团购）》应继续履行为宜，支持预约合同的实际履行；但是二审法院认为，现该合同双方并未实际订立，因此涉案房屋既不能上市交易也不具备交付条件，因此郜某某请求长兴公司交付房屋的诉请于法无据，一审法院对此认定有误，本院予以纠正，并不支持预约合同的实际履行。

〔5〕 如在"仲某某诉上海市金轩大邸房地产项目开发有限公司合同纠纷案"中，二审上海市第二中级人民法院判决，为促使民事主体以善意方式履行其民事义务，维护交易的安全和秩序，充分保护守约方的民事权益，在综合考虑上海市近年来房地产市场发展的趋势以及双方当事人实际情况的基础上，酌定金轩大邸公司赔偿仲崇清150 000元。

金条款，以担保本约的订立。这种情况下可以表明两方面内容，一方面，可以表明合同双方都愿意受到预约合同乃至未来会在本约中出现的"已决条款"的约束，对于在约定日期订立本约达成了合意；另一方面，合同双方实际上都产生了对于未来订立本约以及本约基本内容的合理预期，为了保护此种信赖，不使缔约目的落空，应当使违约方承担签订本约合同的义务[1]。在实践中很多是因为房价飞涨，开发商认为预约合同中的价款过低而拒绝订立带有该"已决条款"的本约。此时司法审判应该意识到购房者对于"认购书"中约定的价款产生了合理的信赖，且在房价一直飞快增长的当下，预约与本约缔约间隔中上涨的价差是开发商可以预见且应该负担的商业风险，并非不可预见的异常变动。法院无视原告"实际履行"的诉求，判令金钱赔偿，才真正是违背了双方在预约合同中的"意思自治"。如果在预约到本约时间差中，合同成立的基础环境确实发生了异常的剧烈变动，出现了双方当事人都不能预见的情况，实际履行本约的订立将显失公平，此时法院事实上仍然可以判令双方强制缔结本约，并明示房地产开发商可以依据情事变更要求调整本约中的商品房售价。

第二，我国合同违约责任中以实际履行为原则，即使案涉商品房已经另行销售给第三方，预约合同也并不是《民法典》第580条所涉的"履行不能"的情况。首先，预约合同的标的是订立本约合同，而不是交付商品房，不存在"标的不适于强制履行或者履行费用过高"的情况。其次，我国承认独立的债权合同的存在，预约合同就是独立的债权合同，其缔约目的是另一个债权合同（本约合同）的实现，并不直接发生商品房买卖的法律效果，即预约合同自身鲜少存在"法律上或者事实上不能履行"。最后，我国采取债权形式主义，即并不因债权合同的订立而即刻产生物权变动的法律效果，所以即使本约订立时该商品房已经出售，或受限购等房地产调控政策的影响无法交付商品房，该本约的标的也仅是"难以实际履行"而"不违反效力性强制性规范以及公序良俗"，该债权合同也依然能够成立且生效。因此，案涉商品房是否能够最终交付，此乃本约合同应该考虑的问题，而不是在预约合同就直接认定的情况。实践中，由于商品房预售和现售合同的订立受到"预先取得预售许可证"的强制性法律规范的限制，因此在签订正式合同的时限内，若房

---

〔1〕 参见王利明：《合同法研究》（第一卷），中国人民大学出版社2015年版，第48页。

地产开发商未能取得预售许可，即构成对预约的违反，会造成预约合同难以实际履行（难以订立本约）；但是更多的情况下，法院以"案涉商品房已经另行销售给第三方"的理由否认预约合同实际履行的可能性，实则打破了预约和本约之间的界限，错误否认了预约合同的独立性。

第三，预约合同双方不仅具有嗣后订立本约的意思表示，而且在实践中，多数商品房买卖预约合同中已明确约定包括"当事人名称或者姓名、标的和数量"，所售商品房的数量、面积、位置、单位价格等本约将涵盖的主要条款，即预约合同中已经具备可以使本约合同成立的条件[1]。此时在有进行补充解释的极大可行性下，人民法院可以很轻易依据《民法典》第466条、第510条、第511条等有关规定对其他本约条款予以确定，即本约有法院强制缔结（预约实际履行）的可能性。在本约主要条款已确定的情况下，对于其余法院难以直接确定的更为细节的条款，买卖双方可以另行协商，以本约补充合同的形式存在，也并不影响预约合同的实际履行。

第四，违反预约合同后，违约赔偿的范围一直是司法实践中争议很大的问题，具体的赔偿金额多少法院并没有确定的标准，现实中甚至出现了一审法院和二审法院判决违约方赔偿金额差值高达14万元的情况[2]。但是如果实践中法院得以判决预约合同实际履行，那么不仅可以完全弥补守约方的损失，而且可以避免浪费社会资源，避免陷于确定具体赔偿金额的泥潭中，回避司法操作的烦琐，有利于提高司法效率[3]。

---

〔1〕 可参见《关于适用〈中华人民共和国合同法〉若干问题的解释（二）》第1条规定："当事人对合同是否成立存在争议，人民法院能够确定当事人名称或者姓名、标的和数量的，一般应当认定合同成立。但法律另有规定或者当事人另有约定的除外。对合同欠缺的前款规定以外的其他内容，当事人达不成协议的，人民法院依照合同法第61条、第62条、第125条等有关规定予以确定。"

〔2〕 在仲某某诉上海市金轩大邸房地产项目开发有限公司合同纠纷案"中，一审上海市虹口区人民法院根据涉案意向书的预约合同性质，结合被告的过错程度、原告履约的支出及其信赖利益的损失等因素，酌定被告赔偿原告损失10 000元并返还意向金2000元；而二审上海市第二中级人民法院为促使民事主体以善意方式履行其民事义务，维护交易的安全和秩序，充分保护守约方的民事权益，在综合考虑上海市近年来房地产市场发展的趋势以及双方当事人实际情况的基础上，酌定金轩大邸公司赔偿仲崇清150 000元，一审、二审判决被告赔偿金额差值高达14万元。

〔3〕 最高人民法院民事审判第二庭编著：《最高人民法院关于买卖合同司法解释理解与适用》，人民法院出版社2016年版，第57~58页。

第五，法院判决实际履行不仅可以使商品房交易双方慎重交易，而且可以充分保护守约方的利益，惩治"投机的炒房者"和"逐利的开发商"，促使商品房回归居住属性，房地产行业健康发展。诚然有学者认为"必须缔约说"从总体上有利于卖方，一旦买卖双方订立预约合同，买方将丧失其他选择机会，否则将面临违约。因此，预约合同一旦成立，就形成了一个局部的卖方市场，购买者除了卖方别无选择〔1〕。但是我们要注意到，判决实际履行主要的获利对象是商品房购买者，对其来说是利大于弊的。

首先，购置房产长久以来在中国人眼中都是一件大事。根据瑞信研究院2018 年度的《全球财富报告》，截至 2018 年，中国居民拥有的财富中金融资产占比约为 38%，非金融占比约为 62%，而非金融资产主要构成就是房产；而根据中国家庭金融调查与研究中心的研究报告，中国城市家庭总资产为428.5 万亿元人民币，其中住房资产占比高达 77.7%，金融资产占比仅为11.8%。绝大多数的中国人对于挑选房产都是十分慎重的〔2〕，愿意与开发商签订认购书且缴纳定金即意味着购房者在重重比较选择中认定了该商品房，并且对于本约能成功缔结乃至最终住进所选的商品房都产生了巨大的信赖。因此并不是"形成了一个局部的卖方市场，除了卖方，购买者别无选择"如此消极，而是积极的购买者经过慎重挑选后的自主选择，心甘情愿接受该"局部的卖方市场"，信任卖方会嗣后与其订立本约且交付房产。

其次，由于房价涨幅大，面对开发商捂盘惜售，不缔结本约的情况，如果不能够实际履行预约合同，判决开发商和购房者订立本约，那么购房者遭受机会成本的损失是巨大的。一方面，商品房买卖预约合同通常已经对所涉房产的定位、定价等作出了明确约定，双方固化了对于正式商品房买卖合同的期待利益，一旦一方违约，相对方将完全丧失期待利益。另一方面，在房价半年翻几番的情况下，购房者在开发商违约后，将无法按先前的金额购置其他同等条件的房产，即守约方丧失了同等条件下与他人订立同类商品房预

---

〔1〕 韩强：《论预约的效力与形态》，载《华东政法学院学报》2003 年第 1 期。

〔2〕 譬如在"戴某某诉华新公司商品房订购协议定金纠纷案"中，原告戴某某表示，"收到被告的签订合同通知后，原告于 4 月 25 日至被告处，与被告商定，待原告的丈夫 5 月 7 日从香港回来后再签合同"。苏州市中级人民法院也认为，"购买商品房乃一个家庭中的重大事件，理当由家庭成员共同协商确定。鉴于仅见过样板房、还不知商品房预售合同内容，戴某某提出等丈夫回来后签约，这个要求合情合理，不违反订立预约合同是为本约创造公平磋商条件的本意"。

售或现售合同的机会，机会损失很可能转变成现实损失[1]。判决实际履行，订立正式的买卖合同，即可以最大限度保护购房者的利益，完全弥补购房者高昂的机会成本。

除此之外，判决实际履行预约合同，强制订立本约后，如果一方违反本约，那么需要赔偿守约方相应的本约履行利益，即与房产价值同等金额的金钱给付。这对于当下在高额价差面前，甘愿承担定金罚则消极对待本约，随意违约的房地产开发商来说，是一个有强震慑力的警戒；对于投机的炒房者来说，是一个约束；对于绝大多数出于居住需求的购房者来说，是保障其合法权益，有百利而无一害。通过判决实际履行，预约合同双方的法律责任更强，这不仅有利于鼓励民事主体谨慎缔约，减少恶意缔约的情况，而且可以增强对恶意预约人的民事制裁，更能体现预约制度之法律价值[2]。

综上所述，判决商品房买卖预约合同违约方实际履行，不仅可以抑制炒房者对于当下商品房的投机，也可以惩治不守信用的开发商。一方面固定了购房者的交易机会，使购房者在房地产开发商见异思迁的情况下仍能获得救济；另一方面也固定了房地产开发商的交易机会[3]。最终得以促使商品房回归居住属性，使得房地产行业永续发展。

3. 关于违约的赔偿范围及数额

在违反预约合同的情形下，守约方不仅享有请求违约方订立本约合同的请求权，而且还产生了损害赔偿请求权。但是在当下司法实践中，绝大多数情况下，法院都不会如前述所言判决违约方实际履行预约合同，更不会使合同双方强制订立本约，而是选择适用定金罚则附加损失赔偿，用金钱赔偿替代实际履行。此外，《民法典》第 495 条也规定守约方可以主张损害赔偿，但是没有明确损害赔偿的范围以及计算方式。因此，在司法审判实务中的难题在于：应该如何确定商品房买卖预约合同违约情形下损害赔偿的范围以及金额？笔者认为有下述五点需要注意：

---

[1] 参见最高人民法院民事审判第二庭编著：《最高人民法院关于买卖合同司法解释理解与适用》，人民法院出版社 2016 年版，第 61~62 页。

[2] 最高人民法院民事审判第二庭编著：《最高人民法院关于买卖合同司法解释理解与适用》，人民法院出版社 2016 年版，第 59~61 页。

[3] 韩强：《论预约的效力与形态》，载《华东政法学院学报》2003 年第 1 期。

第一，对于商品房买卖预约合同的违约的赔偿范围，笔者认为应该赔偿预约合同的履行利益，且应当坚持完全赔偿原则。因为预约合同乃是一个独立的合同，有其独立性；即在其成立且生效后，作为一个合法有效的合同，如果其中一方违约，则应该赔偿对方相应的履行利益而不是信赖利益。有学者认为，"由预约合同之本质决定，无论追究违约责任的损害赔偿，或者解除预约合同后的损害赔偿，均仅限于赔偿机会损失（信赖损失），而不包括可得利益（履行利益）[1]"。在笔者看来这是否认了预约合同的地位上独立性，而且有违请求权基础的检索顺序。诚然，预约合同的标的是订立本约合同，不似本约合同有一个明确的标的物存在可以直接衡量其经济价值，因此对于其信赖利益的衡量与履行利益的衡量都很困难，很多时候需要借助本约合同的信赖利益以及履行利益来进行参照。我们可以说在数值上预约合同的违约损害赔偿金额等于本约的信赖利益，但是绝不意味着我们可以直接打破预约和本约的界限，认为一个成立且生效的预约合同的违约损害赔偿范围"仅限于赔偿信赖损失"。此外，从请求权基础的检索顺序来看，当有合同作为请求权基础时，通常无须再舍近求远，不必诉诸缔约过失责任。

第二，对于商品房买卖预约合同违约的损害赔偿数额范围，笔者认为，应该是介于本约的信赖利益赔偿数额与本约的履行利益赔偿数额之间，不得超过本约的履行利益[2]。一般而言，违约损害赔偿可以分为信赖利益赔偿和履行利益赔偿。信赖利益指的是守约方信赖合同有效成立，但是合同最终被撤销或者无效导致其无效支出了相应的费用和成本，包括订立买卖合同的费用、履行费用、机会成本等。履行利益指的是当法律行为有效成立后，债权人在合同有效履行后最终能够获得的利益。商品房买卖预约合同的履行利益一般是指一方遵守预约合同的约定，按照预约合同中已决内容与对方进行磋商而使双方获得的利益，即是一种能成功订立商品房预售或现售合同的机会[3]。

一方面，从先后顺序上看，在商品房买卖预约合同阶段，正式商品房买

---

〔1〕 梁慧星：《对买卖合同司法解释（法释〔2012〕8 号）的解读和评论》，载中国法学网，http://iolaw. cssn. cn/zxzp/201305/t20130530_4622053. shtml，最后访问日期：2023 年 8 月 29 日。

〔2〕 诚如王泽鉴先生所言，"预约与本约的性质及效力均有不同。一方不依预约订立本约时，他方仅得请求对方履行订立本约的义务，尚不得依预定的本约内容，请求赔偿其可预期的利益。"参见王泽鉴：《债法原理》，北京大学出版社 2013 年版，第 170 页。

〔3〕 沈志先、韩峰：《房产商违反预约合同的民事责任》，载《人民司法》2008 年第 6 期。

卖合同尚未订立。履行预约合同即订立本约合同，该履行行为本身并没有发生物上交易，也暂未生成实际可得的经济利益；若未达成本约，仅是失去了一次订立合同的机会。而本约合同的履行，则能够直接产生经济利益，其中包含可得利益〔1〕。因此，预约合同的履行利益通常并非等同于履行本约合同所能获得的利益；违反预约合同的赔偿金额不应当等同于赔偿本约合同履行利益的金额。

另一方面，从实质上看，商品房买卖预约合同的履行利益损害不应该低于商品房预售或现售合同的信赖利益损害。以本约合同为参照，预约合同总体上处于本约合同的缔约阶段。因此，相对于本约合同，违反预约合同的行为既是预约违约行为，也可以视为本约之缔约过失行为，在理论上可以认为有可能发生缔约过失责任和违反预约之违约责任之竞合。因此，预约合同违约损失总体不应低于本约合同的信赖利益损失〔2〕。该本约的信赖利益损失中既包括由于信赖本约能够订立而为准备嗣后履行本约所合理支出的实际费用（所受损失）〔3〕；也包括因为信赖本约能够订立而放弃其他缔约机会而遭受的机会利益的损失（所失利益）〔4〕。如果在商品房买卖中，不赔偿放弃以类似价格与他人缔约的守约方所遭受的机会成本损失，将使违约方从中不当获利，对守约方有失公平〔5〕。

除此之外，虽然商品房预约合同违约损害赔偿的数额介于本约的信赖利益赔偿数额与本约的履行利益赔偿数额之间，应该完全赔偿预约合同的履行

---

〔1〕 参见最高人民法院民事审判第二庭编著：《最高人民法院关于买卖合同司法解释理解与适用》，人民法院出版社 2016 年版，第 62 页。

〔2〕 参见最高人民法院民事审判第二庭编著：《最高人民法院关于买卖合同司法解释理解与适用》，人民法院出版社 2016 年版，第 61~62 页。

〔3〕 比如缔约费用、准备履行所需费用、已给付金钱的利息等。根据最高人民法院民事审判第二庭在《最高人民法院关于买卖合同司法解释理解与适用》中所言，司法实务中，买卖预约合同的损害赔偿范围主要是指"所受损失"，至少应当包括四项内容：（1）订立预约合同所支付的各项费用，如交通费、通信费等；（2）准备为签订买卖合同所支付的费用，如考察费、餐饮住宿费等；（3）已付款项的法定孳息；（4）提供担保造成的损失。因为这四项损失，有据可查，有账可算，比较明显，易于确定。最高人民法院民事审判第二庭编著：《最高人民法院关于买卖合同司法解释理解与适用》，人民法院出版社 2016 年版，第 62 页。

〔4〕 转引自韩世远：《合同法总论》，法律出版社 2004 年版，第 165 页。

〔5〕 沈志先、韩峰：《房产商违反预约合同的民事责任》，载《人民司法》2008 年第 6 期。

利益；但是仍然要受到《民法典》第 584 条"可预见性原则"的约束。同时，预约合同的违约损害赔偿也应该受到《民法典》第 591 条所规定的"减轻损害"规则以及《最高人民法院关于审理买卖合同纠纷案件适用法律问题的解释》（2020 修正）第 23 条所规定的"损益相抵"的规则约束，如此方可确定合理的赔偿范围。

第三，预约合同违约损害赔偿不适用惩罚性赔偿。一方面，即使是在 2003 年发布的《商品房买卖合同司法解释》第 8 条、第 9 条[1]中规定了商品房买卖过程中因出卖人恶意违约和欺诈，致使买受人无法取得该房屋而可以适用惩罚性赔偿责任的五种情形，此五种情形也均在正式商品房买卖合同（本约）缔约阶段才得以适用。另一方面，由于在预约合同阶段，预约合同的标的是本约的订立，商品房买卖双方尚未确定明确的购房款，且购房者往往只缴纳了定金，并未缴纳购房款；定金若依照合同约定抵作购房款也是在本约阶段的事情。因此针对预约阶段的违约适用定金罚则但是不适用惩罚性赔偿。

第四，在违反预约合同的场合，也应当考量迟延履行订立本约义务而产生的赔偿问题；但是只有在商品房交易一方因可归责的事由导致本约缔约迟延的情况下才适用[2]。在司法实践中，迟延履行订立本约的损害赔偿，应以守约方举证证明确有相应损害存在为前提。在迟延履行订立本约的情况下，法院判决实际履行预约合同，即强制性缔结本约的同时可以一并进行迟延履行的赔偿；但是在当事人请求解除合同，主张完全填补性损害赔偿的情况下

---

[1]《商品房买卖合同司法解释》（已失效）第 8 条规定："具有下列情形之一，导致商品房买卖合同目的不能实现的，无法取得房屋的买受人可以请求解除合同、返还已付购房款及利息、赔偿损失，并可以请求出卖人承担不超过已付购房款一倍的赔偿责任：（一）商品房买卖合同订立后，出卖人未告知买受人又将该房屋抵押给第三人；（二）商品房买卖合同订立后，出卖人又将该房屋出卖给第三人。"

第 9 条规定："出卖人订立商品房买卖合同时，具有下列情形之一，导致合同无效或者被撤销、解除的，买受人可以请求返还已付购房款及利息、赔偿损失，并可以请求出卖人承担不超过已付购房款一倍的赔偿责任：（一）故意隐瞒没有取得商品房预售许可证明的事实或者提供虚假商品房预售许可证明；（二）故意隐瞒所售房屋已经抵押的事实；（三）故意隐瞒所售房屋已经出卖给第三人或者为拆迁补偿安置房屋的事实。"

[2] 正如王泽鉴先生所言，"唯债务人因可归责事由对于订立本约应负迟延责任时，债权人得依一般规定请求损害赔偿。基于预约而生各种请求权的消灭时效，应依本约上给付履行请求权的时效期间定之。"参见王泽鉴：《债法原理》，北京大学出版社 2013 年版，第 137 页。

将会排斥迟延赔偿的适用。

第五，在个案中，商品房买卖预约合同违约损害赔偿中具体数额的确定，应该综合多种因素进行考量。一方面，在 2021 年 1 月 1 日新生效的《商品房买卖合同司法解释》中已经删除了原解释中第 8 条和第 9 条有关违反商品房买卖合同"可以请求出卖人承担不超过已付购房款一倍的赔偿责任"的内容，说明当前司法实践的导向是避免"一刀切"，而鼓励各级人民法院依照案件情况和当地经济发展水平具体问题具体解决。因此，法院对于违反商品房买卖预约合同违约损害赔偿中的"所失利益"的考量，应当从交易双方签订商品房买卖预售或现售合同最后确定的内容以及缔约概率大小入手理性判断[1]；此外还应该从公平、诚信原则出发，以促使交易双方善意履行义务，维护交易安全和秩序为目标，充分保障守约方的民事权益，并且结合案件具体情况，综合考虑诉讼时商品房所在地市场发展的趋势[2]、守约方的履约情况、违约方的过错程度、合理的成本支出等因素，酌情裁量[3]。另一方面，各地的法院也可以依据既有法律规范，结合本地区司法实践情况，出台相应的地方司法文件，细化以及标准化该地区对于预约合同违约的处理，既防止同一地区内"同案不同判"的发生，又能让商品房买卖双方在订立预约前对于一方违约"可预见损失"有所预估。譬如，天津市高级人民法院发布的《通知》[4]在第 6 条[5]中即细化了商品房买卖合同具体的违约损害赔偿，"最低额度不应低于房屋价格涨跌差价的 50%"；海南省高级人民法院发布的《指导意见》[6]第 9

---

[1] 沈志先、韩峰：《房产商违反预约合同的民事责任》，载《人民司法》2008 年第 6 期。

[2] 参见"仲某某诉上海市金轩大邸房地产项目开发有限公司合同纠纷案"一审、二审判决书，载《中华人民共和国最高人民法院公报》2008 年第 4 期。

[3] 最高人民法院民事审判第二庭编著：《最高人民法院关于买卖合同司法解释理解与适用》，人民法院出版社 2016 年版，第 62 页。

[4] 文件全称为《天津市高级人民法院关于依法妥善审理房屋买卖合同纠纷案件的通知》。

[5] 《天津市高级人民法院关于依法妥善审理房屋买卖合同纠纷案件的通知》（津高法〔2016〕158 号）在第 6 条中规定，一方违约且发生房屋价格涨跌情形的，涨跌差价属于合同履行后可以获得的利益，实际损失金额的确定应结合所处区域实际情况、守约方的履约情况、违约方订立合同时对房屋涨跌情形的预见能力、当事人的过错程度等因素综合判定，但最低额度不应低于房屋价格涨跌差价的 50%。

[6] 文件全称为《海南省高级人民法院关于办理商品房买卖合同纠纷案件的指导意见（试行）》。

条中〔1〕即明确了预约合同违约赔偿责任的金额范围及可以"请求出卖人承担不超过已付购房款一倍的赔偿责任"。若各地通过地方司法文件明确商品房买卖预约合同具体的违约损害赔偿责任，对于当前众多房地产开发商贸然销售房地产的行为将产生良好的抑制作用〔2〕，有利于商品房买卖中诚信磋商、公平交易。

综上所述，商品房买卖预约合同的违约责任中不应该否认实际履行的可能性；且损害赔偿应该根据个案情况，综合考量多方因素，按照可预见性规则进行判断，损害赔偿的金钱给付范围应该介于本约的信赖利益赔偿数额与本约的履行利益赔偿数额之间。

结 论

本文以当前商品房交易实践中常出现的"商品房买卖预约合同"为着眼点，从"效力认定"和"违约责任"两个维度对其进行分析。在综合分析各学者理论的基础上，结合现有的法律条文以及相关的司法判决，最终认为：一方面，商品房买卖预约合同是独立的合同，其中有体现双方嗣后订立商品房预售或现售合同的意向以及具备商品房买卖的核心条款时就可以认定为商品房买卖预约合同。另一方面，预约合同指向本约合同的订立，因此在房价飞涨的当下，在交易一方恶意违反商品房买卖预约合同时所要承担的违约责任，应当以实际履行为原则，以损害填补为例外；若进行损害填补，则应该赔偿预约合同的履行利益，具体赔偿数额应该介于本约的信赖利益赔偿数额与本约的履行利益赔偿数额之间。

商品房买卖预约合同的订立作为现代房地产交易中的重要一环，笔者认为对于其效力认定以及违约责任的处理当前需要立法和司法齐头并进、加以明确。

一方面，在立法领域，现有对于商品房买卖预约合同的立法仍过于粗糙、

---

〔1〕《海南省高级人民法院关于办理商品房买卖合同纠纷案件的指导意见（试行）》第9条中规定，因开发商的原因致使合同不能继续履行的，拟购房人除可以请求解除合同外，还可要求开发商返还已付购房款及利息、赔偿损失，并可以请求出卖人承担不超过已付购房款一倍的赔偿责任。

〔2〕谭蓉：《浅析商品房销售中的认购书》，载《人民法院报》2002年8月6日。

宽泛。因此首先，立法需要立足实践中常出现的具体情况，进一步明确在商品房交易中预约合同和本约合同之间的差异。其次，立法应该更加明确预约合同的违约责任以及赔偿范围，促使各地司法实践有相对统一的裁判标准，避免由于立法空白导致法官"无法可依"而完全凭借自身生活常识和对商品房交易习惯的推断进行判决。

另一方面，在司法领域，首先，各地法官应该更加明确预约合同是独立的合同，其标的是本约的订立，而不是案涉商品房。其次，法官应该依据现有的法律法规和具体案件情况"更加大胆"地进行司法裁判；即秉持民法中基本的"禁止得利原则"，在判决恶意违反商品房买卖预约合同的"投机的炒房者"和"逐利的开发商"的违约责任承担中，"大胆"支持守约方"实际履行"的请求；若判决损害赔偿，则应坚持赔偿范围介于本约合同的信赖利益与履行利益之间的立场；如此，方能使守约方的损失得到完全弥补。

综上，当实践中针对商品房买卖预约合同的立法"更细化"，司法"更大胆"的时候，定能够促使交易双方更加慎重、公平、诚信交易；减少恶意违约情况的出现。最终也定能够促使商品房回归居住属性，使整个房地产行业平稳、健康发展。

浅析条约的"有权解释"

邵昊天

摘　要：关于条约"有权解释"这一概念的准确含义，我国学界目前仍然众说纷纭。追溯这一概念的历史缘起，我们可以对"有权解释"这一概念在国内法与国际法领域中的原初含义进行一定的认识与反省。从解释主体上看，条约的"有权解释"是指全体缔约国对于其所缔结的条约作出的解释；从解释效力上看，它是能够体现全体缔约国意思一致地意欲赋予法律拘束力从而具备与原条约效力基本等同的解释性行为或解释性文件；从解释限度上看，它是符合《维也纳条约法公约》关于条约解释之规则并且与国际强行法相适应，与其他国际法上的"更高级规范""更高级价值"不相抵触的条约解释。

关键词：国际条约法；有权解释；解释主体；解释效力；解释限度

引　言

关于国际条约法当中"有权解释"这一概念的分析与阐释，我国学界目前还比较缺乏系统性的研究与分析。参考外国学者的研究我们可以发现，对于"有权解释"这一概念的理解与研究，大致可以分为国内法与国际法两个层面：[1]

一方面，在国内法层面，自"有权解释"这一概念在古罗马法中首次出

---

[1]　See Katharina Berner, "Authentic Interpretation in Public International Law", *Zeitschrift für ausländisches öffentliches Recht und Völkerrecht*, Vol. 76, No. 4, 2016, pp. 845−878.

现之时起〔1〕，直至其延续并发展至教会法〔2〕、国内世俗法〔3〕中，这一概念不仅指向解释主体的"法律解释权力"（并且往往只能是立法者本身或者被授权主体的权力），同时也指向解释主体作出的相关法律解释的效力（但不一定与被解释法律本身的效力完全等同）；与此同时，解释效力与解释主体高度相关，在效力范围上具有概括性、当然性（与解释主体的解释权所对应的全部范围相等同）。具体来讲，"有权解释"在国内法领域内的特点如下：

①在主体方面，"有权解释"主体必须具备"法律解释权"，其或源于立法权本身，或源于高于立法权的国家进行授权；

②在效力方面，"有权解释"具有当然的法律拘束力，其拘束力或等同于

〔1〕 正如一句经典的罗马法谚所述，"谁制定的法律谁就有权解释"（*ejus est interpretare legem cujus condere*）在（帝制时期的）古罗马，皇帝既是法律的唯一制定者，亦是法律的唯一"有权"解释者——皇权（*imperialis potestas*）是法律解释的唯一权力来源与唯一本质。"有权解释"这一概念在此阶段最重要的特征就在于，在主体上其垄断于罗马皇帝，统一于皇帝的立法权；在效力上其拥有和法律相等同的法律效力（force of law），并且法律的制定和解释在此阶段含混不清。参见李浩培：《条约法概论》，法律出版社 2003 年版，第 334 页；*Codex Justinianus*，Book 1, Title 14, Lex 12, cited in Katharina Berner, "Authentic Interpretation in Public International Law", *Zeitschrift für ausländisches öffentliches Recht und Völkerrecht*, Vol. 76, No. 4, 2016, p. 853.

〔2〕 中世纪的教会法（尤其是《教会法大全（*Codex Iuris Canonici*）》），在将罗马法中关于"有权解释"的概念引入教会掌权的语境之下，并且对其赋予了教皇全权下的意涵。在此阶段，"有权解释"的法律效力并不当然与法律相等同：当且仅当该"有权解释"系被法律原本的制定者所作出，且以法律的形式进行公布，其才具有完全法律效力（否则将不具备"溯及力"）；只有可靠的教皇（infallible pope）才是能将"有权解释"进行正式颁布，使"有权解释"被赋予完全法律效力的唯一主体。See *Code of Canon Law*: *Latin-English Edition*, CLSA Publications, 2012, 2nd edition, cited in Katharina Berner, "Authentic Interpretation in Public International Law", *Zeitschrift für ausländisches öffentliches Recht und Völkerrecht*, Vol. 76, No. 4, 2016, p. 854.

〔3〕 在被德国和普鲁士等欧陆国家吸收进国内世俗法体系后，"有权解释"的概念进行了进一步演变：一方面，它们充分接纳了古罗马法当中的关于"有权解释"这一概念的认识，将解释权力和"有权解释"进行紧密关联，并且也赋予了"有权解释"以当然的法律效力；另一方面，"有权解释"在此时期被赋予立法权监督并控制司法权的内涵：基于对于司法机构自由裁量与司法权的不信任，"有权解释"被垄断于作为立法机构的议会。在法院行使司法权、政府行使行政权时，对于相关法律进行的解释也逐渐被认为是"有权解释"，其法律解释的产物由于具有"附属性"，效力往往弱于立法机构的"立法解释"，无法与法律本身的效力相比肩。See Katharina Berner, "Authentic Interpretation in Public International Law", *Zeitschrift für ausländisches öffentliches Recht und Völkerrecht*, Vol. 76, No. 4, 2016, pp. 854-857; Hans Kelsen, *Introduction to the Problems of Legal Theory* (*Pure Theory of Law*), Oxford: Clarendon Press, 1st edition, 1992, p. 81.

法律本身，或弱于法律的拘束力，但在范围上（地域范围、对象范围等）与"法律解释权"及其基础权力所指向的空间范围和对象范围保持一致；

③在限度方面，"有权解释"在如今需要受到一定的限制：在规范层面，其受到宪法规范、宪法基本原则的限制；在制度方面，其受到来自国家有权机关（经常是司法权）的审查与限制。

另一方面，在"有权解释"这一概念被引入国际法层面之后，其内涵依旧被按照国内法层面的双重指向所理解。在国际条约法之中，由于"只有包含'约因'（consideration）的交换之协定，方可创设权利义务"，"缔约方之间就其承担的义务均作出'允诺'（promise），同时相应地产生权利"。[1]既然条约是由全体缔约国作为立法者通过合意所创造的，那么也只有全体缔约国达成合意之后对于条约进行的解释才能称为"有权解释"。更进一步地，在默认了国际法层面"有权解释"必须是能对全体缔约国发生法律拘束力的解释的前提之下，以《维也纳条约法公约》为分期节点，在公约颁布前、中、后各个时期的学者们逐渐开始试着回答这样一个问题："谁，以何种形式对条约所做出的解释能构成一项'有权解释'"？

随着国际实践与学说理论的发展，如今，许多学者开始反思学界关于"有权解释"业已达成的一些共识，并提出相应的质疑："有权解释"的解释主体所具有解释权力与解释效力之间是否存在着必然的确定性？[2]有权解释是否必然是无限制地具有法律拘束力？[3]我们究竟该如何解释国际社会普遍认同的"国际司法、国际仲裁机构对条约所做出的解释属于'有权解释'"与《国际法院规约》中明确规定的，法院对于条约的解释仅拘束案件当事国和案件本身而不及于第三国和其他条约缔约国从而对其不产生直接的法律拘束力[4]之

---

[1] Hugo Grotius, *The Law of War and Peace* (*translated by Francisco W. Kelsey*), Oxford: Clarendon Press, 1925, 2nd edition. 转引自张乃根：《条约解释的国际法》（上），上海人民出版社2019年版，第126页。

[2] 参见韩燕煦：《条约解释的特点——同国内法解释的比较研究》，载《环球法律评论》2008年第1期。

[3] Katharina Berner, "Authentic Interpretation in Public International Law", *Zeitschrift für ausländisches öffentliches Recht und Völkerrecht*, Vol. 76, No. 4, 2016, p. 875.

[4] 国际法院：《国际法院规约》，载"icj-cij.org"，https://www.icj-cij.org/public/files/statute-of-the-court/statute-of-the-court-ch.pdf，最后访问日期：2020年11月10日。

间的矛盾？[1]

通过将国际法领域各个时期学者们对于"有权解释"之认识进行分析，适当回顾国内法领域中"有权解释"之意涵与其在国际法领域之理解之间的对照考察，我们可以逐步回应上述质疑，并能够回答如下问题："谁，对于条约作出的具有何种效力的解释，在何种限度内可以构成一项'有权解释'"？

一、条约"有权解释"的主体要素

在"有权解释"这一概念在国内法领域经过长久的发展之后，其在菲利摩尔（Robert Phillimore）[2]、奥本海（Lassa Oppenheim）[3]等学者的推动之下，被引入到国际公法的法学理论当中，尤其是被引入到国际条约法的概念范畴之中。这些早期对于"有权解释"进行阐发的国际法学家对于这一概念的理解几乎都是源于对条约"合意"本质的认识。

随着国际实践的发展以及相关学说的完备，一些学者开始对传统学说之下"有权解释"所对应的主体要素进行反思，并且开始以国际社会当中一些共识性的条约"有权解释"主体和"非有权解释"主体作为理据，试图挑战传统学界对于"有权解释"主体要素的认识。

（一）条约的"解释权力"与条约的本质

条约具有非常悠久的历史，根据史料记载，早在古罗马时期，各个城邦之间就以条约的形式来调整相互之间的权利义务（多集中在战争领域和外交领域）。早期的条约往往是缔约国数目较少的双边条约，并且往往是契约性条约，其以处理缔约国之间的具体权利义务为最终缔约目的，非常突出缔约方之间的合意性质。在《战争与和平法》中，格劳秀斯以古罗马时期已降国家之间所缔结条约作为分析材料，将古罗马法学家西塞罗的《论义务》、《论题

---

〔1〕 参见韩燕煦：《条约解释的特点——同国内法解释的比较研究》，载《环球法律评论》2008 年第 1 期。

〔2〕 Robert Phillimore, *Commentaries upon International Law*, Vol. 2, T. & J. W. Johnson & Co., 1857, 3rd edition, pp. 89-120.

〔3〕 Lassa Oppenheim, *International Law*, Longmans, Green & Co., 2nd edition, 1912, pp. 582-586.

术》，罗马法的《学说汇纂》等论著和法律作为素材[1]，做出了如下总结："根据自然法和国际法，只有包含'约因'的交换之协定方可创设义务"；"事实上，这些协定具有依照法律的义务拘束力，比如含有各项规定和其他源自法律受益的约束力。这些均具有本身是高贵的，设置义务的效果"。[2]在"论契约"中，格劳秀斯更进一步地说明，平等性是契约的本质；条约作为平等的国际法主体之间的合意，与契约的性质完全一致。[3]

正如上文所述，不论是"有权解释"的概念，还是条约的出现，都与古罗马法具有密切的联系。早期的国际法学者也将"有权解释"与条约之本质进行结合分析，得到了为后世所普遍认可的论断：只有全体缔约国才具有条约的解释权力，只有全体缔约国共同作出的解释才是该条约的"有权解释"。

罗伯特·菲利摩尔是最先将"有权解释"引入国际公法领域的国际法学者之一，[4]其将罗马法中的理论与条约法中的内容进行了直接的比附："有权解释"即为"法律制定者（Lawgiver）对于法律的解释（exposition）"[5]。他认为解释是指根据既定的规则、确定的原则所支配的，通过正确的理由和理性的公平所推导而出的，嗣后可能会被吸收进法律本身的一种含义或意图。[6]进一步地，在国际条约法中，全体缔约国作出"有权解释"的行为是指一种立法行为，即缔结新条约，[7]而其背后的解释权力则和全体缔约国的"立法权"密切相关。如果说菲利摩尔更多还是在将古罗马法中的概念直接进行比

---

〔1〕　张乃根：《条约解释的国际法》（上），上海人民出版社 2019 年版，第 121 页。

〔2〕　Hugo Grotius, *The Law of War and Peace* (*translated by Francisco W. Kelsey*), Oxford: Clarendon Press, 1925, 2nd edition, pp. 328-329. 转引自张乃根：《条约解释的国际法》（上），上海人民出版社 2019 年版，第 126 页。

〔3〕　张乃根：《条约解释的国际法》（上），上海人民出版社 2019 年版，第 129 页。

〔4〕　在其之前，格劳秀斯虽然在其《战争与和平法》等著作当中数次提及条约的解释问题，但其所指仅是有权解释，从而在何为有权解释的问题上，在事实上"保持了沉默"。

〔5〕　Robert Phillimore, *Commentaries upon International Law*, Vol. 2, T. & J. W. Johnson & Co., 1857, 3rd edition, p. 95.

〔6〕　Quincy Wright, "The Interpretation of Multilateral Treaties", *The American Journal of International Law*, Vol. 23, No. 1, 1929, p. 101.

〔7〕　Katharina Berner, "Authentic Interpretation in Public International Law", *Zeitschrift für ausländisches öffentliches Recht und Völkerrecht*, Vol. 76, No. 4, 2016, p. 858.

附的话，那么自奥本海以来，学者们则更进一步对于条约法中的"有权解释"进行了国际法语境下的结合："……必须强调的是，条约的解释首先是一个关于全体缔约方之间有关同意（consent）[1]的问题"；[2]"有权解释"从而指向的就是全体缔约国均"同意"而达成合意所作出的条约解释。

随着国际社会的发展，在国际司法实践中，"有权解释"的主体权力指向也逐渐出现在了国际司法机构的裁决之中：常设国际法院在波兰与捷克斯洛伐克的划界问题的咨询意见当中明确强调了，"对于一项法律规定作出有权解释的权力仅仅属于有权修改（modify）或是取代（suppress）这项法律规定的人或者实体"，并且认为这是一项"已经建立起来的原则"。[3]也就是说，常设国际法院在主体论上认可，"有权解释"只能够由有权对其进行修改或者取代的主体作出，对于条约而言，则当然指向该条约的全体缔约国。不过值得注意的是，常设国际法院在此并没有强调该解释主体必须从形式上也需要是全体缔约国，而存在实质解释的空间。

如今，学者们普遍认同"条约是至少两个国际法主体意在原则上按照国际法产生、改变或废止相互间权利义务的意思表示的一致。"[4]而"有权解释"在权力主体上也要求必须是意思表示达成一致的主体，即在实质意义上指向全体缔约国。"当一个解释是被有权去实施该意欲被解释的法律的主体作出之时，该解释会被称为'有权解释'"；"在国际法当中，那些法律的主体同时也常常是被授予适用法律的权力的主体；当某国际法律规范的解释是由既是其法律主体（subjects），也是该法律的作者（authors）所做出的时候，构成一项'有权解释'"。[5]

在形式上，经全体缔约国作出的解释当然地符合"有权解释"的主体权

---

〔1〕《维也纳条约法公约》第 2 条中对于"缔约国"的解释亦认为，"称'缔约国'者，谓不问条约已未生效，同意承受条约拘束之国家"。

〔2〕 Lassa Oppenheim, *International Law*, Longmans, Green & Co. , 2nd edition, 1912, p. 582.

〔3〕 Permanent Court of International Justice, *Publications of the Permanent Court of International Justice Series B-No.* 8; *Collection of Advisory Opinions*, A. W. Sijthoff's Publishing Company, 1923.

〔4〕 李浩培：《条约法概论》，法律出版社 2003 年版，第 3 页。

〔5〕 Brigitte Stern, "Interpretation in International Trade Law", in Malgosia Fitzmaurice、Phoebe Okowaed. , *Treaty Interpretation and the Vienna Convention on the Law of Treaties*: *30 Years on*, Leiden, Boston: Martinus Nijhoff Publishers, 2010, p. 112.

力要素,在实质意义上经过全体缔约国合意而形成的解释亦应当认定为满足了"有权解释"主体权力要素(如经个别缔约国作出、嗣后获得全体缔约国认可,从而在全体缔约国之间形成意思表示合致的解释符合主体解释权力的要求;全体缔约国以相同的意思所作出的意涵一致的实践行为,虽然在形式上是单独的、个别的,但是在事实上、在意思上已经形成了合致,从而亦符合主体权力要求)。[1]也就是说,在当今的学说观点之下,"有权解释"在主体方面,其重点不再拘泥于"形式主体",而在于"实质主体",即作出该条约解释的实体是否因具有全体缔约国达成合致的意思表示而具备解释权力。

可以说,古罗马法谚"谁制定的法律谁就有权解释"在国际条约法当中随着时代的发展不断被再认识,也不断被赋予新的内涵。

(二)对于"有权解释"范围进行挑战之情形在主体要素上的回应

1.个别缔约国单独或集体作出的"单方解释"不是"有权解释"

随着国际法学界对于条约法、条约解释问题的不断认识,部分学者开始对传统理论上关于条约解释主体要素进行系统性的反思。部分学者认为,如果必须需要全部缔约国作出的解释才能构成一项"有权解释"的话,那么将出现诸多不合理的推论;[2]而另一部分学者则直接认为,对于条约解释的权力不仅归属于全体缔约国(Brownlie认为,显然各缔约国均具有解释条约的能力,但这受到一些其他法律规则的约束[3],例如"条约解释的规则"、对于第三国原则上不产生权利义务的原则等),对于单一或部分缔约国而言,其

---

〔1〕 参见李浩培:《条约法概论》,法律出版社2003年版,第347~349页。

〔2〕 "如果必须需要全体当事国的合意才能构成一项'有权解释',那么很可能会出现极少数当事国反对绝大多数缔约国业已达成合意的解释,从而发生极少数当事国的意志排除和阻碍大多数当事国意志的问题(相当于赋予全体缔约国关于条约解释的'一票否决权');按照此种逻辑推理,一个解释可能既是有权的,又是非有权的:比如在双边条约的场合,一方作出的单方解释在获得对方同意的时候即是有权的,在被反对之时则是非有权的;在'全体一致同意'的条约解释规则的支配之下,非善意解释因此而获得了颉颃善意解释的机会:比如在多边条约当中,少数当事国的非善意解释就可以阻止多数当事国的善意解释在全体当事国之间产生效力。"参见万鄂湘等:《国际条约法》,武汉大学出版社1998年版,第209页。

〔3〕 Sir Ian Brownlie & James Crawford, *Brownlie's Principles of Public International Law*, Oxford: University Press, 9th ed, 2019, p. 378.

"单方解释"（auto-interpretation）亦属于"有权解释"。[1]

　　然而事实上，单一或者部分缔约国作出的"单边解释"，在获得全体缔约国意思表示的合致（并且还未成为一项习惯国际法）之前，并不能满足解释主体的解释权力的要求，从而不能成为一项"有权解释"。在国际社会中，由于国家是主权的，所以在主权之下，"各国法律地位平等"，"每一国均有责任充分并一秉诚意履行其国际义务"[2]。基于此等平等的法律地位，为了更好地履行其通过条约缔结所应履行的法律义务，每个国家都应具有对自己作为条约缔约国参与缔结的条约的解释权利，但这本质上仅属于一种基于国家主权平等之下的主权权利，而不是一种"权力"，其不能与"有权解释"所要求的"解释权力"相对应或相等同。回顾布朗利关于"各缔约方均具有解释条约的能力"之说法[3]，其表述并不存在问题，因为各主权国家的确有权利对条约进行解释，但这不意味着此等权利能够构成"有权解释"中的"解释权力"。

　　综上所述，由于个别缔约国作出的"单方解释"的背后仅仅是基于主权的解释权利，而并不构成隐含着全体缔约国之合意的"解释权力"，从而其不可能是条约"有权解释"的适格主体，但此种"单方解释"并不当然不具备任何拘束力。对于此等解释拘束力的探寻，将在下文进行探讨。

　　2. 国际法院在裁判中对条约进行的解释符合主体要求中的"权力要求"

　　部分学者在论述条约"有权解释"主体之时，对于国际社会普遍认可的，国际司法机构及国际仲裁机构在案件裁判当中所作出的条约解释构成"有权解释"产生了质疑。[4]因为其背后似乎并不存在案涉条约全体缔约国意思表示的合致，从而在形式意义上、实质意义上都不是由全体缔约国所作出的条

---

　　〔1〕参见韩燕煦：《条约解释的特点——同国内法解释的比较研究》，载《环球法律评论》2008 年第 1 期。

　　〔2〕联合国：《关于各国依联合国宪章建立友好关系及合作之国际法原则之宣言》，载"un. org"，https://www. un. org/zh/documents/treaty/A-RES-2625（XXV），最后访问日期：2020 年 11 月 10 日。

　　〔3〕Sir Ian Brownlie & James Crawford, *Brownlie's Principles of Public International Law*, Oxford: University Press, 2019, p. 378.

　　〔4〕参见韩燕煦：《条约解释的特点——同国内法解释的比较研究》，载《环球法律评论》2008 年第 1 期。

约解释,故此种解释的解释主体不具有"解释权力"。[1]

为了回答此种质疑,我们可以国际法院为例,分情况对于国际法院作出判决的前提条件进行类型化处理:

情况①——案涉被解释的条约中规定了国际法院应作为条约解释和适用等问题的争端解决机构:

此种情况下,各缔约国在缔结条约之时,事实上已经达成了对国际法院进行解释权力的授权合意,全体缔约国意欲赋予国际法院以"有权解释"的基础——条约解释权,意欲使国际法院作出具有法律拘束力的解释。

情况②——案涉条约未规定国际法院为条约解释或适用的争端解决机构:

Ⅰ 全体缔约国都是《国际法院规约》的当事国;

Ⅱ 争端国均是或者一方或双方本身不是《国际法院规约》的当事国,但法院对案件具有管辖权,且其他缔约国均是国际法院规约当事国或者参与进案件,成为案件的当事国;

Ⅲ 争端国均是或者一方或双方本身不是《国际法院规约》的当事国,但法院对案件具有管辖权,且其他缔约国中有部分缔约国既不是《国际法院规约》的当事国,也未参与进案件,成为案件的当事国。

事实上,在情况Ⅰ和Ⅱ当中,全体缔约国都在案件发生前或案件受理时认可了国际法院的管辖权,承认了《国际法院规约》的规定,形成了一种授予国际法院解释条约权力的合意;在特殊情况Ⅲ中(目前在195个主权国家中,非《国际法院规约》当事国的仅有两国),我们可以认为,由于国际社会反复一致的实践都认可了国际法院对任何案涉条约均具有解释权,该部分非《国际法院规约》当事国,亦非案件当事国的案涉条约缔约国,在事实上已可以算作默示同意了国际法院的解释权力,应当可以认为缔约各国亦达成了赋予国际法院以条约解释权力,使国际法院作出具有法律拘束力的条约解释的合意。

---

[1] 参见韩燕煦:《条约解释的特点——同国内法解释的比较研究》,载《环球法律评论》2008年第1期。

二、条约"有权解释"的效力要素

（一）效力要素由国内法至国际法的演变

根据文章引言部分关于国内法层面"有权解释"效力的阐述，在上升至国际法层面之前，"有权解释"在效力内容上被认为具有当然的法律拘束力，其拘束力或等同于法律本身，或弱于法律的拘束力；在效力范围上，其与"法律解释权"及其基础权力所指向的空间范围和对象范围保持一致。由于国际法和国内法在体例结构上存在显著差别，欲将"有权解释"在主体要素中的"效力要求"进行查明，必须将国内法、国际法二者的结构进行比照。

国内法与国际法之间在体例结构上最为显著的区别在于，国内法属于"从属法"，而国际法则属于"同位法"[1]。基于此种区别，国际法中"有权解释"所对应的效力与国内法中或存在一定的区分。

就像凯尔森所认为的那样：[2]国内法之中，广义的"法"存在明确的位阶，下一等级法从属于上一等级法，对于上一等级法的解释（未考虑立法解释）将落入下一等级法的效力等级之中。故在国内法中，除去立法解释之外的法的"有权解释"，其产物往往在效力内容上低于被解释的法本身，在效力范围上，视解释作出机关依傍的解释权力所指向的"本权"（中央立法权、地方立法权、地方司法权等）有所不同。而之所以会呈现出如此法的等级，很大程度上是由于各种"本权"最终均能够归为国家所有，而国家在对其进行分配时存在一定的位阶，从而导致对应的"解释权力"存在范围上和效力上的区别，最终体现在解释本身的效力在地域范围、对象范围和效力内容上的分别。

然而，在国际法之中，各种法律规范对于当事国而言在不考虑特殊法与一般法、新法与旧法之间的特殊关系与国际强行法、《联合国宪章》的"更高

---

〔1〕 参见韩燕煦：《条约解释的特点——同国内法解释的比较研究》，载《环球法律评论》2008 年第 1 期。

〔2〕 Hans Kelsen, "Legal Studies on the Theory Law Interpretation", *Legal Studies*, Vol. 10, No. 2, 1990, pp. 127–130.

级规范"等之时，往往在效力上是完全等同的，故大体可以称之为"同位法"。[1]其同位性的根源在于，各国际法主体由于同时是法律主体和法律创制者，基于国家主权平等原则的要求，每一项法律规则均是国家意思表示的体现，当事各国需要平等遵守。另外，不存在超国家实体对于"解释权力"及其背后"本权"的分配或赋予。[2]在国际法当中，由于不存在能与"国际立法者"（缔约国全体）相制衡的国际司法者或国际行政者，国际法的"有权解释"只能指向立法本身，其效力也必然在原则上等同于立法者所立之法。其解释主体在权力上的要求，即具备各缔约国（或形式上或实质上）通过达成条约解释合意所显现而出的条约解释权力，导致如果解释主体意欲赋予解释以法律拘束力，则该解释必然会成为具有与立法权所创制而出的法律相等同的法律拘束力。从而一方面在效力范围上，其与立法权所指向的效力范围相重合（指向全体缔约国，不论是空间概念还是对象概念）；另一方面在效力内容上，其效力原则上应当与原条约相一致，具有同样程度的法律拘束力。

（二）"有权解释"需要缔约各国赋予条约解释以法律拘束力

1. "准有权解释"与缔约各方的"嗣后行为"

早期国际法学者在认识条约解释之时，一些学者便注意到有一些全体缔约国共同作出的条约解释在程序上"较正式"，即当事各方在缔约之后达成了一项新的条约，并且在其中写明它们对所欲解释的"目标条约"的解释；而另一些则"非正式"，即当事各方非正式地就一项他们共同的认识达成某种共识。[3]但当时的学者并没有将二者在效力上的差异进行进一步分析。

此后，学者路德维克·埃里克（Ludwik Ehrlich）关于后一种"非正式"解释方法在效力方面进行了阐发[4]。其提出了"准有权解释"的概念："准

---

〔1〕 参见王铁崖：《国际法引论》，北京大学出版社1998年版，第11~13页。

〔2〕 参见王铁崖：《国际法引论》，北京大学出版社1998年版，第12页；李浩培：《国际法的概念和渊源》，贵州人民出版社1994年版，第27~39页、第45页。

〔3〕 参见［英］詹宁斯·瓦茨等修订：《奥本海国际法》（第一卷·第二分册），王铁崖等译，中国大百科全书出版社1998年版，第662页、第718页。

〔4〕 See Ehrlich, Ludwik, "'L'interprétation des traités", *Collected Courses of the Hague Academy of International Law*, 24 (1928).

有权解释"不仅包括"嗣后实践"（subsequent practice），即"条约各当事方在条约生效后可以默示地表明对该条约的某一用语有相同了解的在该条约适用上一致的实践"[1]；还包括当事国嗣后所达成的，关于条约解释或适用的任何在形式上不构成一项新条约的协定（agreement），即"嗣后协定"。不过，路德维克并不认为"有权解释"（与本文中"有权解释"的概念事实上并不相同）和"准有权解释"在法律效力上是相同的；相反，他主张"准有权解释"由于缺乏明确的关于各缔约方主观意图的表达，不具有修正（amend）条约的作用（并不当然对条约当事各方具有如同他所认为的"有权解释"那样"附属立法"的法律拘束力）[2]。

在此之后，学界关于"嗣后行为"——"嗣后实践"与"嗣后协议"的效力与地位问题一直争论不下，在《维也纳条约法公约》缔约始终，此问题在草案中的认识一直存在摇摆，诸多学者亦众说纷纭。哈佛一方在其草案第19条[3]中的表述，采取了列举的方式来规定条约解释的参考因素，并将"准有权解释"（自此开始表述为"嗣后行动"，subsequent conduct）纳入其中，但也仅仅将它作为一种确认条约内容的解释方式之一，其本身并不具备法律拘束力。具体来讲，哈佛一方对于"准有权解释"作用的认识在于，"在解释条约时，国家的嗣后行动不能够被忽视"。[4]《维也纳条约法公约》最终采纳了沃尔多克爵士（Sir H. Waldock）的观点，以条约的作准解释要素（authentic means of interpretation）[5]，亦可称为"有权的解释方式"的形式为"嗣

---

〔1〕 李浩培：《条约法概论》，法律出版社 2003 年版，第 348 页。

〔2〕 See Ehrlich, Ludwik, "'L'interprétation des traités", *Collected Courses of the Hague Academy of International Law*, Vol. 24, No. 4, 1928.

〔3〕 "A treaty is to be interpreted in the light of the general purpose which it is intended to serve. The historical background of the treaty, *travaux préparatoires*, the circumstances of the parties at the time the treaty was entered into, the change in these circumstances sought to be effected, the subsequent conduct of the parties in applying the provisions of the treaty, and the conditions prevailing at the time interpretation is being made, are to be considered in connection with the general purpose which the treaty is intended to serve." Harvard Law School, *Harvard Draft Convention-Comment on Art.* 19, AJILSupp. 29 (1935), p. 996.

〔4〕 Harvard Law School, *Harvard Draft Convention-Comment on Art.* 19, AJILSupp. 29 (1935), p. 996.

〔5〕 H. Waldock, *Third Report on the Law of Treaties*, ILCYB 16 (1964), Vol. 2, 5 (25).

后实践"与"嗣后协议"进行了定位[1]，并且在联合国第 70 次大会报告第四章《嗣后协议与嗣后实践与条约解释》[2]给出了"作准的"、"嗣后实践"与"嗣后协议"的明确解释：

"作准的"（authentic）一词是指缔约国行为不同形式的"客观证据"或"证明"，反映了"缔约国"对条约含义的"共同理解"[3]；"嗣后协议"是指缔约方在条约缔结后达成的关于解释条约或适用条约规定的协定；（作为有权的解释方式）"嗣后实践"是指条约缔结后确定各缔约方对条约解释意思一致的适用条约的行为[4]。

国际法委员会认为，之所以其将"嗣后行为"描述为"作准的"（亦称"权威的"）解释方式，是因为委员会认为，作为条约基础的缔约国在确定条约意义方面具有特定的权威性，在条约缔结之后也依旧如此。[5]但是，国际法委员会之所以只是将二者定位为"权威的解释方式"，是因为委员会不认为它们具有必然的决定性，只是纳入"考虑"的范畴，从而并不必然具有法律约束力。

2. "嗣后行为"与具有法律拘束力的"有权解释"

可以看到，主流观点之下，"嗣后协议"与"嗣后实践"不能当然具备法律拘束力，而只能作为一种权威性的或称"作准的"证明要素，本文认为，很大程度上是因为此二者并不当然包含缔约各国意欲将该嗣后的解释性行为赋

〔1〕 联合国：《维也纳条约法公约》，载 "treaties. un. org"，https://treaties. un. org/doc/Treaties/1980/01/19800127%2000-52%20AM/Ch_ XXIII_ 01. pdf，最后访问日期：2020 年 11 月 11 日。

〔2〕 United Nations, *Subsequent agreements and subsequent practice in relation to the interpretation of treaties*, *with commentaries*，载 "legal. un. org"，https://legal. un. org/ilc/texts/instruments/english/commentaries/1_ 11_ 2018. pdf，最后访问日期：2020 年 11 月 10 日。

〔3〕 United Nations, *Subsequent agreements and subsequent practice in relation to the interpretation of treaties*, *with commentaries*，"legal. un. org"，https://legal. un. org/ilc/texts/instruments/english/commentaries/1_ 11_ 2018. pdf，最后访问日期：2020 年 11 月 10 日。

〔4〕 United Nations, *Subsequent agreements and subsequent practice in relation to the interpretation of treaties*, *with commentaries*，"legal. un. org"，https://legal. un. org/ilc/texts/instruments/english/commentaries/1_ 11_ 2018. pdf，最后访问日期：2020 年 11 月 10 日。

〔5〕 See United Nations, *Subsequent agreements and subsequent practice in relation to the interpretation of treaties*, *with commentaries*，"legal. un. org"，https://legal. un. org/ilc/texts/instruments/english/commentaries/1_ 11_ 2018. pdf，最后访问日期：2020 年 11 月 10 日。

予法律拘束力的意思。在条约的领域，诸如《赫尔辛基最后文件》（Helsinki Final Act）等仅起到政治性号召作用的"准条约"即是很好的例子。[1]

如果缔约各国在"嗣后协议"之中使用的词语十分缓和，比如，将各个规定都使用"将"（will）而不是"应"（shall），在其他词汇上均采用语气松缓的字词，如"可能"（may）、"也许"（maybe）等明显体现出缔约各国并不愿受到其共同对条约所作出解释的拘束，而仅仅意欲进行某种倡导[2]，则其不能够构成一项"有权解释"，其只能成立一项倡导性文件或者政治表态。相反，如果缔约各国在"嗣后协议"中采取比较严格的语气，则可以推定缔约各国意欲受到条约之解释的拘束，应当具备法律拘束力，从而才能够构成一项"有权解释"。

对于"嗣后实践"来讲，情况更为复杂。各缔约国即便采取了一致的行动，但如若各缔约国在行动之时并未表现出其对于条约内容具有某种稳定的理解，即便偶发性地全体缔约国在各国面对特定状况下，均作出了意思一致的实践行为，也难以依此认定各国对于条约的内涵达成了稳定而一致的认识，从而难以认定其解释性"嗣后实践"能产生法律拘束力。参考国际法院在北海大陆架案中关于认定某项公约规则成为一项习惯国际法之认定标准的表述[3]，我们可以认为，具备成为条约"有权解释"潜力的"嗣后实践"必须满足：①各缔约国在所援引而为特定行为的条款意义上，应当既稳定并且实际上统一；②实践的方式应该表明普遍承认涉及所涉及条约的某种认识；③其行为意欲受到该种认识的拘束。

综上，如果缔约各国达成合意，意欲对于条约进行具有法律拘束力的解释，并且在客观上做出了与之相匹配的行为，此时，该条约解释才能够成为"有权解释"，否则，其将成为不具备法律拘束力的一种在形式上属于条约解释，但实质上只是一种政治性倡导或者不具备显著法律效力的客观实践。

参考李浩培先生在《条约法概论》中对于"有权解释"的阐发，我们大

---

[1] 李浩培：《国际法的概念和渊源》，贵州人民出版社1994年版，第56~58页。

[2] 参见李浩培：《国际法的概念和渊源》，贵州人民出版社1994年版，第57页。

[3] 国际法院：《国际法院判决、咨询意见和命令摘要》，载"icj-cij.org"，https://www.icj-cij.org/sites/default/files/summaries/summaries-1948-1991-ch.pdf，最后访问日期：2020年11月11日。

致可以对到目前为止符合"有权解释"全部要求的解释形式进行认定：[1]

①明文的有权解释：

Ⅰ 在条约中明文规定的解释条款（interpretative clause）；

Ⅱ 附于条约的议定书（protocol）、签字议定书（protocol of signature）、最后议定书（final protocol）、议定记录（agreed minutes）、附件（annex）、换文（exchange of notes）、宣言（declaration）等；

Ⅲ 条约生效后，条约当事国间缔结的明示或可推知其意欲赋予与原条约等同法律拘束力的解释条约的协定（仅指书面协定）；

Ⅳ 缔约一方所作出的经他方明示接受的具有或意欲具有法律拘束力的单方宣言。

②默示的有权解释：条约各当事国在条约生效后默示地明确和稳定地表明对该约的某一用语有相同了解的，能够解读出缔约各国意欲受到该了解之拘束的，在该约适用上一致的实践。

(三) 对于"有权解释"范围进行挑战之情形在效力要素上的回应

1. 个别缔约国"单方解释"的法律拘束力

正如上文所述，个别（单一或部分）缔约国作出的"单方解释"由于其背后不存在条约解释权力而不能称其为"有权解释"。然而，"单方解释"并非不能具有任何法律拘束力，因为其背后存在该国家或该部分国家真实的意思表示，如果其确意欲为自身设置一定的权利义务（"自我立法"），或者国际社会基于合理的理由认为有理由相信其欲赋予该解释以法律拘束力，则其仍然具有自我限定性的法律拘束力。

一些学者认为，"单方解释"属于"单边法律行为"的范畴，从而能够对自身产生一定的法律拘束力。[2]然而事实上，"单边法律行为"之概念本身就要求了该行为作出国将"产生法律效果的目的意愿明确表达出来"，这与"单边解释"，甚至条约解释所针对的含义并不完全相同。由于在国际法上，"解释"实际上不一定是一种"造法行为"，解释国必须将自身意欲受到解释

---

[1] 参见李浩培：《条约法概论》，法律出版社 2003 年版，第 347~349 页。

[2] 韩燕煦：《条约解释的特点——同国内法解释的比较研究》，载《环球法律评论》2008 年第 1 期。

内容之拘束的意思明确表达，或国际社会的其他成员有合理理由相信其意欲受到自身解释的拘束之时，该解释的法律拘束力才能产生。[1]

根据国际法院关于 1974 年新西兰诉法国核试验案中的表述，"以单方面行为所作的关于法律或事实情况的声明可以具有创造法律义务的效力，这已经得到公认。这类声明的生效不需要其他国家的交换条件性质的行动或任何事后的接受，甚至不需要任何反应。形式问题也不具有决定意义。准备受约束的意图是从对此行为的解释确定的。承诺的约束性质产生于行为的条件，是以诚意为基础的，有关国家有权要求遵守该义务。"[2]但当且仅当某一个或某几个缔约国将其意欲受到自身解释所拘束的意思明确表示出来，或者其他国家基于对其解释的"善意"[3]的信赖认为其必定会遵守解释对自己的限制，或者基于"禁止反言"[4]的要求，解释国不应当违背其解释内容之时，"单方解释"才能被归为单边法律行为，从而产生对于解释者自身的法律拘束力。

所以概括来讲，"单边解释"不一定具有法律拘束力，但如果解释国意欲受到解释的约束或者其他国际法主体基于"善意"原则、"禁止反言"原则能够要求解释国按照自身的解释进行某种行为或不行为之时，"单边解释"才能够发生法律拘束力，且此种拘束力的内容为解释国的自我限定性内容。

2. 国际法院在裁判中对条约进行的解释的法律拘束力

一些学者在质疑国际司法机构作出的判决当中对于案件所涉条约进行的解释是否构成"有权解释"之时经常以国际法院为例，认为国际法院一方面在咨询意见中作出的条约解释不具有任何拘束力而不符合"有权解释"的要求，另一方面在案件判决中对案涉条约作出的解释不具有对非案件当事国具

---

[1] 参见李浩培：《国际法的概念和渊源》，贵州人民出版社 1994 年版，第 118 页、第 121～127 页。

[2] 国际法院：《国际法院判决、咨询意见和命令摘要》，载"icj-cij. org"，https://www.icj-cij. org/sites/default/files/summaries/summaries-1948-1991-ch. pdf，最后访问日期：2020 年 11 月 11 日。

[3] 李浩培：《国际法的概念和渊源》，贵州人民出版社 1994 年版，第 112 页。

[4] 李浩培：《国际法的概念和渊源》，贵州人民出版社 1994 年版，第 124 页；参见国际法院：《国际法院判决、咨询意见和命令摘要》，载"icj-cij. org"，https://www.icj-cij. org/sites/default/files/summaries/summaries-1948-1991-ch. pdf，最后访问日期：2020 年 11 月 11 日。

有直接拘束力而也不能成为"有权解释",从而国际法院不可能成为条约"有权解释"在形式上的主体。[1]

事实上,针对前一方面的批评,国际法院在咨询意见中对条约作出的解释的确不应当被认为是"有权解释",并且许多学说观点亦没有将其纳入"有权解释"的范畴;而往往仅将国际法院根据《国际法院规约》第36条所进行的关于当事国之间争端解决中所涉条约的解释纳入"有权解释"的范畴。[2]"有权解释"是诸多考量因素的统一,仅从解释在形式意义上的主体进行考量没有很大意义,必须以实质意义上的解释主体为依据,结合其效力要件等来认识解释的主体要素。在此种场合之下,条约的任何缔约国都没有明确或默示地作出将条约解释权力授予国际法院的意思表示,咨询国本身也没有意欲受到法院咨询意见中对于所涉条约的解释的法律拘束,从而不属于"有权解释"。

针对后一方面的批评,虽然《国际法院规约》中明确表述:"法院之裁判除对于当事国及本案外,无拘束力"[3],然而之所以学界普遍认同国际法院针对所裁判案件之中对于条约作出的解释属于"有权解释",是因为根据《国际法院规约》第38条中"司法判例及各国权威最高之公法学家学说,作为确定法律原则之辅助材料者"的表述,赋予了法院判决以辅助性渊源的地位。[4]事实上,国际法院为了保持其判决的一致性和公允,认可其先前判决中基于法律确定的利益,其在特定案件中总是会保持其在先前案件之中对于相同约文一致的解释[5],并且各国的公法学家在发展其学说的过程中总是会将已经

〔1〕 韩燕煦:《条约解释的特点——同国内法解释的比较研究》,载《环球法律评论》2008年第1期。

〔2〕 李浩培:《条约法概论》,法律出版社2003年版,第349页;参见马呈元主编:《国际法》,中国人民大学出版社2019年版,第123页;邵沙平主编:《国际法》,高等教育出版社2017年版,第171页。但也存在不同意见,如"在咨询案件中,国际法院对条约的解释也是有权解释",朱文奇、李强:《国际条约法》,中国人民大学出版社2008年版,第236页。

〔3〕 国际法院:《国际法院规约》,载"icj-cij.org",https://www.icj-cij.org/public/files/statute-of-the-court/statute-of-the-court-ch.pdf,最后访问日期:2020年11月10日。

〔4〕 国际法院:《国际法院规约》,载"icj-cij.org",https://www.icj-cij.org/public/files/statute-of-the-court/statute-of-the-court-ch.pdf,最后访问日期:2020年11月11日。

〔5〕 参见〔英〕詹宁斯·瓦茨等修订:《奥本海国际法》(第一卷·第二分册),王铁崖等译,中国大百科全书出版社1998年版,第719页。

产生既判力的判决案例作为其构筑理论、完成说理的依据，从而在事实上能够对法院嗣后的判决产生很大的影响："它就像是一种合法性的证明，来影响之后的条约解释"[1]。这种影响可以被认为是一种事实上的拘束力[2]，或者"间接的法律拘束力"。

然而，由于国际法院在国际社会之中并不构成能够对立法机构进行有效限制和审查的司法机构，所以其对于条约的解释并不与条约本身的效力完全等同，而是具有间接性，此系国际社会之法律结构和国内法律结构根本区别所导致的。但总体来说，国际法院等国际司法、国际仲裁机构所作判决之中对于案涉条约进行的解释仍可称其为"有权解释"，其存在事实上的法律拘束力，但系一种"间接的法律拘束力"。

三、条约"有权解释"的限度要素

（一）"有权解释"作为条约解释的限制

条约的"有权解释"由于在本质上仍然可以认定为对于条约的解释，从而其必须遵守《维也纳条约法公约》第三节之下对于条约解释规则的规定。并且，这种遵守不以缔约各国均系《维也纳条约法公约》的缔约国为前提，因为《维也纳条约法公约》关于条约解释的规定已然可以称为"反映了一项习惯国际法"[3]，并且获得了国际法院在一些判决中[4]的认可。在此意义上，条约如果不依照上述规则进行解释，其将不能发生条约解释的效果与效力，更不可能构成"有权解释"。

---

〔1〕 Constance Jean Schwindt, "Interpreting the United Nations Charter: From Treaty to World Constitution", *U. C. Davis Journal of International Law & Policy*, Vol. 6, No. , 2000, p. 3.

〔2〕 韩燕煦：《条约解释的要素与结构》，北京大学出版社 2015 年版，第 49 页。

〔3〕 ［意］安东尼奥·卡塞斯：《国际法》，蔡从燕等译，法律出版社 2009 年版，第 238~239 页。

〔4〕 See *Territorial Dispute* (Libya v. Chad), at §41; *Maritime Delimitation and Territorial Questions between Qatar and Bahrain*, *Jurisdiction and Admissibility*, 1995, at §33; 1996 at §23; *Oil Platforms*, *Preliminary Exceptions* (Iran v. United States), at §23; *Kasikili/Sedudu Island* (Botswana v. Namibia), at §18. Etc. 转引自［意］安东尼奥·卡塞斯：《国际法》，蔡从燕等译，法律出版社 2009 年版，第 238 页。

针对此问题，国际法院在领土争端案（利比亚诉乍得）中表示，"法院回忆起，根据反映在《维也纳条约法公约》第 31 条中的一项习惯国际法，条约必须依其用语，按其语境并参照条约之目的与宗旨之通常含义，善意解释之……"[1]；在石油平台案（伊朗诉美国）中，国际法院再次表示，"法院回忆起，根据表述于《维也纳条约法公约》第 31 条中的一项习惯国际法规则……根据第 32 条，条约解释的资源……"[2]；在 LaGrand 案中，国际法院亦承认了《维也纳条约法公约》第 33 条的习惯国际法地位。[3]事实上，不仅国际法院，其他的国际仲裁机构也普遍认可《维也纳条约法公约》关于条约解释的规定应当被当作一项习惯国际法来看待。[4]

一项解释如果不按照作为习惯国际法的《维也纳条约法公约》第 31 条、第 32 条、第 33 条规范进行解释，其将不能成为一项合法有效的条约解释，更不可能成为"有权解释"，其也不能够说构成一项条约的"修改"或"修订"，因为关于此项问题，另有规范[5]和条约本身的规定加以严格限制。不符合条约解释规则的全体缔约国意欲赋予其解释产物以法律拘束力的所谓解释基本可以认定为构成一项另缔结的条约，其与原条约"被解释"条款之间的效力关系依据二者之间是否存在本质冲突及其冲突程度以及相关的国际法规范所决定。但无论如何，不符合条约解释规则的所谓条约解释，不可能成其为一项"有权解释"。

---

〔1〕 ICJ: *Reports of Judgements, Adversary Opinions and Orders Case Concerning The Territorial Dispute (Islamic Republic of Iran v. United States of America)*，载"icj-cij. org"，https://www. icj-cij. org/public/files/case-related/83/083-19940203-JUD-01-00-EN. pdf，最后访问日期：2020 年 11 月 10 日。

〔2〕 ICJ: *Reports of Judgements, Adversary Opinions and Orders Case Concerning Oil Platforms (Islamic Republic of Iran v. United States of America)*，载"icj-cij. org"，https://www. icj-cij. org/public/files/case-related/90/090-19961212-JUD-01-00-EN. pdf，最后访问日期：2020 年 11 月 10 日。

〔3〕 [意] 安东尼奥·卡塞斯：《国际法》，蔡从燕等译，法律出版社 2009 年版，第 239 页。

〔4〕 参见 [意] 安东尼奥·卡塞斯：《国际法》，蔡从燕等译，法律出版社 2009 年版，第 238 页。

〔5〕 联合国：《维也纳条约法公约》，载"treaties. un. org"，https://treaties. un. org/doc/Treaties/1980/01/19800127%2000-52%20AM/Ch_ XXIII_01. pdf，最后访问日期：2020 年 11 月 10 日。

（二）“有权解释”基于其造法效力的限制

在经历了长久的国际实践之后，部分学者进一步认为，“有权解释”的真实本质就在于：“‘有权解释’除了以解释而不是立法为名之外，其完全是一个造法（Law-making）的过程。使‘有权解释’成为一种独特的立法行为之所在就是由于存在这样一个前提——创造法律的实体有当然的（a fortiori）权力去解释它。更进一步地，这个实体还能够赋予此等解释以和被解释的法律规范相等同的法律价值（即法律拘束力）”[1]。“历史的演进和‘有权解释’这一概念传播进入国际公法领域的过程都向我们展示出，‘有权解释’是内在性地具有法律拘束力的（inherently binding）”，“其具有法律拘束力这一特质是内在地不存在任何限制的（inherently unlimited）”。[2]

但是，条约的“有权解释”由于其当然地伴随立法一样的效力，而立法权不应当是无限的，从而需要在某种程度上受到制约。因为就像瓦特尔所说的那样：“倘如可以为自己许诺的含义作随心所欲的解释而有悖于实际协议意图和超出其范围，那么缔约者就会拥有权力使诺言毫无意义，给予其完全不同于缔约时的含义……缔约方可以解释其具有义务性的承诺，但是应杜绝任意解释。”[3] 在此意义上条约的“有权解释”还应受到针对其立法之效力的限制。

1. 凯尔森的法律效力理论与西方国家构想

凯尔森以西方国家的国内法为模板，对于法的效力位阶进行了细致的阐释。根据凯尔森的观点，广义的法律存在当然的位阶，更低一级的规范需要符合更高一级规范的要求。[4]宪法，即“宪法性法律”（实质意义上的宪法）则是在国内法领域之中的基础规范，其作为统领全部法律规范的最高级规范，

---

[1] Katharina Berner, "Authentic Interpretation in Public International Law", *Zeitschrift für ausländisches öffentliches Recht und Völkerrecht*, Vol. 76, No. 4, 2016, p. 875.

[2] Katharina Berner, "Authentic Interpretation in Public International Law", *Zeitschrift für ausländisches öffentliches Recht und Völkerrecht*, Vol. 76, No. 4, 2016, p. 876.

[3] E. de. Vattel, *The Law of Nations or the Principles of Natural Law: Applied to the Conduct and to the Affairs of the Nations and Sovereigns*, Translated from Edition of 1785, the Carnegie Institution of Washington, 1919, p. 200, section 265.

[4] [奥] 凯尔森：《纯粹法理论》，张书友译，中国法制出版社 2008 年版，第 84~89 页。

必须获得其他各更低级规范的遵守。[1]与此同时，下级规范与上级规范之间不可能存在任何矛盾，因为在理论上，高级规范基于其选择性质，能够对于事实上违背它的低级规范予以排除。任何违背上级规范的广义法律均会被废除或者被宣布无效，这是来自法秩序本身的否定评价；不同等级的规范之间不能存在任何矛盾与冲突，这是法律秩序统一的内在要求。那么具体地说，任何法律规范均不得与"宪法性法律"相违背，否则其将当然地被法律规范秩序所排除——或者不具有效力或者被所谓的"宪法法院"废除。[2]不过值得注意的是，在被排除之前，该违背"宪法规范"的法律规范仍然处于有效状态。

和凯尔森的理论联系非常密切，西方国家的最高立法者在事实上需要受到更高级的以及无法动摇的规范和价值（higher and unchangeable norms and values）的限制。[3]其不仅仅在于所谓来自实在法层面的"宪法性法律"的拘束，也来自"更高级价值"（诸如平等、自由等可能为落实在"宪法性法律"之中的价值观念）的限制。立法者违背这些规范和价值所立之法律在受到来自最高司法机关背后的最高司法权的审查之时，将被宣告为无效，不过在其被宣告无效之时，仍然可以被有效进行援引适用而发挥其法律效力。[4]

2. 国际法层面"更高级规范"、"更高级价值"的设想与"有权解释"的限度制约

在国际法层面，凯尔森所设想的法律效力理论与西方国家的构想依然有一定的参考意义。

根据本文第一、第二、第三部分的论述，条约的"有权解释"事实上即属于条约的"再缔结"，其在行为上不具有"立法"之名，完全系"立法"

---

〔1〕［奥］凯尔森：《法与国家的一般理论》，沈宗灵译，中国大百科全书出版社1996年版，第142~145页。

〔2〕［奥］凯尔森：《法与国家的一般理论》，沈宗灵译，中国大百科全书出版社1996年版，第177页、第182页。

〔3〕Katharina Berner, *Authentic Interpretation in Public International Law*, *Zeitschrift für ausländisches öffentliches Recht und Völkerrecht*, Vol. 76, No. 4, 2016, p. 877.

〔4〕［奥］凯尔森：《法与国家的一般理论》，沈宗灵译，中国大百科全书出版社1996年版，第179页。

行为。[1]缔约各国在进行"有权解释"时，作为国际法的立法者，亦应当受到诸如自然法原则、国际强行法或《联合国宪章》这样"更高级价值"与"更高级规范"的限制。

在规范体系中，"更高级规范"与"更高级价值"对于国际法的立法者——缔约各国存在限制可能性。一些学者曾经从国际实践和国际法学说的角度综合对于国际法效力等级问题进行考察，其得出的与条约效力相关的效力排序大致如下：

①一般法律原则在一般情况下并不在效力等级上优先于条约；但在特殊情况下，当该一般法律原则系某些特定的自然法原则（如公平原则、正义原则，其往往就是国际法中"更高级价值"之体现）等，且在其他国际法规范（包括条约和其他一般法律原则本身）无法在特定情况给予受损一方以充分救济时才能凸显出其效力等级上的优越性。[2]

②从法律适用的角度来看，条约为国际司法机构优先考虑，甚至在实际效果上可以认为它具有了优于习惯的效力等级，但这种优先在本质上是条约当事国意愿的反应，不是真正意义上的等级关系。[3]

③根据《维也纳条约法公约》第53条、第64条的规定，"条约在缔结时与一般国际法强制规律抵触者无效"[4]；"遇有新一般国际法强制规律产生时，任何现有条约之与该项规律抵触者即成为无效而终止"[5]。换言之，国际强行法的效力位阶系当然地高于条约；与国际强行法相抵触的条约，自抵触情形发生之时起当然无效、绝对无效。[6]

④根据《联合国宪章》第103条的规定，"联合国会员国在本宪章下之义务与其依任何其他国际协定所负之义务有冲突时，其在本宪章下之义务应居

〔1〕 Katharina Berner, "Authentic Interpretation in Public International Law", *Zeitschrift für ausländisches öffentliches Recht und Völkerrecht*, Vol. 76, No. 4, 2016, p. 877.

〔2〕 张辉：《国际法效力等级问题研究》，中国社会科学出版社2013年版，第31~37页。

〔3〕 张辉：《国际法效力等级问题研究》，中国社会科学出版社2013年版，第41页。

〔4〕 联合国：《维也纳条约法公约》，载"treaties. un. org"，https://treaties. un. org/doc/Treaties/1980/01/19800127%2000-52%20AM/Ch_ XXIII_ 01. pdf，最后访问日期：2020年11月10日。

〔5〕 联合国：《维也纳条约法公约》，载"treaties. un. org"，https://treaties. un. org/doc/Treaties/1980/01/19800127%2000-52%20AM/Ch_ XXIII_ 01. pdf，最后访问日期：2020年11月10日。

〔6〕 张辉：《国际法效力等级问题研究》，中国社会科学出版社2013年版，第110~112页。

优先"[1]，这使联合国宪章义务优先于任何缔约国自行订立之条约义务。从规范的优先性上看，《联合国宪章》当中规定的部分义务性规范[2]基于此获得了"优先适用性"，但并不意味着《联合国宪章》在"法律规范位阶"上即高于一般条约。[3]

综上所述，在国际法规范的层级理论之下，我们可以利用：①一般法律原则中特定的自然法原则，②国际强行法规范，③《联合国宪章》中的义务性条款对于国家间缔结的条约之"有权解释"进行有效的限制。不过对于上述三类限制规范的违反，其在后果上并不同一：

①对于一般法律原则中特定自然法原则的违背并不当然意味着条约的无效，只不过该条约在被用于解决国际争端时，其可适用性可能受到质疑，从而在特定情形下无从发挥其法律拘束力。

②对于国际强行法的违背则意味着该条约在违背之时起便当然地、绝对地丧失其法律拘束力，但并不溯及既往（如系嗣后违背国际强行法）。

③对于《联合国宪章》义务性条款的违反将导致该条约所规定的权利义务处于无法实现的状态，从而使得其法律拘束力总是无从发挥。

值得注意的是，情况②中对于国际强行法的违背，由于其明确指向了当然无效、绝对无效的法律后果，此时，即便是缔约各国达成合意，意欲对原被解释条约进行具有法律拘束力的解释，其在与国际强行法构成违背之时，在根本上也并不能构成"有权解释"——因为"有权解释"的概念要求了该解释必须具备法律拘束力。对于情况①、③，由于此两种情况下，该解释并不会当然无效、确定无效，而是在某些确定的情形之下或者在总体上，其法律拘束力无法得到彰显，但并不否认其本身的法律拘束力之存在。此两种情形能否构成"有权解释"值得思考：一方面，其法律拘束力在事实上存在"瑕疵"，不与通常情况下"有权解释"和原条约效力完全等同的情况相符；

———————

〔1〕 联合国：《联合国宪章》，载"un.org"，https://www.un.org/zh/about-us/un-charter/full-text，最后访问日期：2020年11月10日。

〔2〕 一般包含：①会员国应遵循的国际关系基本原则所确立的义务；②为实现联合国维持国际和平与安全的主要使命而确立的义务；③联合国关于非自治领土和托管领土的规定；④保证联合国作为一个国际组织有效运作而会员国应承担的义务等。参见张辉：《国际法效力等级问题研究》，中国社会科学出版社2013年版，第143页。

〔3〕 参见张辉：《国际法效力等级研究》，中国社会科学出版社2013年版，第140~142页。

另一方面，其在效力范围上、效力内容等方面，在规范意义上仍然和原条约保持了一致。

（三）对于"有权解释"之限制者的构想

1. "有权解释"的限制困境

正如上文所述，对于"有权解释"的限制，事实上就是对于在国际社会当中"立法者"的限制。对其进行限制的根本价值取向在于维系国际社会的和平与秩序，借助西方国家的规范体系与架构实践，我们一方面可以通过上述"更高级规范"与"更高级价值"从规范层面来实现对其进行的限制，另一方面还可能通过制度架构，将国际社会的司法者作为一种惯常性的制衡机构来实现对"有权解释"者以及其作出的"有权解释"的制约。

在西方国家中，立法机构所立之法如果与"基础规范"在事实上发生冲突，需要经由司法者宣告无效才能使得该效力待定的法律归于无效。然而，这是由于"现代国内法，具有相对集权化秩序的特性，或者也可以说，是国家性法律，它将宣布规范无效的，即废除法律规范的资格，保留于特殊机关"。[1]

由于国际社会的平等性，作为条约及其解释的主体之国家在法律地位上完全平等，从而对于违背国际强行法这样严格意义上的"更高级规范"的立法行为可以认为是自然无效的，无须被任何机关宣告，不会出现国内法中"某一国民因认为某以法律规范无效而违反该规范，但是该特定机构并不如此认为，从而使得该国民承担违背法律规范的责任"[2]的情形。然而，由前文分析我们可知，对于违背一般法律原则中某些特定的自然法原则或者违背《联合国宪章》之中义务性规范的"有权解释"并不能被视为当然无效的，因为此两种情况下的"更高级规范"与"更高级价值"只是在适用上处于优越地位，需要类似于西方国家架构之中的最高司法权所对应的机构来宣告其无效。

但是，在国际社会之中，究竟是否存在此种制衡机构呢？如果没有的话，

---

〔1〕［奥］凯尔森：《法与国家的一般理论》，沈宗灵译，中国大百科全书出版社1996年版，第181页。

〔2〕［奥］凯尔森：《法与国家的一般理论》，沈宗灵译，中国大百科全书出版社1996年版，第181页。

其是否具有出现的可能性呢？

有学者设想，作为管辖权最为普遍的，在国际社会权威性最高的国际法院或许能够担此重任，[1]因为上述规范优于条约进行适用的位阶现实也是在总结国际法院长久以来的判例所得到的。然而事实上，国际法院本身就是在各主权国家自我限制主权缔结《联合国宪章》的基础之上，再次缔结《国际法院规约》（或自动成为《国际法院规约》当事国）而设立的国际组织机构，其成立完全依靠作为国际社会立法者的各主权国家。在某种意义上，各主权国家既掌有最高"立法权"，也掌控着最高"司法权"，如果希冀"司法权"能够有效地限制"立法权"，其本质上就是在指望主权国家进行自我限制。所以到目前为止，在国际社会上还未存在能够类同于西方国家中独立于最高"立法权"的最高"司法权"机构，不存在能够有效地对于国际社会的立法者、"有权解释"的作出者进行有效限制的国际社会的司法者。

2. 国际法院作为"有权解释"限制者的构想

虽然迄今为止，国际社会上并不具有和西方国家之中"宪法法院"一样性质的，具有国际最高司法权（与国家的最高立法权相对应）的机构（能够审查国家行使其立法权所立之法的"合宪性"的机构）来宣布违背"更高级规范"与"更高级价值"的"有权解释"无效。国际法院或许在未来有机会发展成一个具有普遍和不容回避的管辖权与最高国际司法权，能够对于国际法律规范进行有效审查的最高国际司法机构。

若欲达成上述构想，其必然要求成立一项以认可国际法院对于各国的各项法律争议均具备无可辩驳、不容回避的强制管辖权为内容的国际强行法规范；在此基础上，还需附加以承认国际法院具备不容否认的、独立于国家主权之外的法律地位，或者以强行法的方式承认国际法院具有不容否定的完全国际法律人格，其存在即便以各缔约国的缔约合意为基础，亦不容动摇——任何国家不允许退出国际法院的宪章性条约（《国际法院规约》显然不能符合上述对于管辖权的构想而需要被另一宪章性条约所取代），不允许以任何形式否认其完全国际法人格。

然而这似乎又会对现存的国际法规范架构产生一系列重大挑战：

---

〔1〕 Katharina Berner, "Authentic Interpretation in Public International Law", *Zeitschrift für ausländisches öffentliches Recht und Völkerrecht*, Vol. 76, No. 4, 2016, p. 877.

首先，由于在当今国际法秩序中，国家主权是国际法上的最高权力，国家之上不会存在，也不能存在凌驾于国家主权的任何政府或机构；任何组织或个人均不可能具有和国家相等同的、不置可否的完全国际法人格。

其次，除非经全部主权国家同意，否则任何国际司法机构都不被允许具备当然、全面、不可否认的绝对强制性管辖权。与此相反，在现存法律秩序之下，许多条约都会允许缔约国对于条约的使用或解释时出现的法律争端，在解决方式上可以进行自主选择或者提出保留。

再次，由于国际法院在形式上目前仍然是联合国的分支机构，其从属性凸显。由于联合国并不构成凌驾于国家主权之上的国际政府，其分支机构更是无从具备最高司法者的身份。国际法院如想成为国际最高司法者，其必须得以从联合国之中完全独立而出，但这与其产生的基础是根本违背的。

最后，即便国际法院能够成为代表国际最高司法权的最高国际司法机构，其亦必须受到有效的制约，此种国际政府的架构将会进一步引发更多的国际法问题。

上述构想如若均被满足，国际立法者才能够被得以有效地限制，"有权解释"才能够真正地被限缩在合理的范围之内。然而，此时国际社会的架构定会与现状大相径庭：现代国际法最为重要的就是国家之间权力的平衡与制约，在承认国家主权的最高性的同时亦认可其应当受到限制，而该种限制则根源于国家的主权自限。国际最高行政权与国际最高司法权意味着国际秩序将不再以国家的自愿、自限为常态，强制性管辖将实现对其的取代，国家或终将失去其完全的、独立的国际法律人格，成为被制衡的一个"立法分支"。

结 论

总结本文对于"有权解释"这一概念从国内法到国际法的演变过程的渐进展示，以及"有权解释"这一概念在国际条约法中各个要素的全方位呈现、与相关学说和国际司法实践进行联系与分析之后，我们能够发现，事实上，不论是国内还是国外，在何时期对于"有权解释"的理解总是充满着争论和分歧。对于文章伊始所提出的问题："谁，对于条约作出的具有何种效力的解释，在何种限度内可以构成一项'有权解释'"？我们大致可以做出这样的回应：

首先，基于"有权解释"在国内法层面诞生之时起就具备解释主体具有与其"本权"高度相关、相符的解释权力的特质，以及国际实践与国际法学者基本达成一致的一些观点，我们可以认为，条约的"有权解释"在解释主体上，是指全体缔约国（包括形式上与实质上）对于其所缔结的条约所做出的解释。

其次，基于诸多国际法学者以及国际法院等国际司法机构、国际仲裁机构的实践，以及《维也纳条约法公约》缔约的全过程和嗣后的说明关于"嗣后协议"与"嗣后实践"是否构成"有权解释"的论述等材料，我们可以认为，条约的"有权解释"在效力上，是指能够体现全体缔约国意思一致地意欲赋予法律拘束力从而具备与原条约效力基本等同的解释性行为或者解释性文件。

最后，基于部分国际法学者对于条约解释较为崭新的思索与论述，结合与"有权解释"这一概念产生的土壤——国内法体系进行的思考，我们可以将条约的"有权解释"之限度进行一定程度的述明：条约的"有权解释"在解释的限度上要求该解释首先需成其为一项解释，即必须符合《维也纳条约法公约》所规定的条约解释规则；同时，该解释不得与国际强行法相违背，否则将当然无效、绝对无效；最后，违背在适用意义上的"更高级规范"与"更高级价值"，即《联合国宪章》规定的义务性条款以及一般法律原则中的特定自然法原则的解释（在事实效力上存在"瑕疵"的解释）是否仍属于"有权解释"需要我们进一步的认识。

结合上述在各个方面对"有权解释"的阐述，我们终于可以对于上述所列问题进行较为简明的回答：

条约的"有权解释"是指全体缔约国（包括形式上与实质上）所作出的，能够体现全体缔约国意思表示一致地意欲赋予与条约本身相等同的（无论是在范围上还是在内容上）法律拘束力的，符合条约解释之规范并且与国际强行法相适应、与其他国际法上"更高级规范"和"更高级价值"不相抵触的解释性行为或者解释性文件。

再次回顾我国学术界目前对于"有权解释"的认识，当今主流的学说仍然聚焦于"有权解释"在主体要素上的特征[1]（部分学说涉及其效力要素上

---

[1] 参见马呈元主编：《国际法》，中国人民大学出版社2019年版，第123页；邵沙平主编：《国际法》，高等教育出版社2017年版，第171页；何志鹏等：《国际法原理》，高等教育出版社2017年版，第368~369页等。

的特征[1]）来进行阐发，而未曾详尽阐释其限度特征以及各种特征背后的理论基础和发展过程。我们实在有必要对于"有权解释"这一并不引人注目但却在国际实践中发挥着至关重要作用的概念进行系统性的再认识。面对新兴学说对于传统意义上"有权解释"之概念的挑战之时，我们需要进一步通过明确这一概念在其渊源（国内法）中的发展历程与在国际社会的具体流变来强化对于"有权解释"这一概念的把握。当下，对于条约的"有权解释"这一概念范畴，我们或许应当将视线更加集中于其解释的限度要素，将国际社会立法者的立法权进行有效的规制。

---

[1] 参见李浩培：《条约法概论》，法律出版社 2003 年版，第 334 页；万鄂湘等：《国际条约法》，武汉大学出版社 1998 年版，第 205 页；杨泽伟：《国内法与国际法解释之比较研究》，载《法律科学（西北政法大学学报）》1996 年第 5 期。

侵权损害完全赔偿原则的适用限度

蓝普涛

摘　要：完全赔偿原则溯源于罗马法，脱胎于概念法学，在实践中不断得到修正。早期的完全赔偿原则以"责任成立—责任承担"二元构造、差额说、因果关系等法技术为基础，极力排斥价值判断。传统的完全赔偿原则具有两个面向：一是适用范围面向，即以"统一的损害"概念为媒介适用于所有的损害类型；二是法律效果面向，即对个案中的全部损害都应赔偿。由于缺乏"统一的损害"概念，我国实践中的完全赔偿原则只有第二个面向。基于我国的司法实践，侵权法领域应当坚持完全赔偿原则。在"统一的损害"概念形成前，完全赔偿原则的适用范围应限定在以过错责任、替代责任为归责原则的财产损害赔偿。在个案中，完全赔偿原则指向的是经过"损害"和"因果关系"过滤的损害。"权益保护规范"和"相当性"判断的引入能够有效软化完全赔偿原则的僵硬效果，并将法官的自由裁量空间限制在合理范围内。

关键词：统一的损害；完全赔偿原则；差额说；权益保护规范；相当因果关系

一、问题的提出

现代侵权法以补偿和预防作为两大核心价值支柱。补偿功能系采债权人中心主义，侵权人应当赔偿受害人遭受的损失，力求使"受害人的状态回复到与没有加害行为一样的状态"。[1]为了实现侵权法的补偿功能，各国在实践

---

〔1〕　［日］吉村良一：《日本侵权行为法》，张挺译，中国人民大学出版社 2013 年版，第 81 页。

中通常以"完全赔偿"和"禁止得利"作为损害赔偿的基本原则。[1]完全赔偿原则意味着法律效果上的"全有全无"，最终使补偿不多也不少——既不能使受害人蒙受损失而得不到充分救济，也不能使受害人因司法救济而得利，因此"完全赔偿"与"禁止得利"其实是赔偿效果上的一体两面。完全赔偿原则尽管不是实现侵权法补偿功能的唯一路径，但是在近代以来受到普遍认可，一方面是概念法学追求形式理性和法安定性的影响，另一方面则在于其自身简便易行、限制法官自由裁量等效用。损害赔偿是侵权行为的主要出口，作为核心的完全赔偿原则深刻影响了损害赔偿理论的构造。因此，以完全赔偿原则和差额说为基础逐渐发展起来的制度群也可谓支撑了侵权损害赔偿论乃至整个侵权法的规范大厦。

完全赔偿原则的立法在经验上存在以"恢复原状"等为表象的间接表述与明确规定该原则的直接表述之差异。[2]欧洲大陆各国立法多数属于前者。我国立法并没有明确规定完全赔偿原则，而且我国立法上"恢复原状"的含义不同于大陆法系民法中的"恢复原状"，仅指对受损物品的修复，无法从中推导出完全赔偿原则。[3]但是我国学界从侵权法基本功能和对现行法的解释推导出完全赔偿原则，基本上已经就完全赔偿原则地位达成共识。然而，吊诡的是，在司法实践中却经常出现偏离完全赔偿原则的现象。这些例外情形如此之多，以至于动摇了人们对"完全赔偿"自立于"原则"地位的信心。

我国的法治工作在近年来取得长足发展，对于完全赔偿原则的反思也重新进入学者的视野。经过十余年的讨论，各方旗帜已经渐渐鲜明：（1）缓和论者认为完全赔偿原则触及损害赔偿的根本功能，存废之事实乃"伤筋动骨"，况且不公仅仅存在于特殊情事，主张运用生计酌减、公平酌减等手段调和侵权法多种功能，避免因僵硬适用完全赔偿原则而导致的个案不公。[4]（2）废除论者对完全赔偿原则提出了诸多驳斥。论者认为完全赔偿原则在法律效果上"全有全无"的二元模式过于僵硬，排斥了法官价值判断介入，因

---

〔1〕 程啸：《侵权责任法》，法律出版社 2015 年版，第 664 页。

〔2〕 周华：《以损害之名为限制赔偿之实——试论侵权法之完全赔偿原则的自我修正》，载《河北法学》2017 年第 5 期。

〔3〕 程啸：《侵权责任法》，法律出版社 2015 年版，第 668～669 页。

〔4〕 徐银波：《论侵权损害完全赔偿原则之缓和》，载《法商研究》2013 年第 3 期。

此造成了诸多个案不公，而且其自身存在明显的价值矛盾。[1]正因如此，各国理论和实践都对严格意义上的完全赔偿原则进行了调整，但这些做法或是"假借损害的概念来限制赔偿范围"，[2]或是"零敲碎打"，无法根除完全赔偿原则价值取向过于单一、价值选择有失均衡、法律效果有失妥当等痼疾[3]。域外早已有奥地利与瑞士等立法例废弃了完全赔偿原则，《欧洲侵权法原则》更是直接以动态体系论为基础构筑侵权损害赔偿规范。基于此，论者主张引入比例责任或动态体系论对损害赔偿论进行重构。（3）维护论者认为完全赔偿原则对于侵权法功能的实现意义重大，也是损害赔偿范围确定的基点，对损害赔偿范围的限制是完全赔偿原则的应有之义，因此在完全赔偿原则之下仍然存在一定的价值判断空间，能够兼顾形式正义与实质正义。[4]而动态体系论在中国立法与司法实践中尚难堪大任，当务之急是进一步贯彻完全赔偿原则。[5]

各家观点均持之有据，一时之间似乎难以抉择。完全赔偿原则作为基础性原则，牵扯内容甚多。然而实际上目前对于完全赔偿原则的制度内涵、适用限度以及我国侵权损害赔偿原则的实践选择尚存需要澄清梳理之处。职是之故，本文将重访完全赔偿原则"走过的道路"，运用法解释学、比较法等方法，探幽入微，探讨我国完全赔偿原则的特殊性。在坚持完全赔偿原则的前提下，针对完全赔偿原则的两个面向和我国的实践，一方面框定完全赔偿原则的作用范围，另一方面指出完全赔偿原则指向的是经过从事实到规范层层过滤的损害，最终将在个案中实现形式正义与实质正义的平衡。

二、完全赔偿原则的历史追溯

完全赔偿原则是"全有全无"的损害承担模式，加害人在侵权责任成立

---

〔1〕 叶金强：《论侵权损害赔偿范围的确定》，载《中外法学》2012 年第 1 期。

〔2〕 叶金强：《论侵权损害赔偿范围的确定》，载《中外法学》2012 年第 1 期。

〔3〕 郑晓剑：《侵权损害完全赔偿原则之检讨》，载《法学》2017 年第 12 期。

〔4〕 徐建刚：《论损害赔偿中完全赔偿原则的实质及其必要性》，载《华东政法大学学报》2019 年第 4 期。

〔5〕 周友军：《我国侵权法上完全赔偿原则的证立与实现》，载《环球法律评论》2015 年第 2 期。

后即应承担所有的损害，在确定损害赔偿范围时仅仅考虑损害而不考虑行为人的过错。完全赔偿原则最早可以溯源于古罗马的《阿奎利亚法》，但真正走向成熟是在 Mommsen 提出差额说之后。

第一次工业革命之后，出现了新型的侵权责任形态和损害类型，而且渐成趋势。德意志普通法时期形成的各种具体损害类型显得庞杂而混乱，而且无法为法官解决新型案件提供法教义学支撑，因此形成一般化的抽象损害概念迫在眉睫。正是在此背景下，Mommsen 在其作品《利益说》中首次提出差额说。Mommsen 重新构建了利益的概念，他认为利益是指在承认侵害事件存在的情况下，受害人请求赔偿时的财产状态与假设侵权责任原因未发生时受害人的财产状况之间的差额。而所谓"利益范围"则包含受害人的主观价值与客观价值。客观价值即"物之价值"，通过在交易过程中的市价加以衡量，又可细分为所受现实损害与所失利益。而主观利益则必须通过金钱来具体化，从而进入损害赔偿的范围。从"利益范围"到损害赔偿范围，仅仅需要经过责任范围的因果关系过滤即可。Mommsen 认为如果所有的损害赔偿都要求加害人行为的有责性，则意味着损害赔偿将以过错为根据对加害人施以惩罚，而这恰恰是民刑不分的"余毒"未消之体现。同时，Mommsen 还极力排斥可预见性在损害赔偿范围确定中的影响。他认为有责性和可预见性的介入过大扩张了法官价值衡量的空间，无法为保护债权人的利益提供客观的判断基准。差额说的确立使"责任构成—责任承担"的二元构造模式得以进一步凸显，并在责任承担层面达到了三个效果：一是最大限度地限缩法官的自由裁量空间；二是排除过错、预见可能性、当事人经济状况等因素对赔偿范围的限制；三是承认可得利益在可赔偿范围的地位。也就是说，Mommsen 在"责任承担"层面筑起了一道隔离"责任基础"的围墙，仅存的通道就是因果关系和损害，并将其他因子驱逐出墙内。其最终的价值依归在于充分实现受害人的利益保护，损害赔偿应使受害人恢复至责任原因发生时的状态。由此可见，因果关系和差额说为完全赔偿原则的实现提供了法技术工具，完全赔偿原则是差额说的理论基础。[1]

在《德国民法典》制定之初，对于侵权损害赔偿原则的争论相当激烈。

---

〔1〕 叶金强：《论侵权损害赔偿范围的确定》，载《中外法学》2012 年第 1 期。

耶林认为，不区分过错程度和预见可能性，而使加害人对所有的利益损失承担赔偿责任是荒谬和危险的，加害人的可归责性与赔偿责任之间的均衡将因此被打破。温德沙伊德则遵循 Mommsen 的观点，并提出利益赔偿即损害赔偿，二者之间具有同一性，确定赔偿范围时，除了损害以外的其他因素均不足以作为判断基准。最终立法者采纳了后者的主张，形成了《德国民法典》第 249 条的规定。从立法者在《立法理由书》中的说明可以看出，差额说排斥有责性对赔偿范围的限制，与当时"剔除民法中的惩罚因素"这样的追求相契合。而且，德国法系有限制法官自由裁量权的传统，差额说恰能将此传统发挥至极致。在《德国民法典》之后，欧陆各国亦纷纷以完全赔偿原则和差额说为基础构建损害赔偿法。尽管批评从未断绝，理论界与实务界亦不乏尝试突破之举动，但兜兜转转，仍以差额说为主流。只不过至今并没有任何一个国家仍然在这一结果上僵硬地遵循完全赔偿原则，[1] 即使在差额理论的母国——德国也是经过"规范的损害"这一理论修正的"差额说"占据通说地位。[2]

众所周知，清代变法以来，我国近代侵权行为法多继受德日，新中国成立之后一段时期内受苏联法影响较深。大陆法系国家多承认完全赔偿为损害赔偿的基本原则，故而完全赔偿原则与差额理论也较早出现在我国学界，例如梅仲协教授认为，"损害事实发生前之状况，与损害事实发生后之情形，两相比较被害人所受之损失，即为损害之存在。"[3] 改革开放以来，从《民法通则》到《民法典》，我国立法对于侵权损害赔偿应采何种原则一直未发一词。但学界也从未放弃将完全赔偿原则作为侵权损害赔偿指导原则的观点，目前主要存在两种推导路径。一方面，是认为我国侵权法以保障权益为主要功能，预防只是补偿功能的反射，惩罚不是侵权法的功能。如此一来，为了对损害实现充分的救济，在考虑行为人的民事责任时就应当摒弃过错因素，只将受害人的实际损害作为判断基准。[4] 另一方面，周友军教授认为我国现

---

〔1〕 ［德］克雷斯蒂安·冯·巴尔：《欧洲比较侵权行为法》（下），焦美华译，法律出版社 2001 年版，第 184 页。

〔2〕 李昊：《损害概念的变迁及类型建构——以民法典侵权责任编的编纂为视角》，载《法学》2019 年第 2 期。

〔3〕 梅仲协：《民法要义》，中国政法大学出版社 1998 年版，第 213 页。

〔4〕 俞金香、武晓红：《过错在侵权法中的误区与生存空间》，载《甘肃社会科学》2009年第 2 期。

行法的许多规定实际上已经体现出完全赔偿原则的精神，例如原《侵权责任法》第6条第1款和第7条，通过解释应当认为只要是有因果关系的损害都应赔偿。另外，该法对某些损害赔偿项目的详细规定，都体现了完全赔偿原则的理念。最后，侵权法上并未明确规定通过考虑行为人的过错程度、当事人的经济状况以及其他归责的具体因素可以导致责任的减轻或免除，这是更彻底的完全赔偿原则的体现。[1]

三、统一的损害概念与完全赔偿原则的关系

损害的发生是赔偿的前提，赔偿的对象是损害的内容。损害可以从宏观、抽象或者微观、具体的角度观察。前者将受害人所有的权益看作一个整体，根据其价值折算成一定的数额，如此一来，损害就是一个统一标准上的变化，而其具体权益的变化则被忽略；后者则仅关注受害人具体权益的变化。[2] 德国学者希望以差额说这种简单的计算方法为基础整合各种具体的损害项目，抽象出统一的损害概念，即财产状况的差额。这种抽象的损害概念无视各种具体损害的特点，试图以所谓"财产差额"抹平这些无法忽视的差别，但问题恰恰就出现在这些被刻意隐藏的"差别"上。在现实社会中存在的是各种性质不同、内容不同的具体损害，透过 Mommsen 在理论上创造的"差额假说"这面棱镜，照射出的是光滑无差别的"统一的损害"，最终在"统一的损害"层面实现完全赔偿的效果。但是反过来，由于各种具体损害之间存在的差别，当完全赔偿原则透过"差额假说"这面棱镜照射在具体损害层面时，必然存在完全赔偿无法触及的阴影，这是完全赔偿原则无法存在的空间，故而无法在具体损害层面无差别地实现完全赔偿的效果。但是，在实践中由于"统一的损害"概念替代了各种具体的损害，完全赔偿原则的阳光实际上只能照耀在"统一的损害"层面，而无法到达被隐藏的具体损害层面。

与德国法的情况不同，我国侵权法上不存在统一的损害概念。我国立法上从未对损害概念进行统一的规定，而多从具体形态的角度理解侵权损害，《民法典》中对人身损害的各种赔偿项目进行了详细的规定正是这种做法的延

---

〔1〕 周友军：《我国侵权法上完全赔偿原则的证立与实现》，载《环球法律评论》2015年第2期。

〔2〕 李承亮：《损害赔偿与民事责任》，载《法学研究》2009年第3期。

续。最高人民法院基于审判实务的需要，颁布了大量关于侵权损害赔偿的司法解释。这些司法解释在财产遭受毁损或人身受到伤害这两种形态下对具体的损害项目分别进行规定。尽管这些具体的损害项目蕴含了立法者对差额的考虑，但是在司法实务中，裁判者在处理损害赔偿问题时仅需考虑其属于哪一类损害，从而适用相关司法解释中的相关规定即可，因此，对各个损害项目逐一赔偿即是对损害的赔偿。[1]因为实践中不存在"统一的损害"这层遮阳布，完全赔偿原则直接照射在具体的损害层面，完全赔偿的光影地带彻底暴露在人们的视野之下。如此一来，就可以解释为什么我国实践中能够如此顺畅地适用完全赔偿原则，却也不乏偏离完全赔偿原则的个案存在。

由此可知，传统的完全赔偿原则具有两个面向：首先是适用范围面向，即完全赔偿原则适用于所有的损害类型，这一面向是假借"统一的损害"概念实现的；其次是法律效果面向，即在个案中所有与加害人行为具有因果关系的损害均应得到赔偿。与之相对应的，Mommsen 的差额说同样具有两个面向：首先是作为"统一的损害"概念基础，将所有的具体损害抽象为"财产差额"；其次是作为计算方法，通过损害事由发生时点前后的财产差额计算出个案中的全部损失。在我国的实践中，差额说的第一个面向存在感薄弱，倒是第二个面向经常在司法实践中得到运用。由于"统一的损害"概念缺失，当论及我国司法实践中的完全赔偿原则时，实际上是指第二个面向的完全赔偿原则。

四、我国应坚持和贯彻完全赔偿原则

如前文所述，完全赔偿原则并非确定侵权损害赔偿范围的唯一路径，学界亦有主张以基于动态体系论的比例责任或公平原则重构侵权损害赔偿规范。在承认我国存在完全赔偿原则的前提下，仍须考证替代方案是否可行。

（一）基于动态体系论的比例责任之缺陷

动态体系论最早由瓦尔特·维尔伯格（Walter Wilburg）提出。[2]在动态

---

〔1〕 李昊：《损害概念的变迁及类型建构——以民法典侵权责任编的编纂为视角》，载《法学》2019 年第 2 期。

〔2〕 ［奥］瓦尔特·维尔伯格：《私法领域内动态体系的发展》，李昊译，载《苏州大学学报（法学版）》2015 年第 4 期。

体系论中，允许法官选择若干个符合个案的要素，法律效果的实现取决于被选定的要素的满足程度，不再像某一固定构成要件就可以直接决定法律效果有无的传统模式。动态体系论搭建了一个论辩的平台，那就是基础评价，将各个要素纳入基础评价的框架内，极大扩展了解释的空间。但是要素的数量和种类应当是固定的，如此解释者之间的论辩才不会因为对方任意引入新的要素或因为据守不同的要素体系变得毫无意义。[1]

比例责任理论建立在动态体系论的基础上。叶金强主张在个案中，应当从损害出发，经过一个弹性的价值评价体系过滤，最终确定侵权损害赔偿范围。[2]这个价值评价体系由构成责任基础的全部价值组成，每一项价值均可能以不同的强度出现，并表现为要件的不同满足程度。郑晓剑主张以过错程度为基础，综合多种考量因素弹性地确定损害赔偿范围。[3]

"动态体系论既要对抗概念法学的僵化，又要对抗自由法学的恣意和非合理性"。在这样的时代背景下，两线作战的动态体系论显得心有余而力不足。作为动态体系论在侵权损害赔偿领域的具体运用，比例责任在追求法律效果的弹性化中，实际上拆除了分离责任基础与责任承担的围墙，完全赔偿原则被彻底否定。过错程度、可预见性等因素重新涌入法官的评价范围，过度扩大法官的自由裁量权，使得法的安定性难以为继。然而比例责任追求实质正义的愿望最终也无法实现，因为如果法官不受构成要件的约束，即使给法官松绑，也未必能获得适合个案的判决。[4]我国目前面临的状况和当年维尔伯格要突破概念法学的僵化的形势截然不同，如果借鉴动态体系论，弹性确定侵权损害赔偿范围，可能会进一步弱化现行法对于法官的拘束作用。[5]更为致命的是，由于要素本身的不确定性，追求方法论上的弹性极有可能导致严重的同案不同判，最终引发平等性的危机。

如果仅仅为了少数的个案公正转而采用动态体系论，导致法律体系的稳定性受到崩溃性的挑战，在对法官信任普遍不足的我国，这种立场将十分危

---

[1] 解亘、班天可：《被误解和被高估的动态体系论》，载《法学研究》2017 年第 2 期。

[2] 叶金强：《论侵权损害赔偿范围的确定》，载《中外法学》2012 年第 1 期。

[3] 郑晓剑：《侵权损害完全赔偿原则之检讨》，载《法学》2017 年第 12 期。

[4] 解亘、班天可：《被误解和被高估的动态体系论》，载《法学研究》2017 年第 2 期。

[5] 周友军：《我国侵权法上完全赔偿原则的证立与实现》，载《环球法律评论》2015 年第 2 期。

险。实际上，对于这些非正常的个案，仍然可以采用完全赔偿原则的判断模式，或者在"全有或全无"的模式之外，运用动态体系理论加以解决。因此，以比例责任替代完全赔偿原则的方案不可取。

（二）应当限制公平原则的适用

缓和论者主张在极其特殊的个案中引入生计酌减和公平酌减，以克服完全赔偿原则的僵化。生计酌减中也蕴含着公平考量的成分，因此生计酌减和公平酌减实质上是公平原则进入损害赔偿领域的手段。在具体实践中，则将责任性质、过失程度、当事人的法律关系、被侵害标的特殊性、损失可预见性及保险等作为缓和完全赔偿原则的考量因素。[1]

在法律的适用过程中，存在这样的脱节状态，法官在运用固定的构成要件无法解决现实问题时，会立即逃往一般条款，着手法律的续造。在这种情况下，一般条款和不确定概念对法的安定性危害更大。[2]缓和论者的做法就是在为法官提供"逃亡"的路径并将其正当化。更可怕的是，公平原则其实是比一般条款更为抽象的法律思想。由于公平原则本身的粗糙和空洞，法官要么无法实现充分的论证，要么只能综合考量各种因素，走向比例责任的道路，最终都将使法官不受实定法的拘束。

（三）坚持完全赔偿原则的必要性

权利救济一直以来就是侵权法的传统功能，在风险社会中，由于风险侵害在质、量上的增强、增大，侵权法对权利救济功能的需求只会更加强烈。在这样的背景下，完全赔偿原则重要性将更加凸显。[3]

侵权损害赔偿的实现，只能通过加害人与受害人之间进行损失的转移来实现。在责任基础阶段，只有满足了全部构成要件，才能发生侵权责任的移转，由加害人承担赔偿责任。而在此之前受害人将耗费大量的时间和金钱进

---

[1] 徐银波：《论侵权损害完全赔偿原则之缓和》，载《法商研究》2013 年第 3 期。

[2] 解亘、班天可：《被误解和被高估的动态体系论》，载《法学研究》2017 年第 2 期。

[3] 何国强：《风险社会下侵权法的功能变迁与制度建构》，载《政治与法律》2019 年第 7 期。

行民事诉讼，但是受害人的损失最终是否能够得到填补依然处于不确定状态。〔1〕因此，在责任成立阶段，对加害人的保护占据了主导地位，在责任承担阶段侧重对受害人的保护才能实现利益的均衡。〔2〕

对于域外法律制度的继受，"应当根据各自的具体情况，不仅考察被认为较好的外国解决办法在它原来的国家是否已经受考验证明是满意的，还要考察它是否适合于自己的国家"。〔3〕遗憾的是，主张以比例责任替代完全赔偿原则的学者对于我国的司法实践现状有着明显的误解。作为法治后进国家，我国侵权法领域的概念建构并不完善、对受害人的保护尚且不足、立法者对于损害赔偿基础原则的选择并未有明确的规划。〔4〕

需要指出的是，缺乏"统一的损害"概念这一事实看似为我国司法实践省却了一些烦恼，但其实正在使我们陷入德意志普通法时期的困境——损害项目庞杂但面对实践却捉襟见肘。例如，围绕对劳动能力丧失、假期时间浪费、物的使用可能性丧失等问题的评价所产生的争议，就体现出了我国"统一损害"概念缺失的弊端。另外，在我国缺乏债法总则的情况下，统一的损害概念能为侵权责任编和合同编损害赔偿规则的统一配置提供基础。因此，构建"统一的损害"概念势在必行。差额说一方面作为损害的计算方法，另一方面是"统一的损害"概念形成的基础。德国法上以"财产"差额为基础构建"统一的损害"概念的尝试虽然失败，但"差额"这一理念仍然具有重要的价值。有学者就主张以"状态差额"替代"财产差额"构建"统一的损害"概念。〔5〕完全赔偿原则作为差额说的理论基础，在我国的实践背景下更应该被坚持和贯彻。

---

〔1〕 程啸：《侵权责任法》，法律出版社2015年版，第24~25页。

〔2〕 徐建刚：《论损害赔偿中完全赔偿原则的实质及其必要性》，载《华东政法大学学报》2019年第4期。

〔3〕 ［德］茨威格特、［德］克茨：《比较法总论》，潘汉典等译，中国法制出版社2017年版，第30页。

〔4〕 周友军：《我国侵权法上完全赔偿原则的证立与实现》，载《环球法律评论》2015年第2期。

〔5〕 李昊：《损害概念的变迁及类型建构——以民法典侵权责任编的编纂为视角》，载《法学》2019年第2期。

五、中国法上完全赔偿原则的适用范围面向

如前文所述,"统一的损害"概念在当前实践中的缺失,使我国完全赔偿原则的适用更为灵活。其实,当前学界针对完全赔偿原则的诸多指摘,如因为无法适用于非物质损害赔偿而导致逻辑不周全,都隐含了"统一的损害"概念这一前提。因此,这些批评对于我国实践中的完全赔偿原则并不成立。另外,尽管法官通过具体的损害项目可以确定损害的赔偿范围,但是由于这些损害项目庞杂混乱,难免在实践中造成不便。故而,在学界就"统一的损害"概念达成共识之前,出于学理和实践上的精确与便利之目的,有必要对我国侵权损害完全赔偿原则的适用范围作一番梳理。

(一) 完全赔偿原则仅适用于过错责任和替代责任

按照亚里士多德的分配正义与矫正正义原理,通说认为过错责任属于矫正正义的范畴,而无过错责任则属于分配正义的范畴。在《尼各马可伦理学》中,亚里士多德将具体正义区分为分配正义与矫正正义。分配正义是指善恶分配的合比例性,矫正正义是指使遭受破坏的平等分配回复公正的正义。[1]矫正正义存在于分配格局受挑战后的关系处理;[2]过错责任指向于侵权法既有规范秩序遭受破坏时的损害承担;完全赔偿原则的价值追求和归宿在于填补受害人因侵权行为遭受的全部既有损害,使其财产状况恢复至责任原因发生时。矫正正义为观察过错责任提供了宏观视角,而近代以来一般在过错责任承担阶段贯彻完全赔偿原则。

无过错责任包括危险责任和替代责任。[3]替代责任的特殊性仅在于损害转移的对象并非加害人,而是对加害人的行为具有控制力的责任人,在赔偿范围、赔偿的功能上与过错责任并无实质差异。但危险责任则有着明显的不同。危险责任是指"特定企业、特定装置、特定物品之所有人或持有人,在一定条件下,不问其有无过失,对于因企业、装置、物品本身所具有危害而

---

〔1〕 [古希腊] 亚里士多德:《尼各马可伦理学》,廖申白译注,商务印书馆 2003 年版,第 134~140 页。

〔2〕 叶金强:《论侵权法的基本定位》,载《现代法学》2015 年第 5 期。

〔3〕 程啸:《侵权责任法》,法律出版社 2015 年版,第 99 页。

生之损害，应负赔偿责任。"[1]危险责任适用的多是具有高度科学性与技术行动侵权行为。这些因科技发展而产生的物质、装置、设备或活动，本身对他人具有高度危险性，但又是人类文明进步、社会经济发展所必需。因此，一方面，危险责任的成立门槛较低；另一方面，法律在责任承担层面往往为其配置最高赔偿限额以限制赔偿责任的范围。因为倘若要求行为人承担因其危险活动造成的全部损失，其常常无力赔偿或者因赔偿陷入经济上的困境，甚至破产，并且将使人们怯于巨额赔偿而止步于这些具有高度风险但益于整个社会的活动。[2]由于最高赔偿限额在危险责任承担层面的普遍存在，使得危险责任在相关法制的出发点上就远离了完全赔偿原则。

另外，在适用公平责任处理案件时，法院要综合考虑各种要素确定赔偿的范围，其中起决定作用的并非损害，而是当事人双方的财产状况，因此就不可能存在完全赔偿原则的作用空间。

（二）完全赔偿原则仅针对财产损害

差额说和完全赔偿原则自始便指向财产损害（包括侵害财产权益和人身权益造成的财产损害）。尽管德国法学家们对差额说寄予构建统一的损害概念之重望，但是现实证明这一尝试无疑是失败的。统合财产损害与非财产损害而构建抽象的统一损害概念是相当困难的，因为两者在可赔偿性、赔偿目的、赔偿计算规则等方面存在质的区别。[3]从实际情况上来看，非财产损害主要表现为心理和精神上的痛苦与创伤，本身无法以金钱量化和计算，所以在判断非财产损害是否存在以及损害程度大小等问题上，有很大的主观性和不确定性。[4]Mommsen 的差额说本身作为一种纯粹的计算公式，在面对具有强烈价值色彩的非财产损害时也就失去了用武之地，更遑论实现完全赔偿的效果。实践中的非财产损害赔偿金所实现的并非补偿功能，而是对"受害人人格尊严

---

[1] 王泽鉴：《民法学说与判例研究》，北京大学出版社 2009 年版，第 187 页。

[2] 程啸：《侵权责任法》，法律出版社 2015 年版，第 98~100 页。

[3] 曹险峰、徐恋：《侵权财产损害赔偿范围确定之逻辑进路论纲》，载《河南社会科学》2017 年第 8 期。

[4] 程啸：《侵权责任法》，法律出版社 2015 年版，第 708 页。

的认可，也是为了给受害人提供某种快乐，满足其心理或精神上的要求"。[1]
从这种意义上讲，非财产损害更类似于赎罪性赔偿。据学者考证，在差额说
提出时，德国法上并不认可精神损害赔偿，如此一来，通过财产总额计算损
害无法考虑精神损害的问题也并非不妥。[2]但是，在人格权和精神损害日益
受到重视的今天，以"财产差额"为概念基础的差额说使得完全赔偿原则在
理论和实践上只能局限于财产损害，面对"统一的损害"概念的愿望就显得
处境尴尬、进退失据。就此而言，李昊教授提出的以"状态差额"为基础重
构差额说，从而建构"统一的损害"概念具有一定的现实意义。但限于本文
的主题，不再对此展开论述。

六、完全赔偿原则的柔软化：法律效果面向

完全赔偿原则自诞生之日起，并非一成不变。在责任基础与责任承担之
间，留存着"损害"与"因果关系"两个通道，对完全赔偿原则的修正也主
要围绕着这两个基点展开。最初的完全赔偿原则采用自然损害概念和条件因
果关系，显露出强烈的刚性。后来学者们引入权益保护规范和相当因果关系，
建构起针对损害的从事实到规范的过滤机制，实现了对完全赔偿原则的软化
处理。最终的局面是，作为第二个面向的完全赔偿原则，即对个案中的全部
损害均应予以赔偿，指向的是经过了层层过滤的损害。批评论者认为这些修
正措施是对完全赔偿原则无奈的外部修补，但实际上这是完全赔偿原则自身
的内部调整。

（一）从事实上的损害到法律上的损害：权益保护规范的引入

损害的发生是侵权责任的起点。事实上的损害即所谓"自然意义上的损
害"或"客观上的损害"，是指任何物质的或精神的利益的非自愿的丧失。[3]
自然损害的观念同样来源自罗马法，《学说汇纂》中记载："利益存在的范围
是一个事实问题，而不是法律问题"。德国普通法时期普遍盛行自然损害概

---

〔1〕 张民安：《现代法国侵权责任制度研究》，法律出版社 2007 年版，第 122 页。
〔2〕 姚辉、邱鹏：《侵权行为法上损害概念的梳理与抉择》，载陈小君主编：《私法研究》
（第七卷），法律出版社 2009 年版，第 35 页。
〔3〕 程啸：《侵权责任法》，法律出版社 2015 年版，第 216 页。

念，由此区分出繁多的损害类型。Mommsen 在此基础上进行总结和抽象，从而发展出"差额假说"。Mommsen 仍然认为损害是纯粹客观的事实状态，只要满足了侵权责任成立要件，行为人即应承担所有因其行为引起的损害。在确定损害是否存在以及损害的程度时仅取决于两个时点上的数字，可见Mommsen 实际上试图以纯自然科学的方式避免法官价值判断的介入。[1]这一效果赖以实现的手段就是责任基础与责任承担相分离的法技术，但是由于差额说本身缺乏基于规范目的的法律评价，[2]不能说明损害来自何处，最终反而导致价值实现的断裂，即责任基础本是损害赔偿效果发生之基础，而赔偿范围却又隔离于请求权基础[3]。另外，在自然损害概念下，尽管存在因果关系的限制，依然会出现这样的问题：距离侵权行为过于遥远而不应由加害人赔偿的损害却被纳入赔偿范围。

二战之后，人们逐渐认识到自然损害概念的局限性。事实上的状态改变能否认定为损害、损害程度的大小，这些问题的判断过程并非自然科学式的机械逻辑过程，而是受一定社会价值观念和法律秩序影响的思维过程，因此新近理论在论述损害概念时一般会强调损害的法律相关性和可救济性。[4]并非一切事实上的损害都能获得法律的救济，而只有在法律上被认为具有补救的可能性和必要性时，才会产生法定效果。也就是说，能够触发法律效果的损害，必须经过"从事实上的损害到法律上的损害"的过滤机制。侵权法中关于"保护权益"的规定就承担了这样的"滤塞"角色，即行为所侵害的权益应该是侵权法所保护的权益。因为侵权法本身具有创权功能，为了避免"权利泛滥"，法律应当明确权益的保护范围。同时，由于侵权法必须协调权益保护与行为自由之间的价值平衡，也就不可能对所有的人身、财产权益予以保护或者同等程度的保护。我国的保护规范区分为一般保护规范与特别保护规范，前者框定了后者的目的范围。《侵权责任法》第 2 条作为一般保护规范，采取了"概括+列举"的方式对民事权益进行了非完全的限定性规定。在

---

〔1〕 李承亮：《损害赔偿与民事责任》，载《法学研究》2009 年第 3 期。
〔2〕 李昊：《损害概念的变迁及类型建构——以民法典侵权责任编的编纂为视角》，载《法学》2019 年第 2 期。
〔3〕 叶金强：《论侵权损害赔偿范围的确定》，载《中外法学》2012 年第 1 期。
〔4〕 李承亮：《损害赔偿与民事责任》，载《法学研究》2009 年第 3 期。

人格权独立成编的立法背景下，原本的《侵权责任法》第 2 条受到"肢解"，使得立法意义上的一般保护规范不复存在。但是根据历史解释、体系解释和学理解释方法，在实践中应认为我国侵权法保护范围在一般层面仍采"权利与利益二分，以绝对权为核心，兼顾民事利益"的层级保护模式。[1]在处理具体侵权案件时，应当进一步考虑所适用的特殊保护规范，超出特殊保护规范的目的范围的损害就无法得到救济。

(二) 因果关系层面的过滤："相当性"判断的引入

即使事实上的损害符合法律规定的保护范围而成为法律上的损害，也不意味着所有的法律意义上的损害都能得到司法上的救济，在法律上的损害到应赔偿损害之间仍然存在另一层过滤机制，这就是因果关系。

因果关系是确定侵权损害赔偿范围的核心。世界是普遍联系的，只有合理地截取因果关系链条，将那些过于"遥远的"损害排除出应赔偿的范围，才能在保障受害人合法权益的同时，使侵权人免受漫无边际的赔偿之累。正如冯·巴尔教授所言，"它（侵权法）既不能成为为公众认可的经济秩序的阻碍因素，作为一个为理性所支配的法律，它也不能要求一个行为不谨慎的人对他人因其行为所产生的一切损害，即一切该他人若非因行为人的过失即无须容忍的损害，承担赔偿责任。"[2]一般认为，我国侵权法承认"责任基础—责任承担"的二元结构，采取"行为—权益侵害—损害"的逻辑进路，因果关系同样具有双重意义，即"责任成立上的因果关系"和"责任范围的因果关系"。[3]责任成立上的因果关系是侵权行为与损害之间的因果关系，责任范围的因果关系是权益侵害与损害之间的因果关系，其作用在于限定损害赔偿的范围。需要说明的是，即使责任成立与责任范围是两个不同层面的问题，但是并不足以区分出两个不同的因果关系，两者在内容上往往相互重合，在司法实践中一般也是作融贯的理解。[4]因此本文所论"责任承担层面的因果关

---

〔1〕 程啸：《侵权责任法》，法律出版社 2015 年版，第 112～122 页。

〔2〕 ［德］克雷斯蒂安·冯·巴尔：《欧洲比较侵权行为法》（下），焦美华译，法律出版社 2001 年版，第 1 页。

〔3〕 曹险峰、徐恋：《侵权财产损害赔偿范围确定之逻辑进路论纲》，载《河南社会科学》2017 年第 8 期。

〔4〕 叶金强：《相当因果关系理论的展开》，载《中国法学》2008 年第 1 期。

系"不与责任成立层面的因果关系做"断裂理解"。

我国因果关系理论经历了从必然因果关系到相当因果关系的演变过程，通说认为，责任承担层面因果关系的判断应采相当因果关系理论。根据王泽鉴教授的观点，针对责任承担层面的因果关系的判断，在具体实践中应遵循"条件关系—相当性—规范目的论"的检查层次。[1]条件关系的认定是权益侵害与损害之间事实因果性的判断，运用自然科学知识，进行类似于英美法上"but-for"（非 P 则非 Q）的检验方法，整个过程中并不掺杂任何法政策的因素。条件关系的判断是因果关系的最低要求，如果权益侵害与事实因果性之间不存在条件关系，自然无须做进一步的检查。但是导致损害的权益侵害事实众多，如果对因果关系仅作条件关系的考察仍难以有效限定损害赔偿范围。差额理论为使受害人的权益得到最充分的保障，在因果关系要件仅仅停留在条件关系层面的判断，导致损害赔偿范围膨胀，过度限制行为自由，历来饱受诟病。

自然事实上的因果关系能够无限延伸，因此需要价值判断的介入进行合理的限制。发生在人类社会并将以合理的分配方式使其影响消散在人类社会的损害，及其因果关系的判断，不可避免地要受到潜在的社会价值观念和人类智识等因素的影响。自然科学的方法无法进入人类的价值领域，故条件关系无法解决可归责性的问题，"相当性"的概念则承担了"解决因果关系中的价值评价问题"这一重任。在"相当性"的判断层面，如果被告的行为在通常情况下导致已经发生的某个损害结果，或者至少在相当程度上增加了某一不利结果发生的可能性，那么这一行为就与损害结果之间存在相当因果关系。[2]相当因果关系通过法官规范性的价值评价标准，在认定条件关系的基础上，将原本效力等值的事实原因区分为重要原因和不重要原因，并排除了那些极为异常的原因，以此限制责任承担的范围。显然，"相当性"的判断完全取决于判断者在当时社会的立场与知识水平，在理论上争议最大的核心问题就是如何选择作为该"价值评价基准"的判断人。德国法上曾经提出三种选择：行为人的角度；作为事后客观认识的"最佳判断人"；作为折中选择的"最优

---

[1] 王泽鉴：《损害赔偿》，北京大学出版社 2017 年版，第 85 页。

[2] 王利明：《侵权责任法研究》（上卷），中国人民大学出版社 2016 年版，第 387~388页。

观察者"。[1]二战之后，德国联邦法院一般以"最优观察者"作为判断人。而我国实践中一般选择"一般理性人"标准，所谓理性人是指常人、普通人，而非科学家、超常之人。[2]在判断行为人知识量时，则设想在案发当时处于行为人立场的社会一般人所具备的认知，行为人在案发时因其人生经历而已经具备的知识、行为人偶然获得的知识等都应包括在内，实际上采取的是"一般人基础上的增减"。[3]相当因果关系的首要任务是通过对事实原因进行法律领域的规范性评价，限缩行为人的责任范围。德国法上的"最优观察者"几乎是无所不知的，相较于"一般理性人"，对于相当性的判断仍然是过于宽泛的。因此，"一般理性人"标准在保障权益的同时，更有利于实现相当因果关系的限责任务。

当然，相当因果关系的缺陷也是显而易见的：在相当性的判断上极度依赖法官的价值观念以及"司法良心"。因此，出于适度限制法官自由裁量空间的考量，拉贝尔（Rabel）提出，在考察因果关系时应当考虑规范的意义与目的，被称为"规范目的理论"。[4]法官在根据社会一般生活经验对相当性作出判断时，也应当考虑法律、法规所保护的权益内容。[5]行为与损害之间即使符合相当因果关系，但损害的发生与内容若在规范目的之外，亦无法请求损害赔偿。由是观之，规范目的说实质上是"权益保护"规范的再次陈述，而"权益保护"规范在从事实损害到法律损害过程中承担第一层过滤机制，在因果关系层面再次考察规范目的不过是叠床架屋。

综上所述，在责任范围的因果关系上应遵循"条件关系—相当性"的检查顺序。相当性的判断，是在考察行为对损害具有事实贡献的基础上得出的。事实性构成了判断属性的基调，而所有对事实性之偏离，均是基于价值判断实现之需要。[6]事实性的判断摒除意志的影响，具有强烈的刚性，在实现法的安定性与形式正义具有重要作用，但是却是以牺牲法的妥当性与实质正义

〔1〕 叶金强：《相当因果关系理论的展开》，载《中国法学》2008 年第 1 期。
〔2〕 叶金强：《相当因果关系理论的展开》，载《中国法学》2008 年第 1 期。
〔3〕 叶金强：《相当因果关系理论的展开》，载《中国法学》2008 年第 1 期。
〔4〕 王泽鉴：《损害赔偿》，北京大学出版社 2017 年版，第 100 页。
〔5〕 王利明：《侵权责任法研究》（上卷），中国人民大学出版社 2016 年版，第 392 页。
〔6〕 叶金强：《相当因果关系理论的展开》，载《中国法学》2008 年第 1 期。

为代价。损害起止于人类社会，必然受到社会价值观念的影响。损害赔偿范围的确定是法律问题而非事实问题，故而人的意志之引入就成为必要。"相当性"的判断为价值观念的融入进而软化事实性创造了广阔的空间。法律旨在创设一种正义的社会秩序。"相当性"的判断赋予了法官极大的自由裁量权，用以纠正法律的刚性和不适当性。这种自由裁量权被"权益保护规范"控制在严格限定的和合理的范围内，本身就是安全的和可欲的。[1]因果关系的检查到达这一地步，已经展现出与追求精密的自然科学式思维不同的气质。经历这一过滤过程的损害，已经被深刻地烙上了社会价值观念的烙印，也因此具备了更加强大的弹性。

七、结语

近代以来，完全赔偿原则通过"责任成立—责任承担"二分、因果关系、差额说等法技术，并且不断通过理论修正，长期以来在侵权损害赔偿法中占据主流地位。从法教义学出发，并结合我国司法实践，应承认完全赔偿原则的存在，但是由于"统一的损害"概念的缺失，我国只有第二个面向的完全赔偿原则。针对完全赔偿原则的第一个面向，在"统一的损害"概念形成之前，框定完全赔偿原则的适用范围更具有现实意义。完全赔偿原则在具体适用上有排斥价值判断进而导致效果失当的危险，因此在处理完全赔偿原则的第二个面向时，需要在"损害"和"因果关系"两个因素上引入"权益保护规范"和"相当性"判断，进行软化处理。"损害"与"因果关系"的判断过程实际上都是从纯粹事实上的寻找到规范评价上的衡平这样的思维过程，只有经过这两个层面过滤才能得到完全赔偿原则指向的损害。"权益保护规范"和"相当性"判断的引入能够缝合因"责任成立与责任承担"二分带来的价值断裂，实现形式正义与实质正义的良性互动。

---

〔1〕［美］E·博登海默：《法理学：法律哲学与法律方法》，邓正来译，中国政法大学出版社 2004 年版，第 330~339 页。

生命权紧急避险之性质及正当化依据再探究

魏　晋

摘　要：生命权紧急避险是学界持续争论的问题，关于是否允许对生命权进行紧急避险，生命权紧急避险的性质以及生命权紧急避险正当化的理论依据一直存在争论。生命权紧急避险行为是社会所需要的，应当被法律允许，但违法阻却事由说所依据的功利主义哲学只注重法益大小的比较，且将社会共同利益凌驾于个人利益之上，不关心个人的权益特性。社会连带义务理论以及"无知之幕"模型对个人利益及意志更为关注，较功利主义更适合作为生命权紧急避险正当化的理论依据。

关键词：紧急避险；生命权；功利主义；社会连带义务；无知之幕

一、生命权紧急避险行为的学说概述

　　紧急避险是我国刑法中行为正当化事由之一，我国学界通说普遍基于功利主义理解紧急避险，强调其是"不得已损害另一较小或者同等法益的行为"[1]，即在两个正当法益冲突时将法益进行比较，目的在于保护更大的或者至少同等的法益。这实质上就是立足于社会本位的功利主义比较，以满足"最大多数人的最大幸福"原则。在涉及对生命权紧急避险的相关案例中，学者们也常常尝试通过对行为损害以及保护的生命数量、生命价值进行衡量比较，从而肯定或排除生命权紧急避险行为的合法性。但与之矛盾的是，学界认为对生命权不能进行比较，生命权具有绝对的最高价值，生命不通过任何标准比较。

---

　　〔1〕　张明楷：《刑法学》，法律出版社 2016 年版，第 217 页。

（一）生命权紧急避险行为的性质

关于紧急避险性质，学界理论上一直存在争议，分别为违法阻却事由说、责任阻却事由说以及二分说。

1. 违法阻却事由说

该学说认为紧急避险行为所保护的法益大于或等于所侵害的法益，整体来看没有对社会的整体利益造成损害，所以排除违法性。虽然中国刑法学界认为该学说是紧急避险性质的通说，但实际上在生命权领域并不适宜。因为违法阻却事由说以功利主义哲学为思想依据，单纯比较保护与放弃的生命数量多与少，从而判断是否排除了违法性，暗示生命并不具有最高价值，可以与财产混同进行量的比较。所以应当将生命权紧急避险行为与一般紧急避险行为区分，一般紧急避险更多的是财产与财产或财产与身体权、生命权的衡量，与生命权之间的冲突有显著区别。在生命权冲突的情况下，难以确定一个具体标准衡量生命权的价值，如果接受功利主义哲学下的违法阻却学说即简单进行数量比较则显然对生命不够尊重。

2. 责任阻却事由说

该说认为紧急避险行为由于侵害了正当法益，则显然具有违法性，但由于行为人没有其他合理方法能够避免危险，即不具有期待可能性，所以排除行为人的责任。就生命权紧急避险行为而言，该学说符合自然法学派观点，我们无法苛求处于危机状况的行为人牺牲自己，所以对其自我保护、牺牲他人的行为能够理解。但该学说也存在以下问题：首先，期待可能性是一个主观判断标准，不同学说判断是否存在期待可能性的标准也不同，此外如果基于事后评价容易与当时实际情况的选择出现偏差，难以还原当时情境下行为人心理判断；其次，生命权紧急避险行为还包括非危险共同体情境下的行为，典型案例如扳道工案（也即电车难题），行为人为了他人利益进行紧急避险时，无法用不具有期待可能性排除责任；再次，既然该学说认为紧急避险行为具有违法性，则可以进行正当防卫，与紧急避险应有性质不符；最后，行为人可以为了较小法益而牺牲较大法益，并通过不具有期待可能性事由阻却责任，不符合紧急避险定义。所以该学说未能成为紧急避险性质通说，对于生命权紧急避险行为性质也并不适用。

3. 二分说

有学者综合违法阻却事由说与责任阻却事由说提出二分说，将紧急避险行为区分不同情况适用不同学说观点判断。该说又分为原则上阻却违法的二分说与原则上阻却责任的二分说。原则上阻却违法的二分说作为德国的通说，一种观点认为保护利益大于损害利益时为违法阻却事由，等于时为责任阻却事由；另一种观点认为紧急避险原则上阻却违法，但涉及生命权与身体权时阻却责任。原则上阻却责任的二分说认为原则上阻却责任，但所保护法益明显大于损害法益时阻却违法。[1]

4. 小结

对于生命权紧急避险行为，有学者认为根据情况考虑，违法阻却事由说及责任阻却事由说均可适用。[2]例如在"一对一"的生命权冲突中，保全自己生命而牺牲他人生命无法排除违法性，只能通过不具有期待可能性阻却责任。本文认为需要明确一个前提问题——不成立犯罪不等于成立紧急避险。在该例中，为保全自己生命而牺牲他人生命具有违法性是确定的，也可以通过判断是否具有期待可能性来判定是否有罪，但排除责任不代表成立了紧急避险。

国内不少学者、硕博论文在分析生命权紧急避险行为时，都使用了同一套逻辑推理，对于有些不能排除违法性的行为（如在"一对一"的生命冲突下）判处犯罪不合情理的，于是便认定为阻却责任的紧急避险。这个思路简单地将"不成立犯罪"等同于"成立紧急避险"，忽略了出罪事由的多元多层次性。笔者认为，生命权紧急避险行为性质应当与普通紧急避险相同，属于违法阻却事由，某些阻却责任的行为并不成立紧急避险，只是不构成犯罪。

根据上文责任阻却事由说，如果认定"一对一"的生命权冲突的一方杀死另一方的行为是具有违法性的紧急避险行为，那么意味着可以对该行为进行正当防卫，则将会演变成弱肉强食的丛林法则，不符合法律期待。此外，

---

[1] 参见张明楷：《刑法学》，法律出版社 2016 年版，第 217 页。

[2] 罗翔教授认为"在卡纳安德斯之板的事例中，二元说具有优势"，罗翔：《刑法学总论》，中国政法大学出版社 2017 年版，第 123 页；张明楷教授也认为"对生命的紧急避险，既有可能成立违法阻却事由，也有可能成立责任阻却事由"，张明楷：《刑法学》，法律出版社 2016 年版，第 221 页。

还可以从刑法立法本身支持违法阻却事由说。根据我国《刑法》第 21 条第 2 款所规定的"紧急避险超过必要限度造成不应有的损害的，应当负刑事责任"，应当认为刑法立法目的不包括责任阻却事由说，因为责任阻却事由说的定义是该行为"超过了必要限度"，但阻却责任不成立犯罪。所以笔者认为刑法规定的紧急避险仅为违法阻却事由，作为特殊类型的紧急避险——生命权的紧急避险同样也只适用于违法阻却事由。

综上所示，我们能够得出结论，生命权紧急避险行为应当适用违法阻却事由说，有学者认为有时应适用的责任阻却事由说实则只是出罪理由，但并不成立紧急避险行为。此外实际上违法阻却事由说所依据的功利主义哲学观并不完善与正确，我们会发现如今无论是在理论上抑或司法实践中都不适用。

（二）生命权紧急避险行为的价值

1. 紧急避险允许人在必要时作为手段

根据康德伦理学，生命具有绝对最高价值。[1]康德认为用于尊严的事物是无价的，超过了一切有价物。人正因为拥有尊严，生命权才具有绝对最高价值，而尊严的来源便是理性能力。在康德哲学看来，"人既是自然的存在，又是理性的（本体的）存在"[2]，人与动物区别在于理性，使人得以具有绝对的价值与目的。受康德哲学的影响，现代伦理学界、法学界普遍承认生命权的绝对最高价值。

理性同样使人具有目的，"人是目的"原则也来源于康德哲学："你在任何时候都同时当作目的，绝不仅仅当作手段来使用。"[3]但这句话并不说明人无论何时都不能成为目的，从字面意思即可明白，康德反对的是仅仅把人用作手段。前文也提及，康德在生命权冲突的情境中，认可牺牲他人生命的行为。

---

[1] 康德认为："在目的王国中，一切东西要么有一种价格，要么有一种尊严。有一种价格的东西，某种别的东西可以作为等价物取而代之；与此相反，超越一切价格、从而不容有等价物的东西，则具有一种尊严。"[德]康德：《道德形而上学的奠基（注释本）》，李秋零译注，中国人民大学出版社 2013 年版，第 46 页。

[2] 赵雪纲：《人权概念的正当性何在？——康德伦理学对人权概念（以生命权为例）之奠基性意义》，载《政法论坛》2004 年第 5 期。

[3] [德]康德：《道德形而上学的奠基（注释本）》，李秋零译注，中国人民大学出版社 2013 年版，第 49~50 页。

但我们应当清楚，根据"生命具有绝对最高价值"原则，生命都是无价的，一个人的生命与五个人的生命同样是无法比较的，即生命不能进行数量的比较，也不能进行质量的比较。生命权的功利主义比较是否认人的价值与尊严；另外虽然许可"卡纳安德斯之板"的行为，但并不代表成立紧急避险，只是阻却责任不构成犯罪的行为。

2. 生命权紧急避险行为是正当且为社会需要的

生命权紧急避险往往发生在特殊急迫的情境中，当事人所处的环境难以被理解，霍布斯论述的自然律已经说明，人都有保护生命的自由与本能。[1]法律不应当强迫每个人都是"圣人"，自愿牺牲自己保全他人。同时，人对生命的渴望是可以被理解的，即使有刑法的威慑也不能阻止行为人保全自己生命的行为。康德也表示："法律惩罚的威吓不可能比此时此刻害怕丧失生命的危险具有更大的力量。"[2]所以，在此刻社会共同认可的观念并不是人应当具有最高道德，而是允许做出合理限度内的自保行为。另外，该类紧急避险的特点还有特定性，往往只发生于少数特定几人之间，少数人相互做出的行为并不会危及全体社会大众。法律制定目的在于维护社会稳定，故该行为并不触及法律的内核，公众对此的容忍度较一般犯罪行为更高。法律也应当体现人文关怀，体现对人性、对自由的尊重，司法判案也应当体现社会共同价值。对于生命权，需要体现社会对个人的普遍同情，以及对行为人危急情境的理性关注。对于公众社会，以及社会尊重人性自由的需要而言，允许生命权紧急避险行为是尊重生命、尊重理性的必然选择。

3. 小结

让我们再回到卡纳安德斯之板[3]，就生命的价值性而言，并不能说明该行为是否保护了更大的利益，因为无法对生命进行质与量的衡量；对于"目

---

[1] 霍布斯认为，每个人拥有自然权利，即"每个人按照自己所愿意的方式运用自己的力量保全自己的天性——也就是保全自己的生命——的自由。"参见［英］霍布斯：《利维坦》，黎思复、黎廷弼译，商务印书馆1985年版，第97页。

[2] ［德］康德：《法的形而上学原理——权利的科学》，沈叔平译，商务印书馆1991年版，第47页。

[3] "当一条船沉没了，他正在为了他的生命而推倒另一个人，使后者从木板上掉入水中，而他自己在木板上免于死亡。"［德］康德：《法的形而上学原理——权利的科学》，沈叔平译，商务印书馆1991年版，第47页。

的与手段"而言，笔者同意康德的观点，此时可以为了自保把他人当作手段，这是社会所需要也能够接受的，人具有保全自己生命的自由。但对于这种"一对一"的生命权冲突情况，我们可以容易得出结论；若是"一对多"的情况下，便难以决断：是否可以基于功利主义的法益衡量，把少数人生命当作手段换取多数人的生命，这也是生命权紧急避险行为争论不休的根源。刑法学家既以功利主义哲学观作为紧急避险的法哲学基础，又坚守"人是目的"原则，便不可避免地受到二者拉扯，难以做出合理的解释。[1]要解决这个矛盾，除了前文提及的"人是目的"原则的澄清，还需要明确紧急避险的正当化依据——功利主义哲学观对生命权的衡量是否合适。

二、功利主义下的生命权紧急避险

（一）功利主义学说概述

无论是英美法系还是大陆法系，功利主义式地比较法益大小往往是紧急避险行为的伦理学基础。虽然刑法学界通说认为生命权紧急避险行为不能通过比较行为所保护的生命数量而合法化杀人行为，但一直未形成合理的论证。事实上，我国有不少学者认为，生命权紧急避险可以进行功利主义比较而正当化。例如张明楷教授认为"如果不允许以牺牲一个人的生命保护更多人的生命，则意味着宁愿导致更多人死亡，也不能牺牲一个人的生命，这难以为社会一般观念所接受，也不一定符合紧急避险的社会功利性质。"[2]黎宏教授表示："所有的人格在法律面前一律平等地受到保护，仅仅从质上无法分出高下，而只能从量上区分其保护的必要性，从此立场上讲，为了拯救多数人的生命而牺牲少数人的生命，也不是不可以考虑。"[3]日本刑法学者西田典之同样认为可以对生命进行量的比较。[4]这些学者均认为，人的生命具有最高价

---

〔1〕 参见陈杰：《紧急避险与生命价值的衡量——对通说前提预设的澄清》，载《法制与社会发展》2019 年第 4 期。

〔2〕 张明楷：《刑法学》，法律出版社 2016 年版，第 221 页。

〔3〕 黎宏：《紧急避险法律性质研究》，载《清华法学》2007 年第 1 期。

〔4〕 参见［日］西田典之：《日本刑法总论》，刘明祥、王昭武译，中国人民大学出版社 2007 年版，第 109 页。

值，在"质"上是平等的，但却可以进行"量"的比较。但与之相对，学界通说认为生命无论是在"质"还是在"量"上都无法进行比较，生命具有绝对最高价值，具有唯一性与终极性，无法进行任何尺度的比较。认同生命权可以进行数量上比较的学者都陷入功利主义哲学的判断，以张明楷教授为例，他认为紧急避险是"社会功利属性"的，实际上便忽略了生命的价值，错误运用了功利主义以及错误理解了紧急避险的性质。

正如边沁所定义的："（就整个共同体而言）当一项行动增大共同体幸福的倾向大于它减小这一幸福的倾向时，它就可以说是符合功利原理，或简言之，符合功利"[1]，以及穆勒所补充的，"（功利主义）把'功利'或'最大幸福原理'当作道德基础的信条主张，行为的对错，与他们增进幸福或造成不幸的倾向成正比"[2]，功利主义作为关注社会效用、最大幸福原则的哲学，强调社会公共利益（幸福），主张"普遍性原则"，即"判断行为或行为规则正确与否的衡量标准不是个人的幸福，而是最大多数人的最大幸福"[3]。此外还有"可替代原则"，即"认为对于任何个体的利益损害都可以通过对其他个体的利益满足予以补偿"[4]。刑法中规定的紧急避险便是根据功利主义哲学，比较紧急避险行为是"增进幸福"还是"造成不幸"，考虑社会公共利益。但功利主义最大问题便在于将社会公共利益凌驾于个人利益之上，轻视了个人自然权利的神圣性与独特性。功利主义哲学对紧急避险而言并不适用。

（二）功利主义哲学的缺陷

1. 功利主义将社会最大幸福凌驾于个人幸福之上

边沁认为"共同体的利益是组成共同体的若干成员的利益总和"[5]，对于社会共同体而言，这样定义并没有问题，但结合边沁所定义的功利主义，

---

〔1〕 [英] 边沁：《道德与立法原理导论》，时殷弘译，商务印书馆 2000 年版，第 59 页。

〔2〕 [英] 约翰·穆勒：《功利主义》，徐大建译，商务印书馆 2019 年版，第 8 页。

〔3〕 王钢：《对生命的紧急避险新论——生命数量权衡之否定》，载《政治与法律》2016 第 10 期。

〔4〕 王钢：《对生命的紧急避险新论——生命数量权衡之否定》，载《政治与法律》2016 第 10 期。

〔5〕 [英] 边沁：《道德与立法原理导论》，时殷弘译，商务印书馆 2000 年版，第 58 页。

便是将社会的共同利益作为最终目的，忽略了个人利益。因为在边沁看来，个人利益并没有独特性。虽然穆勒对边沁的定义进行了修正，却仍然没有摆脱这一理论错误。穆勒表示"要证明任何东西值得欲求，唯一可能的证据是人们实际上欲求它"[1]用以证明人追求的最终目的是"最大多数人的最大幸福"，想要将边沁提及的社会共同利益与个人利益等同，但不能说明"人们实际上欲求"即个人追求自己的幸福便是追求公众幸福。认同功利主义的西季威克同样提到了该论述的缺陷，他提出必须加上"合理仁爱"而不能仅仅靠"自利"弥补这个缺陷。[2]虽然西季威克成功地通过"合理仁爱"将功利主义与利己主义分开，但在生命权冲突的场合，并不能无视人的自保心理。所以，在生命权紧急避险的情况下，人们实际上欲求的是保全自己的生命，而不是牺牲自己从而追求最大多数人的最大幸福。并且，在该情形下，"合理仁爱"的要求并无效用，我们不能强迫人们在生命上"仁爱"。

穆勒还尝试将"正义"引入功利主义，想合理化社会共同利益与个人利益优先级的问题。穆勒表示，要解决公平正义问题，只有诉诸功利主义。[3]可实际上仅从字面意思便可明白该论断过于绝对，穆勒是受制于功利主义的局限中了。本文认为，社会连带主义较功利主义更为合理，能更好解决生命权冲突的问题。据此，功利主义并没有合理解释社会共同利益高于个人利益的问题，在维护正义的问题上同样并不理想。

2. 功利主义没有明确社会共同利益的内涵

社会共同体的概念是抽象的，正如边沁所定义的："共同体是个虚构体"[4]，但并不是"最大幸福"的最终承受者。所以现代功利主义更多地认为，社会整体利益并不是这个虚构社会共同体的利益，而是所有社会公众的共同利益。[5]但实际上所有社会公众的共同利益并不是一个明确的主体，对于法益而言，没有明确的归属主体难以称为法益。就此意义而言，运用功利

---

〔1〕 [英] 约翰·穆勒：《功利主义》，徐大建译，商务印书馆2019年版，第42页。

〔2〕 参见 [英] 亨利·西季威克：《伦理学方法》，廖申白译，中国社会科学出版社1993年版，第402~403页。

〔3〕 参见 [英] 约翰·穆勒：《功利主义》，徐大建译，商务印书馆2019年版，第73~74页。

〔4〕 [英] 边沁：《道德与立法原理导论》，时殷弘译，商务印书馆2000年版，第58页。

〔5〕 参见王钢：《紧急避险中无辜第三人的容忍义务及其限度兼论紧急避险的正当化根据》，载《中外法学》2011年第3期。

主义哲学所保护的法益对社会共同体概念没有实质意义，所保护的法益最终还是要落实到社会公众之中。但也不是简单地统称为共同利益，实际上这也暴露出功利主义哲学的另一个问题——其并不关注保护利益的分配情况与个人之间的权利差异。

3. 功利主义没有区别个人权利的特性

正如罗尔斯在《正义论》中提出的，"功利主义并不认真对待人与人之间的差别。"[1]从功利主义的可替代原则即可发现，功利主义将社会共同利益作为最终目的，并把个人利益抽象化片面化，刻意强调社会利益，消除了个体之间的权利界限。对此，功利主义违背了法律尊重公民意思自治的原则。例如，公民完全有权利抛弃对物的所有权，或者将所有物毁损，对功利主义而言，这减少了社会整体利益，但这并不违反法律规定；刑法上也允许自我承诺的行为，允许行为人损害自己的身体权。不仅如此，功利主义还会侵犯无辜者的自主决定权。例如，原本自身利益不可避免地要受损，在功利主义的视角下可以让第三人受损从而平衡二者之间的法益。

这不仅再次说明了功利主义并不承认个人的不可侵犯的自然权利，还呈现出另一个问题——功利主义并未解决利益的分配问题。具体而言，功利主义哲学下的社会增加了公共利益，但之后便"袖手旁观"，全然不顾社会中增加的利益在个人间如何分配。这样的功利主义很容易催生出"丛林社会"，富者剥夺穷者利益，只要社会公共利益是增加的便符合了功利主义，但所增加的利益全部分配给富者。在经济上，便形成富者更富，贫者更贫的结局；若是对于生命权紧急避险情形，虽然牺牲少数人的利益（生命），保障了多数人的利益，保护的法益大于损害的法益，但最终分配时最大受益者只有少数几个"强者"，便偏离了紧急避险的本质。

三、生命权紧急避险的社会连带义务理解

（一）社会连带义务概述

社会连带思想由社会学家涂尔干（Émile Durkheim）提出，之后被狄骥

---

[1] [美]约翰·罗尔斯：《正义论》，何怀宏、何包钢、廖申白译，中国社会科学出版社2009年版，第22页。

（Leon Duguit）继承并发展于法学领域，创建了社会连带主义法学。人与人之间既意识到个体性，也意识到自己与他人的联系，即"社会连带性"。狄骥认为，社会相互关联性决定了"客观法"，而"客观法要求每个人遵从社会的相互关联性"，并"应将其行为服务于社会相互关联性"。基于"社会连带性"，法律"要求每个人承担一定的社会角色，要求每个人拥有某些权利"，并作为限制，每个人应当完成相应义务。[1]

基于对社会连带主义法学的理解，德国学者（如 Baumgarten、Heinitz 等）提出将社会连带主义作为紧急避险正当化的依据，之后有德国学者发展出了社会连带义务理论。在紧急避险时，社会共同体成员忍受避险行为人损害自身利益的容忍义务，即为社会连带义务。[2]社会连带义务理论表现在允许行为人基于社会连带关系转嫁风险，使每一个社会成员承担连带责任，由此每个社会成员在一定程度上帮助对方、形成照护，降低紧急避险的损害。社会共同体成员"承担一定的社会角色"，这就要求在必要的时候完成相应义务——为他人牺牲自己利益的义务。前文已经阐明，生命权紧急避险是正当的且为社会所需要的，社会连带义务理论强化了生命权紧急避险的正当性，与功利主义相比，社会连带义务理论强调分担紧急避险带来的危害，而不是由少数人承担所有的损害。在社会连带义务理论中，每个行为人都有可能被要求忍受损害，但在整个社会共同分担后，原来所要忍受的不利益必将大于或至少等于分担后的不利益。

有观点认为，既然社会连带义务在该理论中是一种合理的义务，则与之相对的紧急避险便是公民的权利，但根据我国《宪法》第51条规定公民在行使自由和权利的时候，不得损害其他公民的合法的自由和权利，由此对社会连带义务产生怀疑。[3]本文认为，仅对紧急避险行为而言，这是法律上允许的行为；至于紧急避险是否为一项权利，在法律上它并不是法定权利，而是与社会连带义务相对的应有权利。法定权利要求立法对权利进行规定或确认，

---

〔1〕 参见［法］莱昂·狄骥：《宪法学教程》，王文利等译，春风文艺出版社、辽海出版 1999 年版，第 8~13 页。

〔2〕 参见王钢：《紧急避险中无辜第三人的容忍义务及其限度兼论紧急避险的正当化根据》，载《中外法学》2011 年第 3 期。

〔3〕 参见赵雅：《我国紧急避险正当化依据的新探讨》，河南大学 2018 年硕士学位论文。

而应有权利是在现实条件下和可以预见的范围内应当具有的权利。社会连带义务是理性人能够接受的，可以分担、减少个人所受损害的行为，法律的立法目的在于维护社会稳定，虽然紧急避险实际上侵害了其他人的合法权益，不符合宪法对权利的规定，但这是社会和公众可以认可和接受的。所以应当认为，紧急避险是一项应有权利。

（二）正义论及无知之幕模型对社会连带义务理论的支持

罗尔斯的正义论体现了社会连带义务理论的一大特点，正义论从个人权利义务分配出发，这也是社会连带义务理论与功利主义的主要区别。功利主义过于强调社会共同利益，甚至凌驾于个人利益之上。罗尔斯《正义论》一书意在概括洛克、卢梭和康德所代表的传统社会契约理论，从而取代在现代道德哲学中占支配地位的功利主义，形成一个新的更为完善的民主社会道德基础。正义论不仅对民主社会有重要意义，对紧急避险行为也有参考价值。

罗尔斯认为"正义是社会制度的首要德性"[1]，他所认为的正义的对象是社会的基本结构，即用来分配公民的基本权利和义务、划分由社会合作产生的利益和负担的主要制度。基于此，他提出了著名的无知之幕理论，以还原一种原初状态，建立起他所设想的公平的程序。在无知之幕下，人们"不知道各种选择对象将如何影响他们自己的特殊情况"[2]，不知道自己在社会所处的地位、自己的身体状况、心理特征等，只知道他们所处社会受着正义环境的制约以及社会的一般事实。罗尔斯设立的无知之幕由此排除了功利主义的选择对象，摒弃了功利主义哲学。前文已经论述了功利主义哲学的弊病，功利主义只需要满足"最大多数人的最大幸福"，在这一前提下便允许对一部分人的自然权利严重损害，而不会理性考虑每个人的利益。无知之幕下，由于处于原初状态，谁都无法确定自己是不是无知之幕下"境遇"最差的个体，便只能运用"最大最小值"规则进行博弈，并迫使各方进行换位思考。在假设都是理性人的情况下，最终结果便是选择"最坏结果相比于其他选择对象

---

〔1〕［美］约翰·罗尔斯：《正义论》，何怀宏、何包钢、廖申白译，中国社会科学出版社2009年版，第3页。

〔2〕［美］约翰·罗尔斯：《正义论》，何怀宏、何包钢、廖申白译，中国社会科学出版社2009年版，第105页。

的最坏结果来说是最好结果的选择对象"〔1〕。

"无知之幕"强迫每个人理想思考，因为他们不能确定自己是否为最糟糕的，在紧急避险的情况下，得出的结论较功利主义式的更为合理。因为功利主义允许随意地选择损害对象，且不在意损害的程度是否恰当。而无知之幕下的理性人虽然有追求自身利益最大化的本能，但也需要考虑自己可能是处于最差境遇的个体，并且不希望自己受到的损害过大，便能够得出一个让各方都满意的结论。此外，无知之幕能够论证紧急避险的正当性同时也并不否认紧急避险"不得已损害较小或同等法益"的定义。无知之幕下的理性人得出了各方都能满意的结论，允许在紧急避险的情况下牺牲自己部分较小法益保全他人较大法益，同时能够期待他人牺牲法益保全自己重要的法益，而不是由自己牺牲大部分或重要的利益从而保全整个共同体的利益。无知之幕的决策较功利主义比较更关注个人利益。

（三）对社会连带义务的质疑与回应

1. 无知之幕作为思想实验是否具有实施可能

对无知之幕适用于紧急避险的情况，最直接的批评在于认为无知之幕假设了一个理想的原初状态，并且认为作出决策的人无法做到完全理性。作为一项思想实验，无知之幕所做的限制过多，每个人都不知道自己的真实情况。但现实情况中，人的考虑往往受到自身性别、年龄、财富、社会地位的影响，极大影响个体承担社会连带义务。例如社会地位高的人、寿命将尽的人需要他人承担社会连带义务的概率较小，所以不会选择现在做出牺牲。此外，对于成员是否履行了社会连带义务，其他人很难知晓，而保证每个人均履行社会连带义务是无知之幕的基础前提，否则这次承担了社会连带义务的成员下次可能会拒绝承担，导致这个规则体系直接破裂。

对于这两个问题其实不难解释，无知之幕虽然难以设立，但并不说明无知之幕所作出的决策不正确。在关乎自身生命权的场合，行为人不得不理性进行讨论，此时关乎生命的讨论实际上忽视了社会地位、财富等无关因素，

---

〔1〕 [美]约翰·罗尔斯：《正义论》，何怀宏、何包钢、廖申白译，中国社会科学出版社2009年版，"译者前言"。

所有人期待的均为保全自己生命。在无知之幕中作出的决策对于每个人而言都是有利的，这满足了社会的要求与期待。在紧急避险的场合，每个个体都会承认，基于罗尔斯正义论得出的结论是最合理、对每个成员都有利的决策。这不仅在于正义论更为关注个体利益，还关乎伦理学目的论与义务论的分歧。功利主义作为目的论的经典学说，强调善优先于正义，而且功利主义的善强调的还是社会共同体的善，与个人实际上追求自己的快乐相抵触。正义论承继洛克、卢梭、康德的哲学观，认为正当优先于善，罗尔斯强调正当对善的独立性与有限性，他的正义论目的在于最大限度地实现平等。从此意义出发，紧急避险下的个体会自愿接受这种规则，因为最终都有利于保障自身的利益。

此外，无知之幕的决策能够被所有个体接受还在于其决策的程序正义。此决策是所有个体共同的决定，获得每个人的认可并因此具有正当性。所以这种获得认可的决策在现实生活中不应当认为是无效的，实际上是具有现实效力并能获得认可的。不过有学者对罗尔斯的正义论究竟是程序正义还是实质正义提出了质疑。对于纯粹的程序正义而言，执行了所设定的程序，得到的结果都是正确的。而哈贝马斯认为罗尔斯的正义表面上是程序的，而实际上却是实质的。对于实质的正义而言，罗尔斯在其设定正义程序前已经确定了"自由"与"平等"的原则，而所谓的程序只是把预定的价值确定下来。[1]故罗尔斯在其《政治自由主义》一书中修正了自己的观点，他认为程序正义依赖于实质正义，改变了自己原来的纯粹程序正义观念的主张，由此他提出没有纯粹的程序正义。[2]在此，正义论解释下的社会连带义务理论更为合理，遵循程序的合理讨论得出的决策更能为全体成员接受。

关于部分成员不承担社会连带义务的问题，针对少数特定个体之间的紧急避险情况实际上不成问题。前文已经论述成员能够接受实行正义程序后的结果，成员作出的决定需要每个人共同遵守，若某人违反则会增加其他人的连带义务，为了维护自己的利益，处于同一紧急避险情境下的成员将会严格遵守并且督促他人遵守。这一讨论结果作为共同的"行为规则"，规则的强制性来源于所有成员的认可与监督，所有成员不得不接受处于同一紧急避险情

---

〔1〕 参见姚大志：《何谓正义：罗尔斯与哈贝马斯》，载《浙江学刊》2001年第4期。

〔2〕 参见［美］约翰·罗尔斯：《政治自由主义》，万俊人译，译林出版社2011年版，第390~401页。

况下其他人的共同监督。

2. 社会连带义务是否包括牺牲生命

有学者认为，理性人愿意承担社会连带义务是为了使自身利益最大化，所以不会接受自我牺牲的损害结果。[1]王钢副教授还反驳了弗里策提出的自我牺牲的"G 原则"[2]。本文认为，无论是弗里策还是王钢副教授都对"自我牺牲"的理解有所偏差，"G 原则"的内容在于"牺牲无辜者"，但如果社会连带义务理论下探讨出的结果要求牺牲部分人，往往情况是这些人已经危及全体人的生命，此时被要求牺牲的部分人无论是否"牺牲"，最终结果都是死亡，所以在此情况下，无法被称为"无辜者"。所以批评者所设想的情境是"洞穴奇案"式的，但在《洞穴奇案》中洞穴内的人并没有对其他人造成威胁，所以在社会连带义务理论下所得出的决定并不能牺牲某个或某些个体。即使是在功利主义哲学下也不会认可洞穴里的人的决定，因为他们的行为无法阻却违法性。

社会连带义务能够牺牲生命关键在于被牺牲的生命最终会走向死亡，他们实际上被特定化了，并不是"G 原则"中理解的无辜者。所以在社会连带义务理论下的决策并不支持牺牲"无辜者"，而是在于共同体成员同意在全体成员死亡的情形下保全部分人生命，并且所保全的人并不是随机的，而是有更大概率存活的个体。此时代入罗尔斯正义论理论重新审视这一决策：所有个体都会死亡，但牺牲部分个体能够保全大部分个体，其中境遇的好坏在于牺牲部分个体后其他的个体能够存活下来的概率。被牺牲的个体是绝对如何无法存活的，所以这个（些）个体的最坏境遇即是死亡，即使他人基于社会连带义务承担他（们）的部分损害后仍无法改变他们的情况，所以这种情境下经过理性人的正义论下的讨论，是能够被接受的。而对于富勒在《洞穴奇案》中设想的情境，洞穴里的人作出杀人决定时情况并没有危及到导致所有人的死亡，他们当时经过讨论得出的决定实际上并不符合正义论的讨论。被害人威特莫尔被杀死时最坏境遇并不一定指向死亡，而讨论结果却是直接决

---

[1] 参见王钢：《对生命的紧急避险新论——生命数量权衡之否定》，载《政治与法律》2016 年第 10 期。

[2] "G 原则"：当察觉到对人的生命存在足够严重的紧迫危险，但又欠缺其他排除危险的可能性时，任何人都有权以可能造成相对较少的无辜者死亡的方式抵御该危险。

定其死亡，并不符合正义论。综上所述，本文认为当紧迫环境下所有人的结果都指向死亡时，共同体中的理性人可以决定牺牲部分境遇最差的个体，让部分在他们牺牲后存活概率较大的人有生存机会。这是理性人预示到自己定将死亡后能够接受的。

四、结论

通过对生命权紧急避险性质以及康德伦理学的分析，本文支持生命权紧急避险的肯定说，赞同人在例外情况下可以作为手段，同时社会对生命权紧急避险的容忍以及需要也导向了生命权紧急避险的正当化。但并不是所有行为都成立紧急避险，本文否定生命权紧急避险的责任阻却事由说，允许将人作为手段不表示可以鼓励以不具有期待可能性为由牺牲他人保全自己，明显具有违法性的行为虽然可以阻却责任不成立犯罪，但不代表成立紧急避险。

而生命权紧急避险的违法阻却事由说所依据的功利主义哲学并不合理，其将社会利益凌驾于个人利益，同时忽视了个人利益的特性与个人权利边界。本文支持社会连带义务理论，并论述了罗尔斯的正义论对生命权紧急避险正当化依据的支持意义。社会连带义务理论并不否定紧急避险的定义，意在对紧急避险正当化给出更合理的法哲学支持。社会连带义务理论在于社会成员之间相互承担连带责任，分担了对个人的损害，而且理性人依据正义论进行的讨论所得出结论更能为当事人接受。所以社会连带义务理论代替功利主义作为紧急避险正当化依据理论更为合理，并且也能合理适用于生命权紧急避险这类特殊情境。

试论买卖合同中返还不能风险的负担规则

范雨洋

摘　要：返还不能风险指在买卖合同解除或无效后，买方返还标的物前，标的物在双方均存在法定免责事由的情形下毁损灭失的风险。在买卖合同解除场合，基于买方返还义务与卖方交付义务的同一性，返还不能风险与价金风险的归属效果均采交付主义模式进行判断；而在买卖合同无效场合，应在动态系统论思想下重构风险领域理论，通过利益获取程度、风险分散可能性、卖方可归责性、买方信赖合理性四个风险划定要素的协动权衡，得出妥适化的风险归属效果。

关键词：返还不能风险；交付主义；动态系统论；风险领域理论

绪　论

《民法典》第 604 条至第 611 条针对买卖合同制定了具体的风险负担规则。依照通说观点，民法上所谓"风险"可被类型化为以下三种风险：

一是标的物风险，指标的物毁损灭失本身的风险。标的物风险应当由所有权人承担，仅于存在损害转嫁原因（典型如侵权责任）时可被移转给他人，通常不受《民法典》合同编调整。

二是给付风险，指标的物在双方存在法定免责事由的情形下毁损灭失，债务人是否仍需履行给付义务及所有权移转义务的风险。给付风险在种类物特定化[1]时从债务人处移转至债权人处。

---

[1]　若为特定物买卖，则给付风险在合同成立时即从债务人处移转至债权人处。

三是价金风险，指标的物在双方存在法定免责事由的情形下毁损灭失，债权人是否仍需履行价金支付义务的风险。通说认为，《民法典》合同编中所谓"标的物毁损、灭失的风险"应当限缩解释为仅指"价金风险"这一层含义，〔1〕专门用以处理价金风险的负担与移转问题。我国《民法典》第604条明确采纳交付主义模式〔2〕，将标的物交付作为价金风险的移转时点，同时在第605条至第611条设置诸多例外情形。

但笔者认为，传统民法三大风险并不能解决关涉风险的所有问题。比如，在买卖合同解除或无效〔3〕的情形下，会转至对标的物返还不能这一问题的思考：若标的物在双方均存在法定免责事由的情形之下毁损灭失，致使返还义务人〔4〕不能返还，此时的风险应当由谁承担？

面对这一问题，传统民法三大风险均显得"捉襟见肘"。笔者认为，此时民法中的"第四种风险"呼之欲出，并可将此种风险称为"返还不能风险"，使其与传统民法三大风险并列。〔5〕笔者对"返还不能风险"定义如下：返还不能风险指在买卖合同解除或无效之后，买方返还标的物之前，标的物在双方存在法定免责事由的情形下毁损灭失的风险。若由买方负担返还不能风险，则买方应向卖方进行价值补偿；若由卖方负担返还不能风险，则买方的返还义务消灭，且不用再向卖方进行价值补偿。

令人遗憾的是，《民法典》并没有对返还不能风险的负担规则作出相应规

---

〔1〕 这与大陆法系的传统民法理论相一致，学者们认为所谓风险负担仅处理价金风险由谁承担这一问题。参见余延满：《货物所有权的移转与风险负担的比较法研究》，武汉大学出版社2002年版，第276页。因此若无特别说明，本文中的"风险负担规则"仅指"价金风险的负担规则"。

〔2〕 采交付主义模式的立法例还有：《德国民法典》第446条、我国台湾地区"民法"第373条、《联合国国际货物销售合同公约》（CISG）第69条第1款等。与之相对，采所有权主义模式的立法例有：《法国民法典》第1138条、《英国货物买卖法》第20条第1款等。

〔3〕 合同撤销的法律效果与合同无效极为类似，因此不再单独探讨。

〔4〕 即买卖合同中的买方。为求行文简洁，后文中的"债权人"与"标的物返还义务人"均统一使用"买方"一词进行指代，"债务人"则使用"卖方"一词进行指代。

〔5〕 返还不能风险显然与标的物风险、给付风险相异，关键问题在于返还不能风险是否可以被价金风险所涵盖？笔者认为不然。在合同解除场合中，买方的价金支付义务或归于消灭（买方未履行）或转换成卖方向买方的价金返还义务（买方已履行），根本不存在价金风险由谁负担的问题；在合同无效场合中，甚至连买方的价金支付义务都自始不存在。然而，合同解除与合同无效恰恰是产生返还不能风险的重要前提。

定，我国学者对返还不能风险的学理研究也显得十分薄弱。换言之，我国实证法与学理均对返还不能风险缺乏重视，而这也直接导致了我国实践中的混乱局面。同时，就返还不能风险的负担规则作出明文规定的立法例，规定内容也不尽相同。

本文的中心任务，正是通过梳理与反思现有关于返还不能风险的学理研究与立法实践，对合同解除、合同无效两个场合下的返还不能风险分别进行探析，最终完成对买卖合同中返还不能风险负担规则的体系建构。

一、合同解除中返还不能风险的负担规则

合同解除是合同特有的终止原因，指在合同有效成立后，因一方或双方当事人的意思表示，使合同关系终了，未履行的部分不必继续履行，既已履行的部分依具体情形进行清算的制度。《民法典》第 566 条对于合同解除效果作出了基本规定，但关于《民法典》第 566 条的解释论构成要素有争议，具体表现为多种解除效果说之争。笔者认为，要解决合同解除中的返还不能风险这一问题，应当以合同解除效果说为逻辑起点。遗憾的是，学界鲜有人注意到这一点。

（一）被遗忘的起点：解除效果说之争

解除效果说大致可分为四类：直接效果说、间接效果说、折中说〔1〕以及债务关系转换说。近年来，折中说渐渐为学界中的许多学者所赞同，一定程度上撼动了直接效果说在我国理论界长期的统治地位。

折中说认为，合同解除后，未履行债务自解除时归于消灭（同直接效果说〔2〕），此处可运用"债务免除"概念进行理解；同时，已履行债务并不消灭，而是发生新的返还债务，此处可运用"债的变更"概念进行理解。〔3〕既然这种新的返还债务是已履行债务的转换形态，那么二者就保持了债的同一性。采用形象化的逻辑链条可表述如下：

---

〔1〕 也有学者将"折中说"称为"清算关系说"。

〔2〕 直接效果说认为，合同因解除而溯及地归于消灭，尚未履行的债务免于履行，已经履行的部分发生返还请求权。

〔3〕 参见韩世远：《合同法总论》，法律出版社 2018 年版，第 668~691 页。

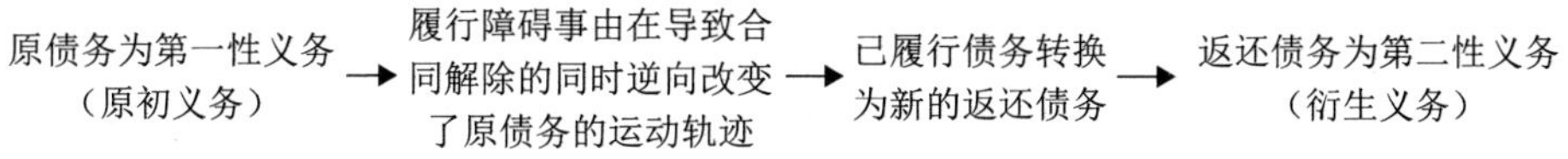

原债务为第一性义务 → 履行障碍事由在导致合 → 已履行债务转换 → 返还债务为第二性义务
（原初义务）　　　　同解除的同时逆向改变　　为新的返还债务　　　（衍生义务）
　　　　　　　　　　了原债务的运动轨迹

图 1

笔者赞同折中说的观点，并以该说为逻辑起点分析合同解除场合下返还不能风险的负担规则。

（二）交付主义模式在返还债务中的适用

以折中说为逻辑起点，首先可得出买卖合同的解除效果如下：卖方已依据买卖合同履行了交付义务，但还未履行所有权移转义务，现由于解除事由导致买卖合同解除，那么卖方的所有权移转义务终局性地归于消灭，其交付义务转换为买方的返还义务。买方的返还义务与卖方的交付义务，具有债的同一性。

至此，合同解除场合下返还不能风险的负担问题已逐渐明朗。既然卖方交付义务履行过程中的风险（价金风险）应当依据《民法典》第 604 条规定，以标的物交付为风险移转时点，交付前风险由卖方负担，交付后则由买方负担，那么在买方返还义务是由卖方交付义务转换而来这一前提之下，我们便可以当然得出如下推论：在买方返还义务履行过程中的风险（返还不能风险）同样应当采交付主义模式，在标的物交付前由买方负担，在标的物交付后由卖方负担。同时，返还不能在内涵上本就排除了"标的物已交付给卖方"这一情形，因此在返还不能时，风险只可能由买方负担。

有学者通过挖掘交付主义模式背后的风险利益一致原理，指出买卖合同附解除条件或者任意解除中的返还不能风险应当类推适用价金风险的有关规定（类推交付主义模式），由买方负担返还不能风险。[1]这与本文的观点基本一致，但本文还认为在法定解除的一般情形[2]下，返还不能风险同样也应由买方负担。至于对风险利益一致原理的反思，留待后文解决。同时，《德国民法典》第 346 条第（3）款通过排除买方价值补偿义务这一表面外观，实则

---

〔1〕　参见吴香香：《合同法第 142 条（交付移转风险）评注》，载《法学家》2019 年第 3 期。

〔2〕　即不考虑《民法典》第 610 条关于卖方根本违约时价金风险回溯等特别规定。

发挥了返还不能风险由卖方负担的本质功能，[1]与本文观点相异。在笔者看来，既然《德国民法典》第446条已明确在价金风险移转问题上采纳交付主义模式，本应当然得出合同解除场合的返还不能风险应由买方负担这一结论；出现《德国民法典》第346条第（3）款的原因，很可能是立法者未注意到已履行债务与返还债务间的同一性关系，忽视了交付主义模式在返还债务中的运用。

（三）卖方根本违约下的"风险回溯"

《民法典》第610条规定："因标的物不符合质量要求，致使不能实现合同目的的，买受人可以拒绝接受标的物或者解除合同。买受人拒绝接受标的物或者解除合同的，标的物毁损、灭失的风险由出卖人承担。"从文义解释来看，该条突破了《民法典》第604条交付主义模式的一般规定，是关于标的物质量瑕疵情形下价金风险分配的特殊规定：在标的物出现质量瑕疵致使不能实现合同目的时，买方拒绝接受标的物或者解除合同，将使得本来基于卖方的交付义务履行完毕而移转给买方的价金风险，重新回溯到卖方身上。

1.《民法典》第610条文义上的两处失当

本文认为，若仅对《民法典》第610条进行文义解释，将有至少两个问题无法得到妥善解决。

其一，从比较法视野出发，若将《民法典》第610条的调整范围仅仅局限于标的物质量瑕疵致使不能实现合同目的这一种情形，将违反这一条文设置的初衷。《民法典》第610条借鉴于《美国统一商法典》（UCC）第2-510条第（1）（2）款，而该条专门用于调整卖方根本违约对于风险负担的影响。[2]既然在质量瑕疵致使不能实现合同目的时风险应当回溯，为何在履行迟延等其他履行障碍事由致使不能实现合同目的时不存在风险回溯？

其二，在合同解除场合中，买方的价金支付义务或归于消灭（买方未履行）或转换成卖方向买方的价金返还义务（买方已履行），根本不存在价金风

---

〔1〕 参见刘洋：《根本违约对风险负担的影响——以〈合同法〉第148条的解释论为中心》，载《华东政法大学学报》2016年第6期。

〔2〕 参见刘洋：《根本违约对风险负担的影响——以〈合同法〉第148条的解释论为中心》，载《华东政法大学学报》2016年第6期。

险由谁负担的问题。因此，依《民法典》第 610 条所得出的"买方在卖方根本违约场合下解除合同致使价金风险回溯"这一文义解释结果，存在明显的逻辑错误。[1]

2.《民法典》第 610 条正确的解释论展开

本文认为，对《民法典》第 610 条正确的解释论展开应当是：

（1）从目的解释入手，将"致使不能实现合同目的"作为准据，确定《民法典》第 610 条的调整范围，而将标的物质量瑕疵视作一种例示性规定。

（2）该条只调整卖方根本违约情形与风险负担情形分别因不同履行障碍事由导出的情形：①若风险负担导出事由同时导致了卖方根本违约，则并非该条的调整对象，而转由纯粹的风险负担规则或合同解除制度进行处理；[2]②若卖方根本违约导致标的物毁损灭失，则直接落入违约责任的调整范围，并不涉及风险负担。

（3）在买方因卖方根本违约拒收后，价金风险回溯至卖方，同时基于返还义务与已履行义务的同一性，返还不能风险的判断依据也应当追随价金风险，突破交付主义模式的一般规定而转向风险回溯这一特别规定。

（4）在买方因卖方根本违约解除合同后，并不产生价金风险的负担问题，而对于返还不能风险的负担判断应当"举轻以明重"，既然买方拒收都可以产生返还不能风险回溯的效果，那么买方解除合同更应该使返还不能风险回溯至卖方。

总而言之，在卖方根本违约的场合下，返还不能风险应从买方回溯至卖方：若买方返还标的物前，标的物于双方无免责事由的情形下毁损灭失，买方就不必再向卖方进行价值补偿。

（四）效果辐射：风险负担规则与法定解除权并存论

行文至此，买卖合同解除场合中返还不能风险的负担规则已基本得到厘

---

〔1〕　若认为《民法典》第 610 条中的"标的物毁损、灭失的风险"包括返还不能风险，自然可以消弭这种逻辑错误，但这种粗糙的思考方式无疑会与"《民法典》合同编中'标的物毁损、灭失的风险'仅指'价金风险'"的通说观点相矛盾，扰乱本已不甚清晰的概念，并给人以顾此失彼之感。

〔2〕　至于风险负担规则与合同解除制度如何协调，留待后文探讨。

清。但将视野放宽，返还不能风险的归属效果还可在合同法的整体框架下产生辐射效应，为许多疑难问题的处理提供方向。本文拟在风险负担与法定解除权的交错领域探析返还不能风险的辐射效应，以证成返还不能风险强大的制度功能。

1. 调整领域的混合交错

本文认为，在分析风险负担规则与法定解除权如何产生交错之前，有必要先梳理违约责任归责原则的界分功能，以明确违约责任与风险负担两大制度之间的划分界限。

违约责任归责原则可用以界分违约责任与风险负担两大制度的调整范围。[1]当发生标的物于合同依法成立后毁损灭失的情况时，若存在可归责事由，则落入违约责任的调整范围；若不存在可归责事由，则落入风险负担的调整范围。由于大陆法系国家通常将过错原则作为违约责任归责原则，因此可归责事由大多表现为合同任意一方具有过错。

而在我国违约责任归责原则采严格责任原则的立法背景下，[2]违约责任调整范围明显扩张，将原本应由风险负担调整的许多情形全部包括，直接导致我国法上风险负担调整范围的限缩。[3]同时，严格责任原则的确立，使"不可归责于双方当事人时适用风险负担规则"的表述不再准确，而应调整为"双方存在法定免责事由时适用风险负担规则"。[4]而根据《民法典》的有关规定可以看出，法定免责事由绝大多数情形下仅表现为不可抗力。情事变更

---

〔1〕 参见易军：《违约责任与风险负担》，载《法律科学（西北政法大学学报）》2004年第3期。

〔2〕 参见梁慧星：《从过错责任到严格责任》，载梁慧星主编：《民商法论丛》（第8卷），法律出版社1997年版，第1~7页。尽管学界对我国《合同法》是否确立了严格责任原则一直存有争议，但严格责任说无疑为通说观点，本文从之。反对意见可参见朱广新：《违约责任的归责原则探究》，载《政法论坛》2008年第4期。

〔3〕 当然，《民法典》合同编也并未彻底贯彻严格责任原则，在违约责任归责原则仍采过错责任原则的有名合同中，其风险负担规则调整范围就应维持不变。同时，有学者认为借助可预见性原则进行规范解释，违约责任归责原则采过错责任原则或严格责任原则对于风险负担调整范围的影响不大。参见吴香香：《合同法第142条（交付移转风险）评注》，载《法学家》2019年第3期。

〔4〕 类似表述参见易军：《慎思我国合同法上违约损害赔偿责任的归责原则》，载王洪亮等主编：《中德私法研究》（第8卷），北京大学出版社2012年版，第22~24页；陈自强：《合同法风险负担初探》，载《北京航空航天大学学报（社会科学版）》2019年第3期。

虽在学理层面也被承认为法定免责事由，但是在实定法上仍欠缺规范基础，因为《民法典》第533条未直接规定"免除责任"等字样。

因此，通过违约责任与风险负担调整范围的重新划定，风险负担调整范围已被限缩至与不可抗力调整范围差不多大小（尽管还是会大一些）。然而，《民法典》第563条明确将"因不可抗力致使不能实现合同目的"作为合同法定解除情形之一，并由此导致了风险负担与法定解除权调整范围的混合交错。

2. 适用效果的比较分析

在我国如此"特殊"的实证法层面上，笔者认为有必要将返还不能风险作为一个枢纽，以此厘清风险负担规则与法定解除权二者之间的关系。笔者先进行一个设例：

甲向乙出卖自己珍藏的青花瓷花瓶（鉴定机构估值80万元），现已交付，但约定在乙付清价款100万元前，所有权仍由甲享有；现由于突发泥石流，乙的山间别墅被完全淹没，乙妥善保管在别墅中的青花瓷花瓶也因此灭失。

此时是应当适用风险负担规则？乙又是否可基于《民法典》第563条第1款解除合同？不无疑问。换言之，在标的物交付后，亦即价金风险移转至买方后，标的物因不可抗力毁损灭失，买方是否仍享有合同解除权？我国立法并未予以明确，实践中引发诸多争议；[1]学界既有一元论者主张风险负担规则应排除买方的法定解除权（或主张买方的法定解除权排除风险负担规则），亦有并存论者主张买方的法定解除权可与风险负担规则相竞合。本文现从设例的两种解决路径展开分析，以期得出妥适结论。

（1）第一种解决路径：适用风险负担规则。由于甲已将花瓶交付于乙，根据《民法典》第604条的规定，价金风险已从甲处移转至乙处，此时花瓶因不可抗力毁损灭失，乙仍然应当支付100万元价款。

（2）第二种解决路径：适用合同解除制度。由于花瓶毁损灭失，乙已无法再依据买卖合同获得花瓶所有权，这属于因不可抗力致使不能实现合同目

---

[1] 典型如"孙某某以分期付款期满所有权转移方式承包车辆后因在期间内车辆被抢灭失诉中原汽车出租租赁公司退还抵押金和按已交款比例分享保险赔款案"与"磐安县粮食局与羊某某等房屋买卖合同纠纷上诉案"。"孙某某案"判决认为风险负担规则与合同解除制度可以并存；而"磐安县案"一审法院认为合同目的不能实现可以解除合同，但二审法院又认为应当适用风险负担规则。对这两个案例的介绍分析，参见周江洪：《风险负担规则与合同解除》，载《法学研究》2010年第1期。

的的典型情形，乙可根据《民法典》第 563 条第 1 款解除合同，未履行债务（甲向乙移转花瓶所有权、乙向甲支付 100 万元价款[1]）归于消灭，已履行债务（甲向乙交付花瓶）转换为新的返还债务（乙向甲返还花瓶）。至此，返还不能风险的负担问题已然浮出水面。按照前文所述，此时返还不能风险应由乙负担，乙应当在返还不能时向甲为价值补偿 100 万元[2]。

可以看出，第一种解决路径与第二种解决路径的最终结果可谓殊途同归：均由乙最终负担了某种风险，所付额度也保持一致。在适用《民法典》第 604 条（风险负担规则）的路径下，乙负担价金风险；在适用《民法典》第 563 条（合同解除制度）的路径下，乙负担返还不能风险。返还不能风险由此成为风险负担规则与合同解除制度并存的支点，若无返还不能风险这一风险分配机制，合同解除后的效果本已令人迷惑，更让人无法厘清其与风险负担规则是否存在效果上的异同。

3. 风险负担与法定解除得相竞合

经过前述两种路径的分析，可以看出吴香香博士"风险移转后，风险规则排除不可抗力解除权，买受人仍有义务支付价金。原因在于，若风险移转后买受人仍享有解除权，就可藉此逃避价款义务，规避风险负担"[3]的观点存在问题，买受人享有解除权并不能终局性规避风险负担的问题，经由合同解除路径，返还不能风险依旧由买受人负担。同时，我国已于 1988 年加入《联合国国际货物买卖合同公约》（CISG）成为其缔约国之一，CISG 成为在我国可被国际私法所指向的法律，其规定对我国学理研究具有重要意义。"风险

---

〔1〕 若乙已经履行了价金支付义务，则转换为甲向乙的价金返还义务，对返还不能风险的归属效果判断并无影响。只不过是在由乙负担返还不能风险、需向甲为价值补偿时，甲可主张债之抵销。

〔2〕 学界对于合同解除后所为的此种价值补偿采何种标准素有争论。持客观说者主张按照标的物客观价值（设例中表现为鉴定机构估值 80 万元）予以价值补偿，持主观说者则主张按照标的物主观价值（设例中表现为合同约定价款 100 万元）予以价值补偿。本文认为，合同解除后的价值补偿应采何种标准或许并不能一概而论，但至少在设例这一类型中采主观说更为合理：买卖双方曾就标的物在两人之间的价值额度达成过意思合致，尽管该意思合致现已因合同解除而不复存在，但仍可作为买方进行价值补偿的额度标准。因为此时买卖合同不可能是由于卖方原因而被解除，否则返还不能风险早已回溯，买方根本不为价值补偿。综上，设例的第二种解决路径中乙应以合同约定价款为标准向甲为 100 万元的价值补偿。

〔3〕 吴香香：《合同法第 142 条（交付移转风险）评注》，载《法学家》2019 年第 3 期。

负担规则排除不可抗力解除权"在 CISG 上并无支撑，反而是可以通过 CISG 第 82 条第（2）（a）款[1]解释出风险负担规则可与合同法定解除制度并存的结论：标的物毁损灭失不可归责于买方时构成买方丧失合同解除权[2]的例外，买方仍可宣告合同解除；而"标的物毁损灭失不可归责于买方"的概念外延显然大于"标的物在双方均存在法定免责事由时毁损灭失"，由于后者构成适用风险负担规则的充分条件，我们便可以得出 CISG 认为在风险负担规则的适用场合并不排除合同法定解除制度这一结论。

同时，周江洪教授"依法律规定由债权人承担风险之情形，当否定债权人的解除权……应承担风险之债权人（买受人）可以所有权移转义务未履行这一根本违约为由解除合同，从而将风险转嫁给就该毁损、灭失不存在归责事由的债务人（出卖人），势必有违法律规定的风险分配原理"[3]的观点也值得商榷。若风险负担与合同解除均由同一事由导出，并不落入《民法典》第 610 条的调整范围，此时不存在价金风险与返还不能风险的回溯问题，买方也无法达到依根本违约解除合同后转嫁风险的目的；合同解除制度本就内置了返还不能风险由买方负担这一风险分配机制，如果没有《民法典》第 610 条这一特别规定的介入，买方无从通过根本违约进行风险转嫁。

因此本文认为，返还不能风险潜入合同解除后的返还债务环节，为合同解除制度增添了风险分配制度的色彩，[4]并由此统一了风险负担规则与合同解除制度的适用效果。这完美证成了表面上相矛盾的两种制度实际上可以并行不悖，并存论的观点值得肯定；返还不能风险的制度功能与强大的"黏合

---

[1] CISG 82: (1) The buyer loses the right to declare the contract avoided … (2) The preceding paragraph does not apply: (a) if the impossibility of making restitution of the goods or of making restitution of the goods substantially in the condition in which the buyer received them is not due to his act or omission; …

[2] "declare the contract avoided" 常被译为"宣告合同无效"，但实质上等同于我国法上的"宣告合同解除"，特此说明。

[3] 周江洪：《风险负担规则与合同解除》，载《法学研究》2010 年第 1 期。

[4] 有学者即已指出，"在合同缔结后，如何分配因不可归责于双方当事人事由导致的履行不能的风险，合同法提供了多个可选择的制度，如履行不能、风险负担、合同法定解除等"，参见于韫珩：《论合同法风险分配制度的体系建构——以风险负担规则为中心》，载《政治与法律》2016 年第 4 期。据于韫珩博士介绍，将风险负担、合同法定解除等制度统称为合同法上的"风险分配制度"在英美法学界甚为流行。

剂"效应，也由此可见一斑。从支持并存论的现有观点来看，除前述 CISG 第 82 条第（2）（a）款外，尚有《德国民法典》、我国台湾地区学理作为支撑。[1] 前述吴香香博士、周江洪教授所持有的依照价金风险是否移转于买方分别进行探讨的思路，可能从一开始便走错了方向：因为无论价金风险是否移转，都不会对风险负担规则（价金风险）与合同解除制度（返还不能风险）均内含的风险分配属性产生任何影响，具有相同属性、相同适用效果的两种制度得相竞合系属当然之理。当然，若买卖双方之间存在不同于《民法典》中风险负担规则的特别约定，[2]此时宜认为双方关于风险负担的特别约定含有限制合同解除的旨趣（风险负担规则特别约定排除法定解除权），否则这一风险负担特别约定就失去了意义。[3]

二、合同无效中返还不能风险的负担规则

合同无效是指当事人所缔结的合同因严重欠缺生效要件，在法律上不按当事人合意的内容赋予效力，转而依照法律规定发生赔偿损失等法律效果。[4] 《民法典》第 157 条对民事法律行为无效、被撤销或者确定不发生效力的法律后果进行了统一构造，吸收了《合同法》第 58 条关于合同无效法律后果的规定，依照该条可以得知合同无效的法律后果为返还财产（不能返还或没有必要返还时转为折价补偿）、赔偿损失等。

依照学界通说观点，合同无效为当然无效（无待主张，不必经由一定程序使其失效）、自始无效（自合同成立时起即不生效）、确定无效（不因时间的经过而补正）。可以看出，合同无效与前述合同解除的法律效果尽管都包含一个新的返还债务，但合同自始无效的特性决定了我们无法通过债的同一性思维构造起返还债务与已履行债务之间的关联，从而阻断了在合同无效后的

---

〔1〕 参见易军：《违约责任与风险负担》，载《法律科学（西北政法大学学报）》2004 年第 3 期。修改后的《德国民法典》一概赋予买方以解除权，再依买方的有责与否决定其是否承担价值补偿义务（实则为返还不能风险的负担问题）；我国台湾地区学者认为应当使买方承担解除权行使过程中标的物毁损灭失的风险。

〔2〕 《民法典》中的风险负担规则为任意性规范，可因当事人之间的特别约定而被排除。

〔3〕 参见［日］能见善久：《履行障碍：日本法改正的课题与方向》，于敏、韩世远译，载韩世远、［日］下森定主编：《履行障碍法研究》，法律出版社 2006 年版，第 74 页。

〔4〕 参见韩世远：《合同法总论》，法律出版社 2018 年版，第 213 页。

返还债务上适用交付主义模式处理返还不能风险的可能性。我们只能另行构造解释路径，以期应对合同无效场合下的返还不能风险这一复杂问题。

（一）返还不能风险与得利不存在的抗辩

在另行构造解释路径之前，需要先解决一个前提性疑问：若由买方负担返还不能风险，其能否主张得利不存在的抗辩？为解决这一疑问，笔者设例如下：

若卖方在已履行交付义务但还未履行所有权移转义务时知悉买卖合同无效，并请求买方返还标的物，然而标的物于买方返还前在双方存在免责事由的情形下毁损灭失。

此时应考虑两点：第一，标的物于返还债务中在双方存在法定免责事由的情形下毁损灭失，落入返还不能风险的调整范围之中；第二，既然合同无效为自始无效，那么买方取得标的物的占有即属不当得利，此时卖方请求买方返还标的物，善意买方似可主张得利不存在的抗辩。总结而言，合同无效中返还不能风险的负担规则会与不当得利规则发生交错。对这一问题的解决方案，学界存有争议。

笔者认为，此时返还不能风险的负担规则宜排除不当得利规则的适用，即买方不得主张得利不存在的抗辩。笔者当然赞同合同无效后的返还请求权仍然具有不当得利请求权的本质属性（这本就是不当得利规则调整的重要领域之一），应当允许善意相对方主张得利不存在的抗辩，以期保护善意相对方的合理信赖，使其财产状态不致因发生不当得利而受到不利影响。但在买卖合同无效后的返还不能领域，不当得利规则恰恰会扰乱返还不能风险的判断与适用，使问题徒然复杂化。例如，基于赞同买方可主张得利不存在抗辩的观点，有学者主张："标的物意外灭失致返还不能，买受人可主张得利不存在的抗辩，但出卖人仅有义务返还价金与标的物价值的差额。若买受人尚未支付价金，则出卖人不得请求买受人再为支付，也不得请求买受人补偿价值，即先给付者自担风险。"[1]不难看出，此观点的实质是以买方是否支付价金作为风险划分的基准。本文认为，这一观点反复无常，扰乱了返还不能风险的

---

[1] 参见黄立主编：《民法债编各论》（上），中国政法大学出版社2003年版，第102页。

负担规则：其表面上引入不当得利规则保护善意买方的合理信赖，实质上转而用买方是否支付价金为风险划分的基准，有损卖方的合法权益。

如果此时返还不能的风险负担规则能够容纳精细化的价值衡量，达到保护善意相对方合理信赖的效果，那么完全可以让不当得利规则"放手"，将买卖合同无效后的返还不能问题全部交由返还不能风险进行处理。如果换成更为形象化的表述，即不当得利规则仅考虑得利是否具有法律上的原因而得出刚性化的法律效果，并未预留价值衡量的空间，得利不存在的抗辩本就是为弥补这一缺陷所打上的"补丁"。如果返还不能风险的负担规则本就为价值衡量预留了弹性评价空间，就不必再画蛇添足地强行为其打上得利不存在的抗辩这一"补丁"。

而本文在动态系统论思想下重构的风险领域理论，便可以通过极富弹性的要素评价，满足保护善意相对方的需求，使得合同无效场合中返还不能风险的负担规则能够融入精细化的价值衡量。在此基础上，本文所主张返还不能风险的负担规则排除不当得利规则的观点在实证法层面上亦可寻得合理性：通过在《民法典》第157条中引入风险领域理论，在解释论上将其构造成合同无效后返还不能场合下的特别条款，从而排除《民法典》第985条、第986条等一般条款的适用。[1]

（二）动态系统论思想下风险领域理论之重构

经过前文分析可知，我们应当为买卖合同无效中的返还不能风险负担规则构建起一个效果弹性化机制，以期在此机制中纳入价值衡量因素，妥适保护双方当事人。不难发现，返还不能风险负担规则的构建需求与评价法学的本质不谋而合："评价法学认为，评价是法学的中心，法律的解释、案件事实

---

[1] 在不当得利调整范围中区分特别条款与一般条款，并非笔者随意构思，王泽鉴教授即采用此种解释论思路处理物之瑕疵担保责任与不当得利的交错问题。王泽鉴教授认为物之瑕疵担保请求权系优先于不当得利请求权的特别规定，从而批评我国台湾地区"最高法院"1980年台上字第677号判决中的"竞合说"。参见王泽鉴：《不当得利》，北京大学出版社2015年版，第296页。此外，陈自强教授亦持与本文相同观点，认为无效双务契约给付之返还具有特殊性，有待特别处理，《民法典》总则编第157条相较于《民法典》合同编中不当得利返还的一般条款（第985条、第986条等）具有优先适用性。参见陈自强：《民法典不当得利返还责任体系之展开》，载《法学研究》2021年第4期。

的形成等过程，均是评价的过程。处于法律概念、规则之后的是一定的价值判断，构成法律根基的则是由一系列法律原理组成的内在体系，一个价值评判体系。"[1]也就是说，评价法学可以充当我们构建返还不能风险负担效果弹性化机制的学理支撑，评价法学所追求的也正是弹性、开放性价值体系的建构。

那么应当如何具体进行这一弹性化机制的建构工作呢？笔者认为，动态系统论作为评价法学的一大经典版本，可以为我们所用，并在返还不能风险负担问题上大放异彩。动态系统论最早由奥地利学者维尔伯格（Walter Wilburg）提出，并经由日本学者山本敬三等人介绍与传播，为我国学者所熟知。动态思想的基本思想是："特定在一定的法律领域发挥作用的诸'要素'，通过'与要素的数量和强度相对应的协动作用'来说明、正当化法律规范或者法律效果。"[2]可以说，动态系统论正是通过比较权衡"要素"的数量与强度，确定"或多或少"的法律效果，并以此区别于构成要件论通过是否满足全部"要件"所确定的"全有全无"的法律效果。

至此，我们将目光回溯到关于买卖合同无效场合中返还不能风险负担规则的具体构建之上。动态系统论由"要素"和"原则性示例"两大支柱支撑起整个评价框架，[3]"要素"以其背后所蕴含的价值判断而被选定，"原则性示例"则是指各要素在给定的强度下经由弹性评价机制所能导出的法律效果。笔者也将主要从"要素"与"原则性示例"入手，进行返还不能风险负担规则的具体构建工作。

其实就风险分配问题而言，德国民法学界曾倍加追捧"风险领域理论"，认为导致履行障碍产生的因素源于何方当事人负责的风险领域，就应当由该方当事人承受风险。但遗憾的是，由于该理论的模糊性等特点，被广泛地拒绝采纳。[4]

---

[1] 叶金强：《信赖原理的私法结构》，北京大学出版社 2014 年版，第 32 页。

[2] ［日］山本敬三：《民法中的动态系统论——有关法律评价及方法的绪论性考察》，解亘译，载梁慧星主编：《民商法论丛》第 23 卷，金桥文化出版有限公司 2002 年版，第 177 页。

[3] 参见解亘、班天可：《被误解和被高估的动态体系论》，载《法学研究》2017 年第 2 期。

[4] 参见刘洋：《对待给付风险负担的基本原则及其突破》，载《法学研究》2018 年第 5 期。

但笔者认为，至少该理论的逻辑起点十分清晰。在违约责任归责原则采过错责任原则的德国，既然标的物毁损灭失不可归责于双方，风险负担的考量因素绝不可能是"过错"，只能在"过错"之外另行寻找。而在违约责任归责原则采严格责任原则的我国更是如此：严格责任原则已然使得原本属于风险负担的一大片区域被"割让"给了违约责任，在剩下的区域中双方均存在法定免责事由，我们既然要选定一方使其负担风险，就一定要寻求一个具有说服力的考量因素。"风险领域"便可成为这一考量因素，为立法将风险分配给其中一方、使另一方得到优待提供正当性基础。由此，我们不能仅仅因为该考量因素存在模糊性而直接放弃它，反而应当致力于将"风险领域"构建成一个更为精细、更为明晰的风险分配考量因素。本文试图将动态系统论思想引入风险领域理论，并对其进行重新建构。同时，《民法典》第 157 条中"不能返还或者没有必要返还的，应当折价补偿"具有一般性的规范结构，其空灵性恰好与动态体系处于同一位置，可直接作为风险领域理论基础性评价框架所依托的规范基础，用以处理买卖合同无效后返还不能风险的负担问题。笔者将循着这一方向尝试作出解释论展开。

（三）弹性评价机制建构之一：风险领域划定要素

"风险领域"为一种形象化表达方式，同时也是一个法律性概念。有学者指出，"风险领域"的划定要素可包括利益获取，损害分散可能性，风险的开启与维持、风险控制的可能性等。[1]笔者认为，可直接从传统的风险领域理论中提炼出"利益获取程度"与"风险分散可能性"两大要素，其余要素在适用弹性评价机制时依具体情形进行选择性考量即可。同时，仅有通过传统理论提炼而出的两个要素，似不足以起到精细化"风险领域"这一考量因素的目的，还可挖掘出"卖方可归责性"与"买方信赖合理性"两个要素来弥补传统风险领域理论的不足。

1. 利益获取程度

利益获取程度可以说在风险领域多种划定要素中最具重要性，其背后所蕴含的价值判断为利益风险一致原理：行为人应当承担与其利益获取相关的

---

〔1〕　参见叶金强：《风险领域理论与侵权法二元归责体系》，载《法学研究》2009 年第 2 期。

风险。

在买卖合同无效后、买方返还标的物前，标的物由买方占有、使用、收益，基于标的物的经济利益很大一部分归属于买方；但此时卖方仍享有对标的物的所有权，按照麦克白（William Markby）在其《法律的要素》一书中所创建的所有权的剩余权理论，[1]此时不能证明属于他人的权利均归属于卖方，卖方仍然可基于其所有者身份享有被划分给买方外的剩余经济利益。由此可见，买卖双方的利益获取程度存在差异。当然，即使不从所有权的剩余权理论的角度予以论证，买卖双方的利益获取也同样可因双方另有约定而在具体情形下存在程度差异。例如，双方约定孳息收取权仍然由卖方享有，排除《民法典》第 630 条[2]的适用。因此，我们应当首先在利益获取程度这一划定要素内部进行买卖双方利益获取程度间的比较，再在外部同其余划定要素进行要素间的权衡。

值得一提的是，许多学者认为风险利益一致原理可为价金风险负担规则中的交付主义模式提供理论依据，[3]但某种程度上这一观点值得反思。此时利益并不因买方占有标的物而完全由买方享有，买卖双方间的利益获取存有程度差异，并不能由风险利益一致原理当然得出价金风险因标的物交付而由买方负担这一结论。亦或者说，将风险利益一致原理作为交付主义模式的理论依据时，本就隐含了买方的利益获取程度大于卖方这一层含义。更为正确的思考方式是：将风险利益一致原理外化为"利益获取程度"这一要素，将交付主义模式作为风险领域理论下的一项原则性示例，并最终通过动态系统论构筑起二者之间的逻辑桥梁。

2. 风险分散可能性

除"利益获取程度"外，还需从传统风险领域理论中提炼出"风险分散可能性"这一划定要素，其背后的价值判断在于：现代社会为高风险社会，哪一方将风险分散出去的可能性越大，将风险分配给该方承担的合理性也就

---

〔1〕 对麦克白所提出的所有权的剩余权理论的介绍，可参见王涌：《私权的分析与建构：民法的分析法学基础》，北京大学出版社 2020 年版，第 218 页。正如此书所言，"在麦克白的理解中，所有权的概念实际上已经包含了一种权利推理的规则，而不是一种所谓的权利集合"。

〔2〕 《民法典》第 630 条中规定，标的物交付之后所产生的孳息归买受人所有。

〔3〕 参见吴香香：《合同法第 142 条（交付移转风险）评注》，载《法学家》2019 年第 3 期；刘洋：《对待给付风险负担的基本原则及其突破》，载《法学研究》2018 年第 5 期等。

越大。因此，在买卖合同无效后的返还不能场合，我们应当考虑买卖双方哪一方更容易将返还不能风险分散出去，并倾向于由更易分散风险的一方负担返还不能风险。不难看出，分配正义的思想在这一划定要素中得以充分体现。

风险分散的基本途径为保险，若一方已为买卖标的物投有保险，[1]则该方更有能力在负担返还不能风险后再将该风险通过保险这一途径转给整个社会承担，从而实现买卖双方共同利益的最大化，由其负担返还不能风险具有合理性。除保险外，风险分散的途径还可表现为产品或服务的价格，这主要是针对卖方（尤其是企业）而言。即卖方在负担返还不能风险后，可将该风险计入成本，并通过提高价格的方式将其转给众多消费者共同承担。

因此，与"利益获取程度"的评价方式一样：我们应当首先在风险分散可能性这一划定要素内部进行买卖双方风险分散可能性的比较，再在外部同其余划定要素进行要素间的权衡。

3. 卖方可归责性

归责系指确定责任之归属，即确定应由何人承担不利的法律后果。本文认为，负担"风险"本质上仍属于一种责任承担，应当在返还不能风险的负担问题中对于可归责性[2]进行探讨。从广义上来讲，前述风险领域的划定要素均可消融于可归责性之中，风险领域这一考量因素本就是可归责性的外显。

同时，可归责性具有"绵延不绝"的内在构造，而并非断裂式的安排。可归责性以过失为中心上下浮动：过失往上浮动则为故意，过失往下浮动则为风险领域等可归责性色彩较弱的考量因素。[3]在此意义上，本文认为划分

---

〔1〕 实践中多为卖方对标的物投有保险。应予注意的是，根据《最高人民法院关于适用〈中华人民共和国保险法〉若干问题的解释（四）》第1条之规定，"保险标的已交付受让人，但尚未依法办理所有权变更登记，承担保险标的毁损灭失风险的受让人，依照保险法第48条、第49条的规定主张行使被保险人权利的，人民法院应予支持"，可知若卖方为标的物投有保险，尽管标的物所有权尚未移转，但买方已可行使被保险人权利，其风险分散可能性更高。

〔2〕 也许有人会觉得疑惑：在双方均存在免责事由的情况下怎么又存在对可归责性的探讨？其实这仅仅是由于语词的多义性所致：免责事由中的"责"系指违约责任；可归责性中的"责"系指返还不能风险。已有学者对于返还不能风险归属判断中的可归责性进行了探讨，参见周江洪：《风险负担规则与合同解除》，载《法学研究》2010年第1期。但周江洪教授并未使用"返还不能风险"一词，而是将其称作"清算关系中的风险分配问题"。

〔3〕 类似表述参见叶金强：《信赖原理的私法结构》，北京大学出版社2014年版，第145页。

违约责任与风险负担的违约责任归责原则之本质，便是在合同法上连续的可归责性中人为划分的一个界限而已。由此，大陆法系中的这一界限划定在过失以上（含过失），界限以上为违约责任（过错归责），界限以下为风险负担（风险归责）；我国法中的这一界限划定在风险领域等过失之下的考量因素中，界限以上为违约责任（过错归责+部分风险归责），界限以下为风险负担（剩余风险归责）。

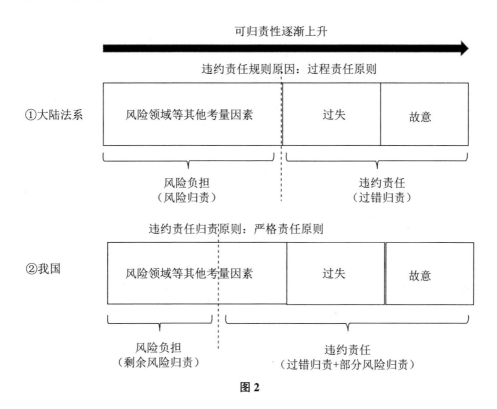

图 2

而"卖方可归责性"作为风险领域（广义上可归责性的外显）的划定要素之一，其所谓"可归责性"只能在狭义上进行理解，本文所选取的"卖方可归责性"这一划定要素的含义为：卖方对于买卖合同无效的原因力大小。

更进一步，合同无效可依无效原因类型化为如下三种分类：因卖方原因无效、因买方原因无效、因其他原因无效。在前两种类型中，因哪一方的原因导致买卖合同无效，哪一方就具有"可归责性"；在第三种类型中，双方的

"可归责性"程度均极其微弱。

因此，在买卖合同因卖方无效的场合（如卖方欺诈[1]），卖方具有高强度的可归责性；而在买卖合同因买方无效（如买方胁迫[2]）或因其他原因无效（例如，在买卖合同订立后标的物成为禁止流通物，买卖合同因违反新出台的行政法规而无效）的场合，卖方仅有很弱的可归责性或根本没有可归责性。

4. 买方信赖合理性

由于卖方的错误、动机很难有充分的外在体现，这会使善意买方对买卖合同有效成立的外观产生合理信赖。"买方信赖合理性"便是指买方合理信赖买卖合同有效成立的外观，这一划定要素背后所蕴含的价值判断，即为保护善意买受人的合理信赖。正如前文所述，如果返还不能风险的负担规则能够容纳精细化的价值衡量，同样可以达到保护善意买受人合理信赖的法律效果，则应当在买卖合同无效后的返还不能领域排除不当得利规则的适用。而"买方信赖合理性"作为风险领域的划定要素之一，成为在整个弹性评价机制中吸纳进善意买受人合理信赖的重要口径。而在立法例上，《欧洲私法共同参考框架草案》（DCFR）第Ⅲ-3：512（4）条[3]便将买方的合理信赖纳入返还不能风险的判断之中。

值得说明的是，"买方信赖合理性"已包含"买方可归责性"这一内涵：既然买方合理信赖买卖合同有效成立的外观，则很难认为买卖无效是由于买方原因所致，"买方信赖合理性"与"买方可归责性"呈现出负相关。[4]

至于信赖合理性的判断，本文认为可采用理性人标准模式进行：先通过

---

[1] 值得说明的是，"欺诈"为典型的可撤销事由，此处还应嵌入一个前提：买方已依据《民法典》第148条行使撤销权，使得买卖合同自始没有法律约束力（归于无效）。

[2] "胁迫"亦为典型的可撤销事由，此处还应嵌入一个前提：买方已依据《民法典》第150条行使撤销权，使得买卖合同自始没有法律约束力（归于无效）。

[3] DCFR Ⅲ-3：512（4）The recipient's liability to pay the value of a benefit is likewise reduced to the extent that it cannot be returned in the same condition as when it was received as a result of conduct of the receipt in the reasonable, but mistaken, belief that there was no non-conformity. 其中"belief that there was no non-conformity"即是对买方合理信赖的考量。

[4] 这也是本文将"卖方可归责性"单独设置为一个划定要素，而不将买卖双方的可归责性问题如同"利益获取程度""风险分散可能性"那般统合为"可归责性程度"一个要素的原因所在。

能力结构与知识结构的筛选建构出一个具有特定知识和能力水准之人，进而判断这样的理性人在买方所处的具体场景中是否会对买卖合同有效成立的外观产生合理信赖，最终完成对买方信赖合理性程度的评价。[1]

通过以上四种要素的权衡角力，已可清晰在买卖双方之间划定风险领域，并最终确定买卖合同无效场合下返还不能风险在卖方与买方之间的归属效果。这样的一个弹性评价机制具有强大的解释力，可指引法官在具体的案件判断中得出妥当的结论。与之相比，有学者认为在合同无效场合下，基于风险利益一致原理，返还不能风险仍应类推适用价金风险负担的交付移转规则，即使是善意买受人也应当承担返还不能风险。[2]不难看出，这一观点存有诸多不足之处：首先，如前文所述，将风险利益一致原理作为交付主义模式的理论依据值得怀疑；其次，让善意买受人在任何情形下均承担返还不能风险有违信赖原理之嫌。而在本文所提出的弹性评价机制中，可将风险利益一致原理外化为"利益获取程度"这一要素，同时将善意买受人的合理信赖融入"买方信赖合理性"这一要素，再结合"风险分散可能性"与"卖方可归责性"，通过四个要素间饱满程度的比较权衡，最终得出妥适的法律效果量度。动态系统论思想下风险领域理论的强大"功力"，在这一点上尽显无遗。[3]

（四）弹性评价机制建构之二：原则性示例

如果仅仅着眼于动态系统论思想下多个要素之间的比较权衡，运用各个要素饱满程度所描绘的法律效果强度曲线由于缺少基础评价标准作为参照，其最终只能沦为单纯的比较命题并导致法律效果的随意性，同时赋予法官过大的自由裁量权。因此，本文构建弹性化机制的工作并不止于风险领域划定要素的选取，还包括对扮演着"基础评价标准"这一重要角色的原则性示例进行分析与探讨。

---

〔1〕 对于理性人标准建构的研究，参见叶金强：《私法中理性人标准之构建》，载《法学研究》2015 年第 1 期。

〔2〕 参见吴香香：《合同法第 142 条（交付移转风险）评注》，载《法学家》2019 年第 3期。

〔3〕 风险领域理论的强大功效还可体现为：若合同解除效果说采直接效果说，从而否定返还债务与已履行债务之间的同一性，还可将基于风险领域理论所构建的弹性评价机制放到合同解除场合中进行运用。

以本文中的风险领域理论为例，由于评价机制的弹性化，在四个要素（A、B、C、D）的满足度（a、b、c、d）不同的情形下将会导出不同的法律效果（R：返还不能风险由谁负担、额度多少等）。原则性示例的作用正在于给定一个基础性评价标准，这个标准中 A 要素的满足度为 a_1、B 要素的满足度为 b_1、C 要素的满足度为 c_1、D 要素的满足度为 d_1，经由比较权衡后最终导出的法律效果为 R_1，具体可表示为：

$$要素 A×满足度 a_1+要素 B×满足度 b_1+要素 C×满足 c_1+要素 D×满足度 d_1=法律效果 R_1$$

图 3

原则性示例通常由立法加以确定，在立法欠缺时也可由判例或学说加以确定。由于《民法典》未针对返还不能风险设置负担规则，运用本文建构的风险领域理论对买卖合同无效场合下的返还不能风险归属效果进行弹性评价将缺少直接的、立法上的原则性示例。但一来我们可以求助于判例与学说所确定的原则性示例；二来如后文所述，我们还可以基于返还不能风险与价金风险两种风险负担规则的内在亲缘性，在返还不能风险的弹性评价机制中参照适用价金风险的原则性示例（《民法典》第 604 条、第 610 条等），同样达到妥适化的法律效果。

（五）解释论方向：统一建构返还不能风险的负担规则

按照比德林斯基（Bydlinski）的观点，实体法上的固定构成要件只不过是多个要素的各种强度的排列组合中的一个示例。[1]在此意义上，《民法典》第 604 条（交付主义模式）、第 610 条（价金风险回溯）实质上均可被视作运用风险领域理论判断价金风险归属效果时的立法上的原则性示例，[2]属于弹性效果的刚性化。

───────────

〔1〕 参见解亘、班天可：《被误解和被高估的动态体系论》，载《法学研究》2017 年第 2 期。

〔2〕 由此，在卖方根本违约的情形下设置《民法典》第 610 条使价金风险由买方回溯至卖方亦可得到证成：根本原因即在于卖方根本违约使得各个要素的满足度产生了变化（主要体现为卖方可归责性显著提高），从而使《民法典》第 610 条所导出的法律效果不同于《民法典》第 604 条。

循着这一思路，合同解除场合中返还不能风险的负担规则同样可以借助原则性示例这一"身份"融入风险领域理论，由此为我们运用风险领域理论统一构造合同解除场合与合同无效场合中返还不能风险的负担规则体系提供了解释论方向。[1]只不过，基于降低法律适用的复杂性、提高效率（经济效率与司法效率等）、限制法官自由裁量权以及维护法的安定性等方面的综合考量，我们一般不在价金风险的负担规则中引入弹性评价机制，从而也不必在合同解除场合下返还不能风险的负担规则中引入，仅运用交付主义模式与风险回溯等原则性示例都足以解决问题。更进一步，想要得出合同解除场合下返还不能风险的负担规则，以折中说为逻辑起点的分析思路（分析思路①）并非唯一，还可考虑从风险领域理论原则性示例的角度（分析思路②）予以分析。

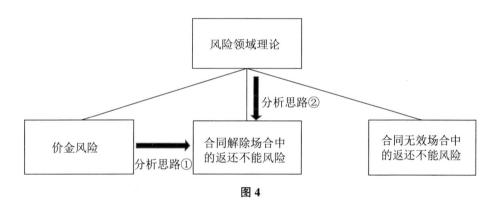

图 4

还应注意的是，对价金风险与合同解除场合下返还不能风险归属判断的简明化需求，与需运用弹性评价机制来处理合同无效场合下的返还不能风险并不矛盾，因为后者强烈的价值衡量需求注定了一定程度上的效率的"牺牲"。同时，这种表面上的需求差异，并不会影响我们运用风险领域理论来统摄价金风险与返还不能风险的负担规则：风险领域理论这一弹性评价机制在

---

〔1〕 已有学者提出可以运用统合的清算规则"一揽子"解决无效后返还、撤销后返还、解除后返还乃至不当得利返还、所有人—占有人返还等问题，将无效、撤销、解除等解消情形"冶于一炉"。参见汤文平：《法律行为解消清算规则之体系统合》，载《中国法学》2016 年第 5 期。

通过要素协动满足价值衡量需求的同时，还可通过原则性示例的设置对简明化需求与效率需求作出完美回应。

结 论

现行法未对返还不能风险进行规定，可能本就是一个比较稳妥的方案。通过对现行法进行解释论展开，可以构建起买卖合同中返还不能风险精细化的负担规则体系。

在买卖合同解除场合，以折中说作为逻辑起点，可统一返还不能风险与价金风险的归属判断。在买卖合同无效场合，以《民法典》第157条作为规范基础，可在动态系统论思想下重构风险领域理论，通过弹性评价机制亦能达到妥适化的返还不能风险分配结果；如未来不满足此种解释论方案，欲通过立法对合同无效场合下的返还不能风险问题加以明确，则可借鉴《民法典》第998条进行弹性立法规定。[1]解释论上，还可考虑运用风险领域理论统一建构返还不能风险的负担规则体系。

返还不能风险作为传统民法三大"风险"外的第四种风险，还具有强大的制度功能与体系影响。其不仅可以作为枢纽统一风险负担规则与合同解除制度的适用效果，为风险负担与法定解除并存论提供理论支撑；还可以通过风险领域理论下的弹性化机制融入价值衡量，在买卖合同无效场合与不当得利划清界限。总而言之，返还不能风险已在许多复杂问题上向人们展现了其非凡的能力，通过风险领域理论的"加持"，更会在民法领域大放异彩。

---

〔1〕 王利明教授作为《民法典》的主要编纂者之一，即认为《民法典》第998条中"应当考虑行为人和受害人的职业、影响范围、过错程度，以及行为的目的、方式、后果等因素"的表述，是对动态系统论的采纳与运用，系属弹性立法规定。参见王利明：《民法典人格权编中动态系统论的采纳与运用》，载《法学家》2020年第4期。

危险接受情形下被害人自我答责问题研究

张可欣

摘　要： 危险接受包括自己危险化的参与和基于合意的他者危险化，但是由于两种危险接受的具体情形的不同，被害人和被告人在各自情形下的答责分配也不大相同。因此，究竟在何种情形下被害人自我答责具有适用空间是值得商榷的问题，要回答这个问题首先要回到被害人自我答责理论的理论根基及其构建上来。在危险接受情形下适用被害人自我答责理论，并非仅仅是出于为被告人出罪的考虑，也是刑法在绝对法益保护的基础上对被害人自我决定权的尊重。之所以在部分情形下无法适用被害人自我答责理论，也并非刑法对被告人的苛责或者刑法家长主义的刚性使然，而是在衡量被害人真实意思表示和内心确信之后的公平裁判。

关键词： 危险接受；自己危险化；他者危险化；自我答责；自我决定权

一、问题的提出

被害人承诺作为刑法上的违法阻却事由，由于得到法益主体的有效承诺而可以否认行为人犯罪的成立。然而在危险接受的场合，行为人基于被害人的意思对其实施了危险行为并导致了（违反法益主体意思的）结果，此时并不存在被害人的有效承诺，因此无法径直将被害人承诺这一违法阻却事由延长到危险接受的案件中去否认犯罪的成立。[1] 况且，并非所有的危险接受情形都可以找到违法阻却的正当化事由；换句话说，在危险接受的情形下，被

---

〔1〕　[日] 山口厚：《刑法总论》，付立庆译，中国人民大学出版社 2011 年版，第 171 页。

害人自我答责理论的适用范围是有限的，存在大量需要行为人承担责任的场合。

不论是在我国还是在德日的刑法理论研究中，对究竟在何种危险接受情形下应当由被害人自我答责这一问题始终存在较大争议；在此基础上，中外司法实践对于危险接受情形下的答责分配也均存在多种处理方式：

［案例一］：肖某 1 过失致人死亡案

2011 年 3 月 8 日上午 8 时，城关派出所民警将涉嫌寻衅滋事的肖某 2 传唤到城关派出所进行讯问。肖某 2 在去派出所前告知其妹妹肖某 1，并嘱托肖某 1 替自己买农药用于吓唬民警。随后，肖某 1 与同王某某一同到夏邑县建设路北段路西一农药门市部购买两小瓶丁硫吡虫啉，到城关派出所后将其交给肖某 2。肖某 2 接到农药后提出要去卫生间，待其出来后，民警发现肖某 2 满脸通红，口中有白沫，便立即拨打急救电话，将肖某 2 送至红十字医院抢救，后转人民医院抢救无效死亡。河南省夏邑县人民法院对该案进行了审理，该院认为被告人肖某 1 明知农药能致人死亡，为帮他人达到恐吓公安干警的目的，将农药送给他人，造成他人死亡的严重结果，其行为构成过失致人死亡罪。[1]

［案例二］："摩托车"案

被害人 K 在微醉后要求同被告人进行摩托车比赛，被告人最初因为 K 喝酒并不同意与其比赛，在 K 的反复劝说下被告人方才同意。由于 K 骑的是一辆轻骑摩托车，而被告人的摩托车马力更大一点，所以被害人 K 被让了 200 多米的距离。但是最后由于 K 自己的责任而不幸死亡。德国联邦最高法院对该案进行审理后认为：每个为了结果的发生而不可以想象其不存在的行为在刑法上都与结果有因果关系。被告人的行为与死亡之间是有因果关系的，即使 K 是因为自己的驾驶错误翻车，而与被告人的驾驶方式没有关系，但是如果被告人不答应与其一同赛车，K 就不会翻车，所以被告人应当负有过失致人

---

[1] 肖某 1 过失致人死亡案，河南省夏邑县人民法院（2011）夏刑初字第 194 号刑事判决书。

死亡的罪责。[1]

在上述两个涉及危险接受的案件中，不论是河南省夏邑县人民法院还是德国联邦最高法院，都对行为人处以过失致人死亡的罪名。然而该罪名的成立在两个案件中是否合理，两个案件是否属于危险接受的同种类型，针对不同类型的危险接受情形是否均应当排除被害人自我答责理论的适用，同一类型的危险接受情形下被害人和行为人的答责分配是否完全相同，这都是值得探讨的法律问题。故下文将首先对危险接受的具体类型进行划分并对危险接受的体系进行定位，然后在该划分的基础上对不同类型的危险接受情形下被害人是否自我答责的问题进行探讨。

二、危险接受的分类及体系定位

之所以针对不同类型的危险接受案件，不同学者对被害人是否需要自我答责的认定呈现不同看法，主要是因为学界对危险接受的具体类型的区分界定存在较大争议。因此，要探讨不同类型的危险接受情形下被害人是否需要自我答责的问题，首先需要对危险接受的类型进行理解和区分。

（一）危险接受的分类

广义上的危险接受，大体可以分为狭义的自发的自己危险化、自己危险化的参与和基于合意的他者危险化。其中在狭义的自发的自己危险化的场合下，仅仅有被害人自己实施了危险行为并造成了法益侵害的结果，所以在该场合下应当由其自身承担法益损害的结果。[2]鉴于狭义的自发的自己危险化在刑法上争议不大，故本文不再对其进行赘述，直接对被害人自己危险化的参与和基于合意的他者危险化作为危险接受的两种分类形态。

1. 自己危险化的参与

自己危险化的参与，是指被害人自己参与自己创造的危险情形中，其意识到了该情形的危险的存在并积极实施了危险的行为，最后造成了危险结果

---

〔1〕 〔德〕克劳斯·罗克辛：《德国最高法院判例：刑法总论》，何庆仁、蔡桂生译，中国人民大学出版社 2012 年版，第 8 页。

〔2〕 张明楷：《刑法学》，法律出版社 2016 年版，第 228 页。

的发生。通常在该情形下，被害人自己是危险的创造者与主导者，其他人（包括行为人在内）是危险的参与者。[1] 除此之外，一般也会将被害人和行为人共同支配着危险结果的发生的情况归于自己危险化的参与中。

在德国联邦最高法院的判例中，海洛因注射器案就是被害人自我危险化的参与的体现。在该案中，一向以吸食烈性毒品而著称的被害人 H 主动邀请仅偶尔吸食毒品的被告人"一同享用"海洛因。两人在注射了毒品后很快失去了知觉，后来他们被发现时被害人 H 已经死亡，经鉴定死因是注射毒品导致其窒息和心脏循环出现了障碍。德国联邦最高法院认为被告人只是参加了朋友的故意的自我危险，即使被告人的参与与 H 的死亡之间具有原因行为的帮助，但是其无法预见到该行为的因果关系，所以被告人无法成立过失致人死亡。[2] 据此可以看出，虽然被告人参与了危险的整个过程，但并非危险的主导者，被害人自身积极主动追求和实施自我危险的行为，已经对自己的法益进行了自我处分，这是典型的自己危险化参与的表现。因此，在案例一中，肖某 2 要求其妹肖某 1 帮自己买农药并送到派出所，最后自己又主动喝下农药的行为，应当归于自己危险化的参与场合。因为肖某 1 获得农药是在自己创设了一个危险化的场合后的结果，妹妹肖某 1 帮忙买农药的行为仅仅是一个纯粹的参与行为。况且，肖某 1 基于肖某 2 多次以生命威胁公安机关的先前行为，而对肖某 2 此次的死亡结果没有预见可能性也属正常，所以案例一应当属于被害人自己危险化的参与。

上述案例中的自己危险化的参与都属于在被害人自己主导控制着危险、行为人仅仅是危险的参与者的情形。但是自己危险化的参与也有可能是行为人和被害人共同支配着危险结果的发生。如日本学者松宫孝明教授曾提及的危险的体育运动就应当归于被害人和被告人共同支配下的自己危险化的参与，即社会生活中诸如拳击或者赛车等伴有对竞技者的生命及身体的危险的体育运动也是竞技双方共同支配着整个行为的发生。[3] 针对为何将共同支配作用

---

[1] 车浩：《过失犯中的被害人同意与被害人自陷风险》，载《政治与法律》2014 年第 5 期

[2] [德] 克劳斯·罗克辛：《德国最高法院判例：刑法总论》，何庆仁、蔡桂生译，中国人民大学出版社 2012 年版，第 5 页。

[3] [日] 松宫孝明：《刑法总论讲义》，钱叶六译，中国人民大学出版社 2013 年版，第 120 页。

危险结果发生的情形归于自己危险化的参与,张明楷教授指出:虽然两者的行为都对结果的发生起到了实质的重要作用,但是在危险接受案件中由于被害人不是被告人,所以在运用共同犯罪的原理时不可能采取部分实行全部责任的原则;而一旦不采取部分实行全部责任的原则,就不能将结果归属于被告人乙的行为,亦即不能认定被告人乙支配了结果的发生;既然如此,就只能认定为自己危险化的参与。[1] 实际上,在行为人和被害人共同支配危险发生的情形中,也可以将其理解为被害人支配了整个危险的发生,只是这种情形下行为人起到了比参与行为更大的作用,但是这种更大的作用并不影响被害人对整个危险的主导与控制地位。在此意义上,将两者共同支配危险结果发生的场合归于自己危险化的参与也不失合理性。

总结来看,可以将自己危险化的参与具体分为两种情形,一种情形是被害人在控制着整个危险的发生,被告人仅仅起到一个参与作用;另一种情形就是被害人和被告人双方共同支配着整个危险的发生。两种情形实际上都在强调被害人自身在整个危险中的作用较大,如果借用刑法中的共同犯罪的概念,可以将被害人归于自己危险化中的正犯,被告人则应当是该情形下的共犯;或者双方也可能成立该情形下的共同正犯。[2]

2. 基于合意的他者危险化

与自己危险化的参与不同的是,基于合意的他者危险化中的危险情形不再是由被害人创设,而是由他人(被告人)控制主导。即被害人明知自己参与的行为存在某种潜在风险却仍积极参与到该危险中去,并因此产生了实害结果。

基于合意的他者危险化在各国司法实践中实例较多,如我国的田玉富过失致人死亡案。2005 年 6 月被告人田某某与妻子康某某因违法生育三胎,被带到计生委住院部准备做结扎手术。途中田某某谎称妻子要到三层厕所洗澡。骗取计生工作人员信任后,田某某用手掰开厕所木窗,将尼龙绳系在其妻子的胸前,企图用绳子将妻子吊下去逃跑,绳子中途断裂致妻子死亡。麻阳苗族自治县人民法院经审理判决田某某构成过失致人死亡罪。[3] 在该案中,行

---

[1] 张明楷:《刑法学中危险接受的法理》,载《法学研究》2012 年第 5 期。

[2] 张明楷:《刑法学中危险接受的法理》,载《法学研究》2012 年第 5 期。

[3] 田某某过失致人死亡案,湖南省麻阳苗族自治县人民法院(2005)麻刑初字第 111 号刑事判决书。

为人田某某创造了一个法益危险的情形，并积极控制主导着谋划逃跑的整个过程，绳子的整个控制情况都取决于行为人自身。田某某应当预见到自己实施的危险行为可能会对被害人造成法益侵害结果，但是却依旧坚持实行整个危险行为，最终造成了对康某某的死亡结果；在整个过程中，被害人康某某仅仅作为一个危险的参与者，处于一种相对被动的地位。

上述例子属于较为典型的基于合意的他者危险化情形，即被告人直接控制着被害人的危险情形并最终造成了严重后果，被害人在整个过程中处于一种被动参与地位。然而在部分情形下，被害人积极主动参与到他人主导控制的行为中，最终出现了超出被害人自身预期的危险结果，但是这种结果甚至可能是直接由被害人的自身原因造成的。如在案例二中，被告人是在被反复劝说的情形下方才同意同被告人进行摩托车比赛，且被告人主动让被害人K超过200米的距离，最后K也是基于自己的驾车行为导致的死亡结果。该情形虽然在形式上属于危险的体育竞技类运动，但是在实质上并非属于被害人和行为人共同支配危险发生的情形。一方面，本案中K骑的是轻骑，而被告人的摩托车马力更大，这使得K不得不将其车发动到极限，在K已经微醉的情形下被告人作为一个相对更加清醒的人更应当预料到这种危险；另一方面，K在第一场比赛中已经在行为上体现出明显的不理性与漫不经心，因此在第二场比赛中被告人更加应当预见到K可能再次出现第一场的情形。[1] 所以在整个过程中，被害人与行为人虽然在形式上是共同参与这个危险情形，但是就实质的角度而言行为人更处于一个较为独立的支配控制地位。行为人本可以毅然决然地拒绝被害人的危险参与请求，但还是在被害人的多番劝说下答应与被害人共同处于一个危险之中；除此之外，被告人作为两者之中的处于较为主导地位的一方没有完全履行好自己的作为义务和预见义务。

因此，基于合意的他者危险化情形在通常情形下应当是由行为人主导和控制的，但是有时也应当从实质的角度区别于被害人自己危险化的参与。况且，自己危险化的参与和基于合意的他者危险化的区分会直接影响被害人与行为人的具体的答责分配，所以有必要从学理上对两者进行区分。

---

〔1〕 张明楷：《刑法学中危险接受的法理》，载《法学研究》2012年第5期。

3. 两种类型的危险接受的区分

通过前文对案例二中被害人危险接受的类型划分，可以看出判断一个危险接受情形究竟是自己危险化的参与还是基于合意的他者危险化，仅仅从形式角度考虑是远远不够的，应当同时从实质角度对案件进行具体分析。因此，判断一个危险接受情形究竟属于自己危险化的参与还是基于合意的他者危险化，应当同时考虑形式因素和实质因素。

从形式因素的角度来看，主要是根据具体情形下危险化的创造者是被害人还是被告人而进行划分的。张明楷教授也提出，应在与正犯论相关联的意义上区分二者，区分标准在于是自己侵害还是他者侵害。[1] 如果借用共同犯罪的相关原理，在自己危险化的参与的场合，被害人应当是整个案件中的正犯，被告人应当是整个案件的共犯；或者也存在被害人与被告人成立共同正犯的自己危险化参与的情形。而在基于合意的他者危险化的场合，被告人应当是整个案件的正犯，被害人应当成立整个案件的共犯；但是也可以存在被害人与被告人成立共同正犯的基于合意的他者危险化的具体情形。

从上述的形式因素判断的标准来看，难以具体区分当被害人和被告人在整个危险中所起的作用相似的情形究竟应当归于自己危险化的参与还是基于合意的他者危险化，所以此时还应当从实质因素的角度来具体分析，即一方面要看在具体案件中被告人是否处于一个相对优势的地位，另一方面要看该被告人是否对危险的发生具有避免可能性与预见可能性。以危险的体育或者竞技运动为例，如果是在一个双方都较为理性的比赛场合，这种竞技活动的危险情形就应当属于被害人和被告人共同创造并主导的，双方处于一个较为平等的地位，不存在某一方的优势基础。然而在案例二的情形下，一方面，被害人与被告人的先前状况就不同，被害人由于自身的先前行为已经使自己处于一个微醉状态，而被告人处于一个相对更清醒的状态，相对于被告人处于一个相对优势地位；另一方面，被告人明显可以拒绝被害人的竞技请求，且其通过前一轮比赛中被害人的不理性行为完全可以预见到危险结果的发生可能性较大。

因此，实质性的考虑可以弥补仅仅通过形式判断引发的对被害人与被告

---

[1] 张明楷：《刑法学中危险接受的法理》，载《法学研究》2012年第5期。

人在危险情形中所起作用大小难以判定的难题，使得自己危险化的参与和基于合意的他者危险化的区分更加公平合理，防止出现一些应当归于被害人自己危险化参与的情形被错认为被害人自己危险化的参与，这种错认会直接影响被害人与被告人的答责分配。

（二）危险接受排除不法的根据

在对危险接受进行了具体区分的基础上，要想对不同情形下的被害人自我答责问题进行进一步探讨，首先需要明确危险接受在刑法体系中的定位。从三阶层体系来看，日本学者神山敏雄教授认为应当将危险接受置于有责性这一阶层中[1]，但是支持这种观点的学者较少，学界基本都认为应当将其置于违法性阶层中。但是针对危险接受是否可以作为违法阻却事由阻却犯罪的成立，在何种情形中可以作为违法阻却事由阻却犯罪的成立，在学界存在较大争议。

以林干人教授为代表的准同意说认为尽管典型的被害人同意与被害人危险接受不同，但这种不同仅仅是次要的问题。因此，被害人危险接受应当与被害人同意具有同样的法律效果即排除行为人的不法。[2] 准同意说在认识到了被害人承诺与危险接受的不同，但是没有认识到两者法律效果上的差异。即在被害人承诺的场合下，被害人不仅承诺行为，还承诺结果，换言之对结果至少存在放任的间接故意；然而在危险接受的场合下，被害人仅对行为进行了承诺，对结果的发生仅具有过失，并不希望危险结果的发生。因此不能按照准同意说所言将被害人承诺与被害人危险接受的不同作为次要问题而将两者的法律效果等同，进而得出阻却违法的结论。

以山口厚教授为代表的行为的危险性说认为，在能够认定为危险接受的场合，也就是允许了危险的行为的施行本身。因此，既然已经被允许，那么即便由于危险行为的施行导致发生了行为人客观上或者主观上无法避免的结

---

[1] ［日］神山敏雄：《危険引き受けの法理とスポーツ事故》，载宫泽浩一先生古稀祝贺论文集编集委员会：《宫泽浩一先生古稀祝贺论文集》（第3卷），成文堂2000年版，第36页。

[2] 江溯：《日本刑法上的被害人危险接受理论及其借鉴》，载《甘肃政法学院学报》2012年第6期。

果，也不能因为该结果的发生而追究行为人的刑事责任。[1]山口厚教授后来又在行为的危险性说的基础上进一步补充发展，提出被害人危险接受之所以排除行为人的不法，关键在于"被害人有把自己的利益置于危险的自由"，这是出于作为刑法认可的自我决定权的考虑。[2]我国的车浩教授过去的观点也与之类似，即既然同意能够免除构成要件背后的禁令，当然也就谢绝了刑法通过构成要件提供的保护，因此，过失犯中对行为表示同意就已经足够了。[3]但是后来车浩教授针对其观点进行了修正，其主张在尊重被害人自我决定权的同时，还必须对这种同意的可靠性提出严格要求，进行全面的审查，避免以一个模糊不清、似是而非的同意成为行为人脱罪的借口。这种观点的转变是建立在刑法家长主义与自我决定权之间保持张力的价值立场上。[4]我国的张明楷教授也支持在危险接受的场合，被害人仅仅可以对自己的行为存在一个承诺，但是无法对造成法益侵害的结果作出承诺，这也是危险接受同被害人承诺之间的最大差别。[5]

笔者也支持这种观点，危险接受可以作为行为人的出罪事由，但是并非所有的危险接受场合都可以将危险接受作为违法阻却事由去阻却犯罪的成立。在绝大部分被害人自己危险化的场合，都可以在违法性阶层中将危险接受作为一种违法阻却事由；然而在基于合意的他者危险化的场合，危险接受无法作为一个完全的出罪事由，仅可以将其作为一个酌情从轻或者减轻处罚的考虑。

三、危险接受情形下的被害人自我答责问题

在学理上，绝大多数学者都支持将危险接受置于三阶层中的违法性阶层中，但是并非所有情形下的危险接受都可以作为被害人的出罪事由。换言之，

---

〔1〕 ［日］山口厚：《刑法总论》，付立庆译，中国人民大学出版社2011年版，第171页。

〔2〕 江溯：《日本刑法上的被害人危险接受理论及其借鉴》，载《甘肃政法学院学报》2012年第6期。

〔3〕 车浩：《过失犯中的被害人同意与被害人自陷风险》，载《政治与法律》2014年第5期。

〔4〕 车浩：《过失犯中的被害人同意与被害人自陷风险》，载《政治与法律》2014年第5期。

〔5〕 张明楷：《刑法学》，法律出版社2016年版，第228~230页。

并非所有的危险接受情形都由被害人自我答责。那么要研究在何种情形下需要被害人自我答责，就要先对被害人自我答责理论的理论根基及其理论构建进行理解；在对理论深层次理解的基础上，再将其运用于不同的危险接受的具体情形中，进而探究两种具体的危险接受情形下被害人与被告人的答责分配问题。

（一）被害人自我答责理论

被害人自我答责是指被害人在自我决定的基础上对自己的决定引发的结果承担责任，其理论根基就在于被害人自我决定权的行使。所以本文将从自我决定权出发探究被害人自我答责理论。

1. 被害人自我答责的理论根基——自我决定权

自我决定权即"个体对自己的利益按自己意愿进行自由支配的权利"。[1]这种自我决定权最初源于哲学理论上对于"自由"以及"自我意志"的界定。

18世纪、19世纪的理论哲学的代表学者普芬道夫认为"人类的自由是道德世界（entia moralia）的根源，而道德世界是存在于自然世界（entia physica）之外的。自然世界由物理和心理的状况所组成，这些状况构成的是行为的基础"。随后，康德的哲学理论也受到普芬道夫的影响，其认为"不论是人类的理智特性还是人的行为都不会受到因果规则的制约，他们是自由的。"在此基础上，康德认为实施规则的根据就在于行为的"绝对自主性"。19世纪初，黑格尔在其哲学理论中也提出"意志是归责根据的出发点，意志是说明归责主体个性的要素，它联系身体和心灵，它同样也是我的表达和存在根据"。[2]不管是普芬道夫，还是康德和黑格尔，他们都强调个人自我意志的自由，而之所以要肯定自我意志的存在，一方面，是出于整个社会秩序维护的考虑，即肯定立足于自由意志的道德对于实现以社会秩序稳定为终极目标的重要作用[3]；

---

〔1〕 车浩：《自我决定权与刑法家长主义》，载《中国法学》2012年第1期。转引自高丽丽：《生命法益起点下自我决定权与被害人危险接受阻却归责探讨》，载《法学论坛》2020年第5期。

〔2〕 吴玉梅：《德国刑法中的客观归责研究》，中国人民公安大学出版社2007年版，第10~12页。

〔3〕 立足于自由意志，道德才具有存在空间。而道德是整个社会中不可或缺的因素，刑法的终极价值就在于维护社会秩序，实现社会稳定，而要达到这一点刑法就必须和理论道德保持紧密的联系。

另一方面，这也是出于对自由与人权尊重的考虑，即人能够克服自己的自然本能，在不同的行为之间做出选择，这种基于理性的选择能力正是自由的根本体现，也是个人权利的自我行使。[1] 而自我决定权就是在自由意志的基础上被害人对自己权利的处分，刑法应当充分对被害人的自我决定权并给予最大限度的尊重。

自我答责就是以自我决定权作为理论根基而存在发展的，如果被害人在自我决定的基础上对于自己的法益进行了充分的处分，刑法就应当尊重当事人的意志自由，并在尊重被害人的基础上保护被告人的合法权益。但是这里存在一个问题，即被害人是否可以对自己的所有法益进行处分，这也就是刑法家长主义与自我决定权之间的排斥关系的体现。刑法家长主义，是刑法以一种强制力的方式对部分法益加以绝对维护，即刑法如同家长一样对于被害人的自我处分权益进行一定限制，其无法放任一个被害人随意处分自己的权益，这也是出于对被害人法益保护的体现。换言之，刑法家长主义是从被害人的最根本的权益出发对自我决定权进行一定的限制，而这种最根本的利益一般情形下就体现为被害人的生命法益。车浩教授提出，应当在被害人自我决定权与刑法家长主义之间保持一种张力，这种张力可以使得被害人的法益得以最大化维护。[2]

因此，被害人可以通过自我决定权的行使对自己的法益加以处分，并基于这种处分承担相应的法律责任，这种自我答责在一些情形下也成为被告人的违法阻却事由。但是自我决定权的行使应当与刑法家长主义之间保持一种张力，即刑法应当通过强制力对于生命法益加以绝对性的维护，防止被害人任意处分生命法益会造成社会的不稳定局面。

2. 被害人自我答责的理论构建——客观归责论

客观归责理论是在"行为人—行为—结果"[3] 之间产生一种逻辑链条，并且基于这种逻辑链条从客观层面创造探寻整个案件的因果关系。而被害人

---

〔1〕 肖洪、汤思淼：《刑法中意志自由论之提倡》，载《西南交通大学学报（社会科学版）》2016 年第 6 期。

〔2〕 车浩：《过失犯中的被害人同意与被害人自陷风险》，载《政治与法律》2014 年第 5 期。

〔3〕 吴玉梅：《德国刑法中的客观归责研究》，中国人民公安大学出版社 2007 年版，第 1 页。

自我答责理论正是通过在被害人的行为与最终结果之间构建出因果关系，然后基于这种紧密的因果关系将责任归于被害人自身，达到被害人自我答责的法律效果。因此，可以说客观归责理论是被害人自我答责的理论构建基础。

在危险接受的场合，有学者提出被害人的自我答责说作为危险接受成为刑法上违法阻却的依据，即每个人只能为自己的行为及其结果负责，而不能为他人的行为及结果负责。盐谷毅、山中敬一等多位学者都支持这种观点，并在该观点的基础上将基于被害人的自我答责的危险接受作为一种违法阻却事由。[1] 实际上，在黑格尔的哲学思想中也蕴含着这种责任自负的思想，该思想的优点也在于可以被普遍性适用，而不论在法律中是否有明确的规定。但是，在这种优点的背后正是其最大的缺陷，即如果不加区分将其作为刑法上的出罪依据，则会出现法律解释者干涉了只留给立法者的行为领域。因此，如果要运用责任自负理论，就要对行为人与行为、行为与结果之间的关系进行依次判断，如果直接从行为人推导到结果，就会出现法益不均衡的结果归于行为人的情形，这也是刑法所不希望出现的情形。因此，客观归责理论就是保证责任自负原则在构成要件领域得以实现的具体解释机制。[2] 在客观归责理论模型中，罗克辛教授的客观归责理论以"风险创设—风险实现"为主要模型解决了行为归责和结果归责的问题，其指出先确认客观归属，再进行主观归责。[3] 其中在客观归属方面，一方面应当满足构成要件的要求，另一方面应当是法益所允许的危险。然而在主观归责方面，仅仅是从行为人的角度推出其是否具备故意或者过失，而没有从被害人的角度看其是否对自己的合法法益行使放弃的权利。故基于此，也有学者提出将客观归责理论同被害人教义学相糅合，即在基于合意的他者危险化的场合，如果仅仅采用客观归责理论，从行为人的角度看待整个过程，会在一定程度上忽略被害人的意思决定，无法在行为人与被害人之间达成一个均衡的判决。换言之，被害人教义学从被害人的角度出发，考虑被害人的意志，最终在客观归责的基础上使

---

〔1〕 江溯：《日本刑法上的被害人危险接受理论及其借鉴》，载《甘肃政法学院学报》2012年第6期。

〔2〕 吴玉梅：《德国刑法中的客观归责研究》，中国人民公安大学出版社2007年版，第13页。

〔3〕 冯军：《刑法问题的规范理解》，北京大学出版社2009年版，第133~134页。

对评价被害人行为于行为人不法的意义发挥作用。[1]

笔者认为，将客观归责理论作为被害人自我答责的理论构建基础是毫无疑问的，关键是在危险接受的场合，并非所有情形都仅仅建立在客观归责的理论构建之上。即应在充分考虑被害人自身意志的基础上运用客观归责理论，不可以一个客观行为揣测被害人的主观意愿，还应当将结果发生同被害人的主观意愿相联系，最终在充分考虑被害人主观意愿的基础上，实现将被害人自我答责作为行为人的出罪事由。

（二）两种具体危险接受情形下的被害人自我答责问题

在理解了被害人自我答责的理论根基及理论构建的基础上，一方面，要考虑被害人自我决定权的行使是否与刑法保护的绝对法益相悖；另一方面，还要考虑充分考虑被害人的自我意志在行为和结果两个维度的具体体现。在两个方面都充分考虑的情况下，就可以在不同的危险接受情形下对被害人自我答责问题进行不同解决。笔者将分别从自己危险化的参与和基于合意的他者危险化的场合，对被害人自我答责问题进行进一步的思考与探究。

1. 自己危险化的参与下被害人自我答责问题

自己危险化的参与，是指被害人自己创造了一个危险情形，类似于共同犯罪中的主犯，此时被害人当然需要为自己的行为承担责任，因为此时他人的参与并不会影响被害人自己对行为和结果的预设，他人自然也就无须因此承担责任。

这是就被害人自己主导控制着整个危险情形的角度而言的，但是较为特殊的是被害人与被告人共同支配着整个危险情形的场合，在两者对于危险的发生的作用相同的自己危险化的情形下，是否依旧适用被害人自我答责是需要探讨的问题。有学者提出此时可以类比我国《刑法》第 25 条第 2 款中有关共同过失犯罪的相关规定，即二人以上共同过失犯罪，不以共同犯罪论处；应当负刑事责任的，按照他们所犯的罪分别处罚。在被害人与被告人共同支配着结果发生的场合，双方仅仅创造了一个危险情境，但是并没有积极希

---

[1] 喻浩东：《"基于合意的他者危险化"与被害人自我答责——兼论中国语境下的归责问题》，载《交大法学》2016 年第 1 期。

望或者放任危险结果的方法，而是以为不会发生危险结果，此时两者都至少对危险持有一种过失心态，因此在该情形下类比运用共同过失犯罪的理论也是较为恰当的。所以被害人应当为自己的危险行为导致危险结果负责，即被害人自我答责理论可以适用于被害人与被告人共同支配着整个危险情形的场合。

以上提及的不管是被害人自我支配控制的自我危险化的参与还是被害人与被告人共同支配的自我危险化的参与，都仅是在尊重被害人自我意志情形下的客观归责，但是还应当考虑该种情形下被害人的自我决定权的行使是否与刑法所保护的绝对法益相违背。刑法所保护的绝对法益一般体现为对于生命法益的绝对保护，所以笔者将以相约自杀和危险的体育竞技运动作为两个特别问题，以探讨自我危险化的参与场合下的被害人自我答责理论与生命法益的协调问题。

（1）特殊问题——相约自杀

在相约自杀的情形下，如果双方最后都死亡了，当然无法追究两者的刑事责任。但是经常会出现一方自杀完成，而另一方出于恐惧心理而放弃自杀的情形，具体可以分为三种情形，第一种是双方相约自杀，一方委托另一方杀死自己后再自杀，被委托的一方在杀死对方后产生了恐惧心理而不再自杀的情形；第二种是两者相约自杀，其中一方对两人的自杀提供必不可少的帮助（如工具等），在一方死亡后另一方出于恐惧心理不再自杀的情形；第三种是双方单纯相约自杀，双方各自实施各自的自杀行为，没有帮助情节，在一方自杀以后另一方不再选择自杀的情形。[1] 前两种情形下，由于生命法益无法被随意处分，未死亡的一方当然要因此承担相应的刑事责任，故本文在此不进行赘述。可是在第三种情形下，双方单纯地共同实施相约自杀情形的场合是否需要被害人自我答责就是一个在刑法值得探讨的问题。

有学者认为，此时存活的一方不构成犯罪，不需要承担刑事责任。这种观点的学者认为，每个约定自杀的人在客观上都不存在侵害另一方生命的行为，在主观上也不存在故意杀害他人的故意，被害人的自杀行为应当独立于

---

[1] 赵秉志：《相约自杀案件的刑事责任——兼析李某见死不救行为的定性处理》，载《人民公安》1997 年第 21 期。

存活的一方。[1] 也有学者主张，在单纯的相约自杀的案件中，每个参与者都因为与他人相约自杀的先行行为而产生了一种要救助他人的作为义务。即使存活的一方是在被害人后才产生的不再自杀的意愿，也应当为自己的先行行为坚定和加强了参与者共同自杀的意图和决心而实施了自杀行为产生的死亡结果承担责任。我国的赵秉志教授就支持这种观点。[2] 笔者也认为后一种观点更具有合理性和说服力。虽然被害人是出于自己的主观意愿而实施了自杀行为，但是这种自杀的主观意志无法分离于存活的一方的间接鼓励。对于存活的一方而言，即使无法期待其在自己仍坚定自杀意愿的时候对正在自杀的另一方实施救助行为，但也不能因此而否认其先行行为使得已经自杀的一方的处于一种生命法益的紧迫的危险中。

生命法益的保护是刑法绝对权威的体现，是对被害人自我绝对权的限制。

相约自杀中的约定行为本身就是一种对于生命法益的冒犯，就是刑法所不提倡的行为，所以基于该种先行行为出现的法益侵害结果，不论存活的一方是否参与，都应当为此种先行行为产生的紧迫危险而承担相应的刑事责任。

（2）特殊问题——危险的体育竞技运动

危险的体育竞技运动之所以会成为一个在被害人自己危险化的参与场合下答责分配的特殊的问题，是因为在诸如赛车、拳击等竞技场合下常常会出现对竞技者的生命法益的侵害，而这种法益侵害是否可以因为行为的正当化而由被害人自我答责是刑法值得讨论的问题。

有学者认为在竞争性与对抗性较为激烈的竞技运动中，具有专业竞技知识的竞技双方理应知道在竞技体育运动中避免不了激烈的身体冲突和伤亡情况，运动员从参赛开始就对可能出现的伤亡结果具有接受的效力，所以成立被害人自我答责的自己危险化的危险接受。[3] 然而，也有学者并不认同这种观点，其主张对死亡的同意并不能将结果正当化，危险的运动还要最大限度地

---

〔1〕 李明、杨明力：《试论相约自杀》，载《当代法学》1990 年第 2 期。

〔2〕 赵秉志：《相约自杀案件的刑事责任——兼析李某见死不救行为的定性处理》，载《人民公安》1997 年第 21 期。

〔3〕 钱叶六：《竞技体育伤害行为的正当化根据及边界》，载《法学家》2017 年第 3 期。

采取防止生命的措施为条件。[1]

本文认为后一种观点更加符合刑法对生命这一绝对法益的尊重。体育竞技运动对于体育竞技者而言就是其职业，一个工作者并不会希望自己因为日常职业行为而丧失生命，也显然不会因为自己的职业行为对于危险死亡结果作出承诺。专业的运动员当然会日益精进自己的技术，以减少在比赛竞技活动中受伤的概率，所以不管是运动员自身还是比赛主办方都在最大限度采取防止生命发生紧迫危险的可能性。因此，只有在比赛中双方都尽到了最大限度的注意义务的场合，才可以用被害人的自我答责理论作为否认结果归属的根据；反之，如果过去从未发生过类似的事故，被害人对于结果的发生没有任何预见可能性时，显然不可能对结果存在一种接受，所以此时也就不能由被害人自我答责。

因此，在自己危险化的参与的场合，不管是被害人自己支配控制危险的情形，还是由被害人和被告人共同支配危险的情况，一般而言都需要由被害人自我答责。但是针对被害人生命法益的处分，又需要具体进行考虑：如果是被害人和被告人单纯相约自杀，则被告人需要因自己的先行行为使得被害人的生命法益处于一种紧迫危险而承担责任，此时并不适用被害人自我答责；但是针对危险的体育竞技运动，如果双方都尽到了最大限度的注意义务，被害人也已经预见到了危险的可能结果，则应当适用被害人自我答责理论，但是如果被害人对于结果的发生也不具有预见可能性时，则不应当由被害人自我答责。

2. 基于合意的他者危险化下的被害人自我答责问题

基于合意的他者危险化是由被告人支配控制着整个危险情形的发生，在一般情形下，控制支配着危险的他人当然要因此承担相应的刑事责任。笔者将在下文分析在基于合意的他者危险化场合下的被害人的自我答责问题。

在基于合意的他人危险化的场合，被害人仅仅对自己参加的危险行为进行了承诺，而没有对结果作出相应的承诺，此时是否可以以被害人的自我答责来阻却被告人的刑事违法性，一直是学界争论的问题。

日本学者山口厚教授认为，在能够认定为危险接受的场合，也就是允许

---

[1] [日]松宫孝明：《刑法总论讲义》，钱叶六译，中国人民大学出版社2013年版，第120页。

了危险的行为的施行本身。因此，既然已经被允许，那么即便由于危险行为的施行导致发生了行为人客观上或者主观上无法避免的结果，也不能因为该结果的发生而追究行为人的刑事责任。[1]与之持相似观点的，还有德国的耶塞克教授和魏根特教授，其指出虽然允许行为人行使具有危险的行为，并不意味着行为人得到了侵害受保护的法益的权限，但是被保护的法益与行为人所拥有的利益是一致的，原则上都是值得保护的。所以即使发生侵害法益的结果，行为人的行为从总体上看仍然属于应当被合法化的范畴。[2]按照上述观点，既然被害人在明知危险依旧坚持参与到危险行为中，相当于其已经在未知的危险下对自己的法益存在一个处分，所以不能因为被害人的个人执意导致的结果而去惩罚行为人。然而，学界也有很多学者并不认同这种观点，如我国的车浩教授就认为在被害人的意志难以查清时，应当推定被害人生前即使自愿涉险，也不会对死亡抱着无所谓的态度，而是较为自信认为自己能够防止危险的发生。这不仅是出于更好保护被害人的角度，也是根据社会的一般观念得出的较为合理的解释。[3]我国张明楷教授也指出危险接受时，被害人仅认识到了行为本身的危险性，并未认识到行为可能会引发的结果的危险，在没有认识到结果的危险性的情况下就不可能对自己的法益作出一个承诺，这也是危险接受和被害人承诺最大的区别。[4]

笔者也更加认同后一种观点，在基于合意的他者危险化的情形中，被害人虽然自己主动参与到了危险之中，即被害人本身并不期待危险结果会发生，所以应当由被告人承担责任。但是为什么此时无法适用被害人自我答责理论又是值得进一步思考的问题，所以接下来笔者将从"优势认知"原则和被害人承诺与危险接受的主管架构的不同对该问题进行进一步说明。

第一，"优势认知"原则是指在同一情形下的两人中一方基于其自身水平或者社会生活经验的优势而具有优于另一方的认知能力或者认知水平。其中，"优势"是客观要素，"认知"是主观要素。

---

〔1〕 [日]山口厚：《刑法总论》，付立庆译，中国人民大学出版社2011年版，第171页。

〔2〕 [德]汉斯·海因里希·耶塞克、[德]托马斯·魏根特：《德国刑法教科书》，徐久生译，中国法制出版社2017年版，第544页。

〔3〕 车浩：《过失犯中的被害人同意与被害人自陷风险》，载《政治与法律》2014年第5期。

〔4〕 张明楷：《刑法学中危险接受的法理》，载《法学研究》2012年第5期 。

在基于合意的他者危险化场合，如果被告人作为危险的主导控制人具有相对于被告人的优势认知能力，则被告人就要基于自己的优势认知而放任结果的发生的行为承担相应的法律责任。以案例二为例，被害人仅仅是想要和被告人一同进行摩托车比赛，其所能预见到的最大范围就是自己摩托车的输赢以及可能会因此而受伤，但是其无法预见到会因此丧失自己的生命。而被告人作为一个更加清醒的自然人，一方面，本来可以在源头拒绝被害人的竞技请求，但是其并没有拒绝而是创造了一个危险情形；另一方面，被告人在竞技比赛的第一场结束后就应当根据被害人的不理性危险状态而及时中止该危险的继续发展，但是被告人并没有实施相应的中止措施，而是放任危险的延续。所以此时被告人作为一个具有明显优势认知的一方就应当对被害人的死亡结果承担相应的过失责任。

优势认知一般而言是相对应而存在的，并不是在基于合意的他者危险化的情形中被告人一定具有优于被害人的认知水平，即双方可能在认知能力上具有相当性或者被害人本身就在相关领域具有更多的认识。[1] 在这种情形下，被害人可能会在客观上直接否认了被告人的风险管辖能力，此时是否意味着被告人可以放任被害人对其生命法益的处分，最终由被害人自我答责？这显然是不大合适的。因此，在这个层面上，优势认知原则本身可能就存在一定程度的片面性。笔者认为优势认知原则对于被害人自我决定权的判断应当建立在刑法对生命这一绝对法益保护的基础上。换言之，即使被害人对于危险具有明确的优势认知，且愿意基于这种危险处分自己的生命法益，被告人也不可以放任这种对于个人生命法益的放弃，因为生命法益不可处分是每个人最基本的认知，已经超越了双方对于具体事项的认识优势水平判断。

第二，危险接受与被害人承诺的主观架构不同，很大意义上决定了基于合意的他者危险化的情形中被害人不需要在仅承诺了行为、没有承诺结果的情形下自我答责。

从主观架构的角度来看，被害人承诺中被害人对于结果的发生持故意心态（虽然被害人承诺可以适用于过失犯罪，但是主要是针对故意犯罪而言的），在危险接受的场合中对于结果发生持过失心态。对于持有故意心态的行

---

〔1〕 高丽丽：《生命法益起点下自我决定权与被害人危险接受阻却归责探讨》，载《法学论坛》2020 年第 5 期。

为人在法益允许的情形下显然可以实现对法益侵害结果的承诺；但是对持有过失心态的行为人而言，如果在基于合意的他者危险化的情形中，一般是不可以仅通过被害人处分自己的个人法益的行为而排除被告人的违法性。日本学者大谷实教授认为即使在过失犯的场合，能够处分自己的个人法益，只要个人同意，也排除违法性。比如，当事人表示即使受伤也无关紧要而乘坐他人酒后驾驶的汽车，最终身负重伤，此时应当排除违法性；但是如果当事人表示即使死亡也无关紧要而乘坐他人酒后驾驶的汽车，最后出现了死亡结果，此时该同意就是无效的。[1] 为什么在被害人都存在一种放任心态的情形中，会出现被害人对于自己承诺的内容不同，最终答责分配也不同的情形是值得探讨的。

之所以被害人承诺的内容不同最终责任分配不同，一方面是因为刑法保护的绝对法益的不可处分性，另一方面是因为在后一种情况中被害人对于自己的生命法益的处分具有意思瑕疵。针对前者，也就是对刑法在自我决定权领域对绝对法益的保护，这种绝对法益在个人身上就体现为生命法益，在社会国家身上就体现为国家法益和社会法益。之所以即使被害人表示出现死亡结果无关紧要的情形下也无法排除被告人的违法性，是因为被害人无法对自己的生命法益进行处分，这是自我绝对权与刑法刚性的融合的体现。针对后者，所谓的意思瑕疵也就是被害人是否真的基于自己的行为对延伸到侵害结果的发生作出的真实意思表示。这种意思表示不应当是表面上的口头承诺，而是在社会一般情形下理性人的判断标准。对于一个社会一般理性人而言，只是想要乘车而不会想要因为乘车丧失自己的生命，口头上的即使出现了死亡结果可以让对方免责的说法只是出于说服对方的需要而作出的并非真实的意思表示。

所以基于合意的他者危险化的场合下，首先要看这个法益是否可以为被害人的自我决定权所处分，其次基于优势认知原则对双方的优势认知进行判断，最后可以看被害人对于其允诺的行为所支配的法益是否具有可处分性，以及被害人是否对于自己的法益具有意思瑕疵[2]。通过上述判断，可以在一

---

〔1〕 〔日〕大谷实：《刑法讲义总论》，黎宏译，中国人民大学出版社 2007 年版，第 237 页。
〔2〕 〔日〕山口厚：《从新判例看刑法》，付立庆、刘隽译，中国人民大学出版社 2009 年版，第 15 页。

般情形下判断被害人是否应当自我答责。

四、结论

危险接受在具体案件中的运用也是较为广泛的，正是因为其运用的频繁性和广泛性才值得更多学者对其进行具体分析，防止因为刑法解释上的失误造成被害人和被告人的答责分配不均。危险接受虽然可以作为被告人的一种出罪事由，但是在考虑被告人的利益的同时也应当注意对被害人的利益平衡，在充分理解以自己决定权为理论根基、以客观归责为理论构建一般原则的自我答责理论的基础上，应当对自己危险化的参与及基于合意的自己危险化情形进行具体划分，最终确定该案件是否可以由被害人自我答责。

之所以对被害人自我答责理论建立重重屏障限制，与其说这是刑法家长主义的刚性使然，不如说是刑法对个人专属法益的保护。被害人对于自己法益的处分往往是片面的，如果以全面的责任承担与之相适应显然并不合理，因此要在多重判断后确定被害人对于法益的支配控制地位以及其对结果的真实接受，再将责任归于被害人自身。这种归责原理既保护了被害人的意志自由与自我绝对权，也维护了刑法的权威性，在个人法益和法律权威之间可以达成一种平衡。

自媒体短视频的合理使用问题研究

——以自行拍摄并制作的短视频为例

周佳璇

摘　要：近年来，网络技术的不断发展和各类社交平台的迅速兴起降低了在网络上发布视频的门槛，越来越多的人选择建立自媒体频道，发布各类自己剪辑制作的视频，众多视频博主的灵感和才华既可以从中得以展现，网友们也可以通过观看视频获取自己想要了解的知识或进行消遣娱乐。但是随着自媒体行业的蓬勃发展，短视频著作权侵权现象也层出不穷，同时短视频侵权也存在侵权判断标准不明晰，著作权人维权难等问题，而侵权人通常会以合理使用为抗辩理由主张自己不构成侵权。本文将以自行拍摄并制作的短视频为例，探究合理使用在自媒体短视频领域中的具体应用标准，以求推动短视频著作权人的相关权利得到完善的维护。

关键词：自媒体短视频；著作权；合理使用

绪　论

大数据大范围普及和网络技术迅速发展，给自媒体时代的到来提供了深厚的土壤。制作并上传表达了一定思想观点的视频不再是官方媒体的特权，普通人也可以拿起手机，发布视频，通过各类社交平台建立自己的自媒体频道，短视频具有篇幅短小，类型多样，内容丰富，传播速度快等特点，近年来也涌现出了一大批具有发布内容质量高，大量粉丝基础的视频博主。短视频从制作到传播的整体过程均具有商业利益和经济价值，逐渐发展形成完整的产业链。而正是因为短视频行业"有利可图"，而著作权的相关认定和侵权行为监管还很不完善，所以短视频侵权行为频发，而经常被短视频侵权人用作抗辩理由的"合理使用"在我国立法规定和司法实践中还有存在争议的问题。短视频能否属于《著作权法》中规定的作品而作为著作权的权利客体获得保护；我国著作权"合理使用"问题应该在现行立法上作出怎样的完善；短视频创作领域内的合理使用标准应如何界定，上述问题亟待明确和解决，以保护短视频著作权人的合法权益，规范短视频行业的未来发展。本文以自行拍摄并制作的短视频为例，通过对上述问题进行分析，试图提出短视频合理使用的判断标准。

第一部分为短视频侵权及短视频侵权的法律属性，首先简要介绍短视频的定义及相关分类，明确本文写作的对象；其次对短视频是否可以被视为《著作权法》中规定的作品，发布人是否可以享有著作权进行简要分析；最后指出当前短视频市场侵权现象丛生，对侵权的类型进行划分并明确打击侵权，保护发布人利益的重要性。

第二部分将探讨我国法律关于合理使用的相关法律规定，并对《著作权法》（修改草案）中关于合理使用的修改部分和学者对于这一修改的不同主张进行分析。并对国外关于"合理使用四要素"以及根据三步检验法判断是否构成转换性适用的相关理论进行介绍。

第三部分为短视频"合理使用"的认定，首先根据"思想与表达二分法"，判断视频是否构成侵权，侵权视频仅与原视频所表达的思想一致，还是在视频内容和表达手法上已构成基本相似。其次判断侵权短视频是否构成《著作权法》（2010 修正）第 22 条第 2 款为介绍、评论某一作品或者说明某一问题，在作品中适当引用他人已经发表的作品。最后讨论侵权短视频在《著作权法》（修改草案）所构建的语境下判定是否构成合理使用的相关标准。

一、短视频的定义及独创性认定

（一）短视频的含义

短视频行业发展迅速，目前官方层面、学界和短视频行业本身尚未对短视频作出统一、明确的定义，有研究学者认为，短视频是指在互联网条件下，运用电子设备拍摄、编辑后通过具有互动社交平台上传至互联网，进而可以在网络上共享的视频短片。艾瑞咨询在《2019 年中国网络视频版权保护研究报告》指出短视频应当具有创作准入门槛低、拍摄场景自由、观看耗时不会过长、具备一定社交性等特征，与网络时代下大众的碎片化体验习惯相契合，[1]而这也是短视频受众广泛的原因之一。易观智库将短视频定义为由个人用户或团队拍摄并制作、以互联网为基础产生、上传至独立的社交平台、一般不超过二十分钟的视频短片，能够满足不同用户观看需求。[2]根据当前各方对短视频的理解，可以概括为网络短视频是指在各种社交媒体平台上播放、适合在空闲时间观看、推送频率高的视频内容，内容涉及日常生活、学习工作、文艺娱乐等各个领域，其时长从几秒到几分钟不等，具有制作门槛低、娱乐和社交属性强、传播价值高等特点。

结合当前各方对短视频作出的定义，可以发现短视频具有内容和类型丰富、制作发布门槛较低、具有较强的消遣属性的特点，但是对于短视频名称中最突出的修饰限定词语"短"，目前还没有统一明确的对于短视频时间长度的规定。抖音、快手等短视频发布平台对短视频时长规定了最高上限，而在各大视频网站或者微博、微信等社交平台发布视频则一般没有时长限制。本文语境下讨论的短视频，对时间并没有清晰的界定。长短本身就是相对的概念，对短视频的长度予以严格划分，对短视频的著作权认定和相关保护并不必要，只要视频通过个人账号发布，具有"碎片化表达"的特征和手段，将所要表达的内容在视频中进行清晰完整的表达，就可以被认定为网络短视频。

(二) 短视频的分类

目前网络短视频经过一定的发展，伴随市场的不断更新淘汰和用户的各类需求，产生了多种多样的类型。从创作主体划分可以分为 UGC 型、PGC型、PUGC 型和 MCN 型，分别为用户自身完成剪辑并上传、专业视频制作机构或团队制作上传、用户与所在平台联合合作制作、平台对用户进行投资并

---

[1] 艾瑞咨询：《2019 年中国网络视频版权保护研究报告》，载艾瑞咨询网，http://www. iresearch. com. cn/Detail/report？Id=3342&isfree=0，最后访问日期：2020 年 11 月 10 日。

[2] 易观智库：《2017 中国移动短视频市场专题分析》，载中文互联网数据咨询网，http:// www. 199it. com/archives/574540. html，最后访问日期：2020 年 11 月 10 日。

施加一定管理，实现短视频连续产出等几种模式。从内容来源上划分，当前短视频主要有三种，第一种是短视频的原始内容即来源于创作者自身构思并拍摄，例如当下热度很高的 VLOG 式视频日记，创作者对日常生活进行拍摄，剪辑成片。又如一些科普类视频，创作者或是亲自出镜，对所要介绍的内容以口述的方式记录下来，或者本人并不出镜，通过动画等其他形式展现要表达的内容。第二种是创作者对已经存在的视听作品中的片段直接截取并发布到自己的社交账号上。第三种是创作者对不同类型的视听作品中的片段进行有目的地选择并剪辑，并配以背景音乐、文字等其他要素，形成一个与原视听作品有明显区别的视频作品。[1]

本文所探讨的视频类型主要是第一种，即视频内容完全由创作者自行创作的短视频。

（三）短视频的独创性认定

1. 独创性的概念及认定标准

要将短视频纳入著作权保护的范围，首先要判断短视频是否能够构成《著作权法》意义上的作品。作品是文学、艺术和科技领域内具有独创性的智力表达，毫无疑问，短视频属于创作者在上述领域内带有一定情感的内容表达，但独创性的认定，在我国立法上尚没有统一明确的标准，根据《著作权法实施条例》第2条和第3条的规定，我国法律所规定的独创性应包含两层含义：一是作品由作者独立创作完成，而不是抄袭、复制、模仿已有作品的结果；二是作品必须具备一定的创造性，即具有微量的创新，而非简单的复制或材料的汇集。独创性中的"独"指的是作者要独立完成作品，不能抄袭已有作品，没有争议，而作品要达到何种程度才能被认为具有创造性，当前我国学界大致可分为三种观点，分别是"商业版权说"、"作者权说"和"折中说"。"商业版权说"强调对作品的激励和经济性利用，对于独创性的要求较低，仅要求作者付出了一定的劳动。"作者权说"对作品的独创性较高，要求作品体现作者的个人特征或个性，才能受到著作权保护。"折中说"的判断标准介于前两种理论之间。司法实践中的主流观点为不要求作品具有高度的

---

〔1〕 包红光：《论网络短视频的可版权性及侵权判定》，载《枣庄学院学报》2020年第4期。

审美和艺术价值，但应满足最低限度的创造性而不能过于的微不足道。例如，南京力合琉璃鲸餐饮管理有限公司与广州市白云区黄石习标烧腊快餐店、广州市全胜餐饮管理服务有限公司侵害其他著作财产权一案中，法院在判决中写道："鲸"所用字体并非常见字体，而是作者进行了书法创作后呈现的独特字体，并于字体外加上个人创作的不闭口圆弧线，体现出作者独特的个人书法风格。该美术作品在字形、构图、整体线条组合上具有独创性及审美意义，属于著作权法保护的美术作品。[1]

2. 短视频的独创性认定标准

结合司法实践中的主流观点，笔者认为，短视频的创作门槛本就较低，若视频内容仅仅为作者对身边环境的客观记录并将原始视频资料直接上传，缺乏对场景的转换或者数个片段的拼接剪辑，也未体现出作者的某种情感或思想的表达，就不能认定为《著作权法》意义上的作品。如果视频内容是经过作者精心的编排设计，添加了字幕、背景音乐等视频通常会具备的种种要素，或者体现了作者对情节、内容、主体的编排等非纯体力性劳动，能够显示出作者对创作元素独特的取舍安排及自身的某种情感表达，那么即使视频的技术含量较低、欣赏价值不高或者时长较短，也可以被认定为《著作权法》中的"类电作品"从而加以保护。[2]

（四）短视频侵权行为现象

1. 短视频侵权乱象

当前我国在互联网知识产权及著作权侵权方面的法律并不完善，对于侵权的判定标准及责任主体、惩罚方式都没有清晰的规定，同时，聚合各类视频的视频网站或社交平台，并未妥善履行监管义务，对视频的审核并不仔细，放任侵权视频随意上传，甚至帮助宣传涉嫌侵权的视频。而短视频经过前期发展，现在已是最受欢迎的社交方式之一，其中蕴含着巨大的商业价值。法律规定的不完善、平台监管的缺失和极富吸引力的经济利益使得短视频市场侵权现象频发。在无讼平台以"短视频 侵权"为关键词搜索到的相关判决达

---

〔1〕 福建省泉州市中级人民法院民事裁定书（2019）闽05民初850号。

〔2〕 靳楠：《短视频的独创性认定》，载《郑州航空工业管理学院学报（社会科学版）》2020年第4期。

六百余篇，而更多用户会因维权成本高昂等原因不会选择诉讼来维护自己的著作权。可见，当前短视频领域侵权现象已经较为普遍且具有不利的影响。

2. 短视频常见侵权方式

在短视频侵权中，经常发生的侵权行为有时将热门综艺、电视剧、电影等视听作品截取片段，发布在自己的社交账号上进行传播，或者用户未经允许即在自己的社交平台上转载他人发布的短视频。本文主要研究自行制作的短视频，即视频内容系主要发布者原创，因此对上述两种侵权方式暂且不作讨论。还有一种侵权方式为抄袭他人视频内容，将他人视频的灵感创意、表达主旨或者具体内容、镜头呈现应用在自己的视频中，例如前段时间网络讨论度很高的"越南李子柒"，一位越南博主发布的视频与我国知名博主李子柒的视频从运镜、节奏、布景、道具、细节到视频整体风格都如出一辙。这类侵权方式缺乏统一的判断标准，标准过严将违反著作权侵权判定中的"思想与表达二分法"原则，不利于短视频行业制作者之间的相互促进和行业整体繁荣，标准过松使得著作权人的合法权益不能得到有效保障、侵权者很难受到相应的惩罚。并且在诉讼中侵权者通常会以"合理使用"作为抗辩理由主张自己不构成侵权。具体如何认定短视频中思想与表达的界限，合理使用的标准又如何界定，本文将在第三部分详细论述。

二、合理使用的立法规定及理论分析

（一）我国立法对合理使用的规定

1. 现行《著作权法》第 22 条对"合理使用"的情形规定

合理使用，是指根据法律明确的规定，不必征得著作权人同意而无偿使用他人作品的行为。我国法律中关于"合理使用"的规定主要有《著作权法》（2010 修正）第 22 条、《著作权法实施条例》第 21 条以及《信息网络传播权保护条例》第 6 条。《著作权法》（2010 修正）第 22 条采用封闭式列举合理使用情形的立法技术，规定的情形主要包括私人使用、媒体报道、科学研究等。没有"其他情况"的兜底性规定，也没有写明抽象原则、给予法官一定自由裁量权的一般条款，法官在判断是否构成合理使用时需要严格比对具体案件是否与规定情形相应要件构成一致，这种立法方式在理论上被称为

"著作权例外"模式。[1]《信息网络传播权保护条例》以相同的方式规定了六类通过信息网络提供他人作品不构成侵权的方式。《著作权法实施条例》第21条规定在未经著作权人许可的情况下使用作品，仅限于已经发表的作品，不得影响该作品的正常使用，也不得不合理地对著作权人的合法权益造成损害。对于该条的理解，有两种不同的解读。第一种是该条是对于《著作权法》（2010修正）第22条所规定的情形的限制性规定，即必须同时符合《著作权法实施条例》和《著作权法》的规定，才构成合理使用；第二种是该条是对于合理使用的原则性规定，不论是何种未经他人允许即使用作品的情形，只要符合上述三项要件，就构成合理使用。从法律的位阶性来看，显然第一种说法更加合理。《著作权法实施条例》作为《著作权法》的下位法，不能突破《著作权法》的现有规定创制新的规范。在这种立法模式下，短视频侵权者想主张合理使用，其使用情形必须符合法律中规定的具体情形

2.《著作权法》（修改草案）对合理使用的修改

长期以来，我国现行立法所采用的封闭性列举的立法模式一直受到各方学者的批判，学者主张应当设立著作权合理使用的一般性条款，为合理使用在司法实践中的应用提供更多的灵活性。2011年我国正式启动《著作权法》第三次修改，并于2014年6月颁布了《著作权法（修订草案送审稿）》，提议对合理使用制度进行大幅调整，第十三届全国人民代表大会常务委员会对《中华人民共和国著作权法修正案（草案二次审议稿）》进行了审议。在修正案中，合理使用制度的修改主要为将《著作权法实施条例》中的规定移植到《著作权法》中，在法条开头处写明不经著作权人许可使用作品不得影响该作品的正常使用，也不得不合理地损害著作权人的合法权益，并在最后增加一条兜底性条款，即"法律、法规规定的其他情形。"对于这一修改，学者们的意见并不相同。一部分学者对此种修改表示赞同，认为该条款的修改可以改变我国司法实践中对于合理使用制度应用的僵硬化。有人主张，我国不应当规定兜底性条款，而应当对列举的法定情形作出修改，来限定"特定且特殊情形。"采用一般原则限制和法定列举情形的双重标准来规范合理使用行为。[2]有学者认为修改后的该条法律所规定的原则过于抽象，不能使公众达

---

〔1〕 刘宇晖：《论著作权合理使用扩张适用的路径选择》，载《知识产权》2018年第10期。

〔2〕 熊琦：《著作权合理使用司法认定标准释疑》，载《法学》2018年第1期。

到合理预测，司法实践中也会出现同案不同判的情况，应当引入美国的"合理使用四要素"作为判断标准。[1]还有学者主张应当在立法中明确在判断是否构成合理使用时，应当以使用行为是否侵犯对原作品的市场现有和潜在经济价值造成不利影响为标准，判断使用行为是否属于合理使用。[2]这种修改对于短视频领域判定是否侵权也具有重要的意义。

（二）国外关于"合理使用"的理论

1. 合理使用四要素

美国合理使用制度规定在《美国著作权法》著名的第107条，即学界通常所称的"合理使用四要素"，包括：（1）使用的目的与特性，包括使用是否具有商业性质，或是否为了营利的教学目的；（2）版权作品的性质；（3）所使用的部分的质与量与作为整体的版权作品的关系；（4）使用对版权作品之潜在市场或价值所产生的影响。对四要素判定法，学界通常认为并非每个要素均满足才能构成合理使用，而是给予法官在司法实践中应当从哪几个方面综合判定使用作品的行为是否构成合理使用的指导性原则。有时一个行为可能并不符合其中的某个或某几个原则，但仍有可能被纳入合理使用的范围，在四要素判定法下，法官具有较大的自由裁量权。其次，大多数学者认为，第四个要素是最核心的要素，即使使用行为完全满足前三个要素，但若是对原作品市场价值产生负面影响，则很有可能被认定为侵权行为。但是在诉讼中很难用证据证明某个作品存在潜在市场及其市场价值，该要素在司法实践应用中存在一定难度。[3]具体到短视频领域，使用行为是否会对视频发布者的市场利益造成损害，是法院判决时应当审理的焦点。[4]

2. 三步检验法

合理使用的"三步检验法"来自《伯尔尼公约》第9条第2款规定：本

---

[1] 李琛：《论我国著作权法修订中"合理使用"的立法技术》，载《知识产权》2013年第1期。

[2] 谢琳：《论著作权合理使用的扩展适用——回归以市场为中心的判定路径》，载《中山大学学报（社会科学版）》2017年第4期。

[3] 詹启智：《著作权论》，中国政法大学出版社2014年版，第90页。

[4] 刘宇晖：《论著作权合理使用扩张适用的路径选择》，载《知识产权》2018年第10期。

同盟成员国法律得允许在某些特殊情况下复制上述作品，只要这种复制不损害作品的正常使用也不致无故损害作者的合法利益。从该款可归纳出合理使用的"三步检验标准"，即特殊情况下，不损害作品的正常使用和不致无故侵害作者的合法权益。《与贸易有关的知识产权协定》，即 TRIPS 公约，也作出了相同的规定。实际上我国《著作权法实施条例》和《著作权法》（修改草案）中所规定的关于合理使用一般性的原则条款便来源于"三步检验法"。即首先判断某行为是否已构成著作权法意义上的侵权；其次该行为不得与作品的正常使用相冲突；最后该行为不得不正当地损害权利人的正当利益。[1]

三、短视频合理使用的认定

（一）"思想与表达二分法"在短视频侵权的应用

1. 思想与表达二分法法律含义

"思想与表达二分法"，是著作权中一个十分重要的原则。任何作品都包含了思想和表达，著作权只保护对思想具有独创性的表达，而不保护思想观念。当作者完成思想到表达这一过程时，也就产生了著作权的权利客体——作品。作品中的思想是不能轻易被个人占有并主张权利的作品中的要素，这一原则保障了思想可以为所有人所拥有利用。但在特定作品中区分思想和表达却并非易事。为防止合理使用制度的滥用，在适用该制度判断短视频是否构成侵权之前，应当首先判定侵权视频仅与原视频蕴含的思想一致还是具体表达方式构成一致。[2]

2. 视频领域如何认定思想与表达

思想与表达的界限在哪里，有学者提出了金字塔原则，即"文学的内容可以比作金字塔，金字塔的底部由最具体的表达组成，金字塔的顶部最抽象，最抽象的部分就是不受保护的思想"。[3]具体到短视频领域，笔者认为，可以

---

〔1〕 谢琳：《论著作权合理使用的扩展适用——回归以市场为中心的判定路径》，载《中山大学学报（社会科学版）》2017 年第 4 期。

〔2〕 冯晓青：《著作权法中思想与表达二分法原则探析》，载《湖南文理学院学报（社会科学版）》2008 年第 1 期。

〔3〕 王迁：《著作权法》，中国人民大学出版社 2015 年版，第 48 页。

通过将视频独有的所呈现出来各方面的要素，例如旁白文案、背景音乐、拍摄角度、剪辑手法等因素，纳入表达的范畴，因为这些要素可以很大程度上体现出作者本人独特的选择，是作品独创性的体现。而视频的核心主题应当属于思想，不应被著作权所保护。

（二）侵权短视频是否符合《著作权法》（2010 修正）第 22 条第 2 款规定情形

《著作权法》（2010 修正）第 22 条第 2 款规定："为介绍、评论某一作品或者说明某一问题，在作品中适当引用他人已经发表的作品"，构成合理使用，不成立侵权。在实践中如何判定这一情形，有学者提出转换性使用可以应用到这一情形的确定。转换性使用具有两个层面：一个是作品表达的转换，另一个是作品目的的转换。二次使用的转换性程度越大，对其他要素的判断标准就越宽松，但市场因素在任何情况下都不能被忽略，只有转换性使用对原作的市场价值没有造成明显侵害，才能够构成合理使用。[1]

结合转换性使用理论，笔者认为在判断短视频是否构成"适当引用"这一情形时，可以参考的标准有：第一，引用原短视频的时长。本文所讨论的短视频虽未限定时长，但根据短视频符合碎片化接收信息的特点，时长一般都不会过长，在短视频时长本身就较短的情况下，若在视频中引用他人视频的全部或大部分，不论出于何种目的，都很难构成合理使用。第二，引用原视频的目的，法条中规定"为介绍、评论某一作品或说明某一问题"，笔者认为，该条所提到的"作品"应当限定于被引用的视频，说明的问题也应围绕视频本身。也就是说，为介绍、评论他人所发布的视频或说明某一类视频的相关问题而引用他人视频，构成合理使用，并且这一目的是与原作品的目的不同的。第三，作品表达的转换程度，如果并不是单纯剪切并复制原视频的片段，而是对所引用视频进行剪辑或配音，增添属于个人独特表达的内容，这种转换的程度越高，就越可能属于合理使用。最后，引用视频如果侵犯了原视频的市场价值，那么即使符合上述几条标准，也不构成合理使用。

---

〔1〕 张耕、林楠：《规范性路径下作品的转换性使用标准重构及本土化运用》，载《西南民族大学学报（人文社科版）》2019 年第 8 期。

（三）在《著作权法》（修改草案）的规定下，对合理使用的判断

前文已述，《著作权法》（修改草案）中，对合理使用制度作出了修改，增加了兜底性条款，并明确"不经著作权人许可使用作品不得影响该作品的正常使用，也不得不合理地损害著作权人的合法权益"的原则。修改后的条文提到的要素之一："作品的正常使用"，在短视频领域可以解释为著作权人将视频公开上传至网络的权利，修改视频的权利，将视频或者视频的片段通过选择或者编排、汇集成新视频的权利，以及标明作者身份的权利。如果他人实施了这些行为，例如在未声明著作权人的情况下随意转载视频，侵犯了著作权人对视频的正常使用，就不能归为合理使用。另一要素，"著作权人的合法权益"，笔者认为在短视频领域可以理解为作者将短视频上传到个人社交频道，"打赏"等实体经济收益和网友观看视频后获得的关注度提升以及对该社交账号及作者本人的潜在评价影响等抽象权益。如果侵权人使用视频的行为影响到了著作权人的上述权益，例如侵权人随意转载视频导致网友关注分流，降低了著作权人社交账号的关注量；或侵权人引用原视频对其作出负面评价，导致著作权人的声誉降低，都属于侵权行为，而不属于合理使用。要强调的一点是，是否侵害著作权人权益应当以侵害行为发生后的客观结果为标准，而不以当事人的主观意志而转移。在法官行使自由裁量权确定是否可以采用兜底条款时，也应综合考量以上因素。

结　语

短视频侵权人经常会以合理使用作为抗辩理由，实践中尚未有统一的判断标准。《著作权法》对合理使用的修改体现了避免适用这一制度过于僵化的问题，体现了平衡著作权人与引用原作品人之间的利益的立法精神，这一修改也势必会对实践中对合理使用制度应用的情况造成影响。为了规范短视频领域侵权行为，保护原创者的智力成果和经济利益，避免侵权人动辄以"合理使用"作为不构成侵权的抗辩理由，造成这一制度的滥用，应当明确在引用短视频时是否构成合理使用的相关标准。本文浅显分析了网络短视频的法律含义及合理使用的相关理论问题，并试图提出短视频合理使用的判断标准，希望对促进短视频行业的良性发展有所贡献。